AF547288

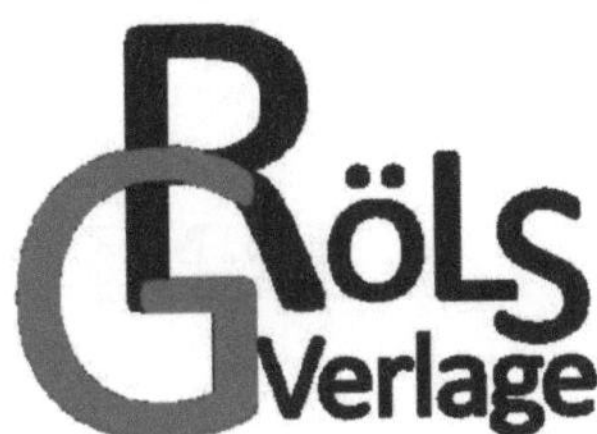
RöLS
Verlage

„BÜCHER SIND WIE FALLSCHIRME. SIE NÜTZEN UNS NICHTS, WENN WIR SIE NICHT ÖFFNEN."

Gröls Verlag

Redaktionelle Hinweise und Impressum

Das vorliegende Werk wurde zugunsten der Authentizität sehr zurückhaltend bearbeitet. So wurden etwa ursprüngliche Rechtschreibfehler *nicht* systematisch behoben, denn kleine Unvollkommenheiten machen das Buch – wie im Übrigen den Menschen – erst authentisch. Mitunter wurden jedoch zum Beispiel Absätze behutsam neu getrennt, um den Lesefluss zu erleichtern.

Um die Texte zu rekonstruieren, werden antiquarische Bücher von Lesegeräten gescannt und dann durch eine Software lesbar gemacht. Der so entstandene Text wird von Menschen gegengelesen und korrigiert – hierbei treten auch Fehler auf. Wenn Sie ebenfalls antiquarische Texte einreichen möchten, finden Sie weitere Informationen auf www.groels.de

Viel Freude bei der Lektüre wünscht Ihnen das Team des Gröls-Verlags.

Adressen

Verleger: Sophia Gröls, Im Borngrund 26, 61440 Oberursel

Externer Dienstleister für Distribution & Herstellung: BoD, In de Tarpen 42, 22848 Norderstedt

Unsere „Edition | Werke der Weltliteratur“ hat den Anspruch, eine der größten und vollständigsten Sammlungen klassischer Literatur in deutscher Sprache zu sein. Nach und nach versammeln wir hier nicht nur die „üblichen Verdächtigen“ von Goethe bis Schiller, sondern auch Kleinode der vergangenen Jahrhunderte, die – zu Unrecht – drohen, in Vergessenheit zu geraten. Wir kultivieren und kuratieren damit einen der wertvollsten Bereiche der abendländischen Kultur. Kleine Auswahl:

Francis Bacon • Neues Organon • **Balzac** • Glanz und Elend der Kurtisanen • **Joachim H. Campe** • Robinson der Jüngere • **Dante Alighieri** • Die Göttliche Komödie • **Daniel Defoe** • Robinson Crusoe • **Charles Dickens** • Oliver Twist • **Denis Diderot** • Jacques der Fatalist • **Fjodor Dostojewski** • Schuld und Sühne • **Arthur Conan Doyle** • Der Hund von Baskerville • **Marie von Ebner-Eschenbach** • Das Gemeindekind • **Elisabeth von Österreich** • Das Poetische Tagebuch • **Friedrich Engels** • Die Lage der arbeitenden Klasse • **Ludwig Feuerbach** • Das Wesen des Christentums • **Johann G. Fichte** • Reden an die deutsche Nation • **Fitzgerald** • Zärtlich ist die Nacht • **Flaubert** • Madame Bovary • **Gorch Fock** • Seefahrt ist not! • **Theodor Fontane** • Effi Briest • **Robert Musil** • Über die Dummheit • **Edgar Wallace** • Der Frosch mit der Maske • **Jakob Wassermann** • Der Fall Maurizius • **Oscar Wilde** • Das Bildnis des Dorian Grey • **Émile Zola** • Germinal • **Stefan Zweig** • Schachnovelle • **Hugo von Hofmannsthal** • Der Tor und der Tod • **Anton Tschechow** • Ein Heiratsantrag • **Arthur Schnitzler** • Reigen • **Friedrich Schiller** • Kabale und Liebe • **Nicolo Machiavelli** • Der Fürst • **Gotthold E. Lessing** • Nathan der Weise • **Augustinus** • Die Bekenntnisse des heiligen Augustinus • **Marcus Aurelius** • Selbstbetrachtungen • **Charles Baudelaire** • Die Blumen des Bösen • **Harriett Stowe** • Onkel Toms Hütte • **Walter Benjamin** • Deutsche Menschen • **Hugo Bettauer** • Die Stadt ohne Juden • **Lewis Caroll** • *und viele mehr….*

Giorgio Vasari

Künstler der Renaissance

Lebensbeschreibungen der ausgezeichnetsten Maler Bildhauer und Architekten der Renaissance

Inhalt

Giovanni Cimabue

Geboren um 1240 in Florenz, gestorben nach 1302 daselbst

Durch die endlosen Verheerungen, die das unglückliche Italien zugrunde gerichtet und unterdrückt hatten, waren nicht nur alle Kunstdenkmäler zerstört, sondern, was noch schlimmer war, es gab auch gar keine Künstler. Da wurde im Jahre 1240 in der edlen Familie der Cimabue Giovanni Cimabue geboren,, der nach dem Willen Gottes das erste Licht in der Kunst der Malerei wieder entzünden sollte. Dieser schien, nach dem Urteil seines Vaters und anderer, einen ausgezeichneten und klaren Verstand zu haben; deshalb sollte er die Wissenschaften erlernen und wurde, als er heranwuchs, von seinem Vater nach Santa Maria Novella zu einem Verwandten gebracht, der in jenem Kloster die Novizen die Grammatik lehrte. Doch anstatt sich in den Wissenschaften zu üben, brachte Cimabue den ganzen Tag damit zu, auf Bücher und Blätter Menschen, Pferde, Häuser und allerlei Phantasien zu zeichnen, und diese Neigung begünstigte das Glück. Die damaligen Befehlshaber der Stadt beriefen nämlich einige griechische Maler nach Florenz, welche die verlorene Kunst wiederherstellen sollten, und diese malten unter anderem auch die Kapelle der Gondi in Santa Maria Novella, deren Gewölbe und Wände nun fast ganz von der Zeit zerstört sind. Nachdem Cimabue die ersten Schritte in der Kunst, die ihm so gefiel, gemacht hatte, entlief er oft der Schule und sah den ganzen Tag diesen Malern zu. Deshalb glaubten sie und sein Vater, er sei zur Malerei geschickt, und man könne, wenn er sich ihr ganz widmete, auf eine ehrenvolle Zukunft hoffen. Daher wurde er zu seiner großen Freude zu diesen Künstlern in die Lehre gegeben und brachte es durch unablässige Übung und sein Talent bald dahin, daß er in Zeichnung und Farbgebung seine Lehrmeister weit übertraf. Denn diese arbeiteten nicht nach der schönen alten griechischen Manier, sondern, wie man das noch heute an ihren Werken sieht, in der groben und harten Weise jener Zeit, ohne daß sie danach gestrebt hätten, weiterzuschreiten.

Cimabue ahmte zwar jene Griechen nach, vervollkommnete aber die Kunst, da er ihr einen großen Teil jener rohen Manier nahm, so daß sein Name und seine Werke seiner Vaterstadt Ehre brachten. Hiervon zeugen viele Bilder, die er in Florenz malte, wie das Gemälde an der Vorderseite des Altars in Santa Ceciliaund ein Bild der Mutter Gottes in Santa Croce.Hierauf malte er auf Goldgrund einen heiligen Franziskus nach der Natur, so gut er es konnte, was in jenen Zeiten etwas Neues war, und ringsumher Geschichten aus seinem Leben in zwanzig Bilderchen voll kleiner Figuren auf Goldgrund.

Dann übernahm er für die Mönche von Vallombrosa in der Abtei von Santa Trinità zu Florenz eine große Tafel. Er verwendete dabei großen Fleiß, um dem Ruf zu entsprechen, den er sich erworben hatte, und zeigte bereits bessere Erfindung und schöne Stellungen. Es war eine Mutter Gottes mit dem Kind auf dem Arm und vielen Engeln umher, die ihr huldigen, auf Goldgrund. Als er dieses Werk vollendet hatte, mußte er für den Guardian, der ihm den Auftrag in Santa Croce gegeben hatte, ein großes Kruzifix auf Holz malen.

Durch diese Arbeiten wurde der Name Cimabues immer bekannter, und man berief ihn nach Assisi, einer Stadt in Umbrien, wo er gemeinsam mit einigen griechischen Malern in der Unterkirche des heiligen Franziskus einen Teil des Gewölbes malte und auf den Wänden die Geschichte Christi und die des heiligen Franz, wobei er jene griechischen Maler weit übertraf. Dadurch wuchs ihm der Mut. Er begann die Oberkirche allein in Fresko auszumalen und stellte in der Haupttribüne über dem Chor in vier Feldern Szenen aus der Geschichte der Mutter Gottes dar, nämlich ihren Tod, dann ihre Himmelfahrt und schließlich ihre Krönung inmitten einer Schar von Engeln, wobei zu ihren Füßen eine Menge von Heiligen steht. Diese Bilder sind jetzt von der Zeit und vom Staube fast ganz verdorben. Auch in den fünf Kreuzgewölben derselben Kirche malte er viele Geschichten.

Als die Gewölbe vollendet waren, schmückte er auf der linken Seite der Kirche den ganzen oberen Teil der Wände in Fresko aus. Dieses sehr große, reiche und wahrhaft schön ausgeführte Werk muß meines Erachtens die Welt in Erstaunen gesetzt haben, in jener Zeit, in der die Kunst so lange in Blindheit gelegen hatte. Mir jedenfalls, der ich es im Jahre 1563 sah, schien es außerordentlich schön, zumal wenn ich bedachte, was es bedeutet, daß Cimabue in solcher Finsternis ein solches Licht sah.

Nach Florenz zurückgekehrt, malte Cimabue im Klostergang von Santo Spirito, wo von anderen Meistern die ganze Seite nach der Kirche zu auf griechische Weise verziert ist, drei Bogen mit Begebenheiten aus der Geschichte Christi, unbestreitbar von sehr schöner Zeichnung.Nun machte er für die Kirche Santa Maria Novella das Bild der Mutter Gottes, das zwischen der Kapelle Ruccellai und der des Bardi da Vernio angebracht ist. Dieses Werk ist in größerem Maßstab ausgeführt als bisher irgendeine Figur, und einige Engel, die

die Madonna umgeben, zeigen, wie er zwar noch in griechischer Manier arbeitete, in den Umrissen und in der Methode aber sich dem neueren Stil näherte.. Man hatte bis dahin nichts Besseres gesehen, und dieses Bild erweckte daher solche Bewunderung, daß es mit viel Pracht und Trompetenschall in feierlicher Prozession vom Haus Cimabues nach der Kirche getragen, und er dafür reich belohnt und geehrt wurde. Auch erzählt man und liest es in einigen Nachrichten von alten Malern, daß, als Cimabue in einem Garten bei dem Tor von Sankt Peter dieses Bild malte, König Karl der Ältere von Anjou durch Florenz kam, und die Herren der Stadt, die ihm viel Höflichkeit erwiesen, ihn unter anderem auch das Gemälde Cimabues besichtigen ließen. Niemand hatte es noch bis dahin gesehen. Als es daher dem König gezeigt wurde, eilten alle Damen und Herren von Florenz in größtem Jubel und Gedränge dorthin, was den Nachbarn so viel Vergnügen bereitete, daß sie jene Vorstadt Borgo Allegri, das heißt „fröhliche Vorstadt" nannten.

Da nun alle diese Werke Cimabue zu seinem großen Nutzen einen berühmten Namen gemacht hatten, wurde er zugleich mit Arnolfo Lapi,der damals in der Baukunst sehr berühmt war, zum Baumeister von Santa Maria del Fiore in Florenz ernannt. Endlich aber, als er über sechzig Jahre alt geworden war, ging er im Jahre 1302 zu einem anderen Leben hinüber, nachdem er die Malerei, man kann fast sagen: vom Tode erweckt hatte. Er wurde in Santa Maria del Fiore begraben und bekam folgende Grabschrift:

Wie Cimabue geglaubt, die Feste der Malkunst zu halten,
Hielt er sie lebend auch; jetzt hält er die Sterne des Himmels.

Nicht unterlassen möchte ich zu sagen, daß, wenn die Größe Giottos nicht den Ruhm des Cimabue verdunkelt hätte, er viel berühmter geworden wäre, wie Dante in seiner Commedia zeigt, wo er im elften Gesange des Purgatorio auf die Grabschrift des Cimabue anspielt:

Als Maler sah man Cimabue blühen,
Jetzt sieht man über ihn Giotto ragen
Und jenes Glanz in trüber Nacht verglühen.

Niccolo und Giovanni Pisani

Niccolò geboren um 1220 in Pisa, gestorben um 1285 daselbst
Giovanni geboren um 1250 zu Pisa, gestorben nach 1320 daselbst

Haben wir bei der Lebensbeschreibung Cimabues von der Zeichen- und Malkunst geredet, so wollen wir hier bei den Pisanern Niccolò und Giovanni einiges von der Bildhauerkunst und von den bedeutenden Gebäuden sagen, die jene beiden errichteten. Denn ihre Skulpturen und Bauwerke verdienen es, nicht nur als groß und prächtig, sondern auch als sehr wohlgeordnet gerühmt zu werden, da sie bei ihren Marmorarbeiten und Bauten zum großen Teil jene alte, plumpe und verhältnislose griechische Art beseitigten, mehr Erfindung in den Darstellungen zeigten und den Figuren bessere Stellungen gaben.

Niccolò Pisano arbeitete unter einigen griechischen Bildhauern, welche die Figuren und Ornamente des Domes zu Pisa und der Kapelle San Giovanni verfertigten. Nun waren unter dem vielen Beutegut, das das Kriegsheer der Pisaner heimgebracht hatte, einige antike Marmorsärge, die noch jetzt im Campo Santo jener Stadt stehen, darunter ein besonders köstlicher, an dem man die Jagd des Meleager auf den kalydonischen Eber sehr schön modelliert sah. Denn Zeichnung und Ausführung der nackten wie der bekleideten Gestalten waren daran sehr vollkommen und mit größter Kunstfertigkeit gearbeitet.

Niccolò beachtete die Schönheit dieses Werkes, und da es ihm besonders wohlgefiel, wandte er großes Studium und viel Fleiß darauf, diese und einige andere Skulpturen jener antiken Marmorsärge nachzuahmen. Dadurch wurde er bald als der beste Bildhauer seiner Zeit berühmt. Denn seit dem Tode Arnolfos hatte in Toskana kein Bildhauer mehr in Ansehen gestanden, der florentinische Baumeister und Bildhauer Fuccio ausgenommen.Niccolò wurde daher nach Bologna berufen, als der heilige Dominikus von Calagora, der Stifter des Ordens der Predigermönche, gestorben war, um das Grabmal jenes Heiligen in Marmor zu arbeiten. Er verständigte sich mit seinen Auftraggebern, brachte viele Figuren dabei an und vollendete es zu seinem großen Ruhm, denn es galt für etwas sehr Bedeutendes und für die beste Bildhauerarbeit, die bis dahin ausgeführt worden war.

Als er nach Toskana zurückgekehrt war, hörte er, Fuccio habe Florenz verlassen, sei in den Tagen, in denen Honorius den Kaiser Friedrich krönte, nach Rom gegangen und schließlich von dort mit Friedrich nach Neapel gezogen, wo er das Castel Capuano vollendete. Ebenso brachte Fuccio den Bau des Castel dell'

Uovo zu Ende, begann die Türme und erbaute die Tore über den Fluß Volturno für die Stadt Capua, richtete bei Gravina einen Tiergarten, der von einer Mauer umschlossen war, zum Vogelfang ein, zu Melfi einen anderen für die Winterjagd und arbeitete außerdem noch viele Dinge.

Niccolò, der sich während dieser Zeit in Florenz aufhielt, beschäftigte sich nicht nur mit der Bildhauerkunst, sondern studierte auch die Baukunst an den Gebäuden, die damals mit ziemlich guter Zeichnung in ganz Italien, besonders in Toskana, aufgeführt wurden. An der Vorderwand der Kirche San Martino zu Lucca schuf er unter dem Portikus über der kleinen Tür einen Christus, der vom Kreuz genommen ist, im Relief aus Marmor. An diesem Werk voll Figuren, die mit größter Sorgfalt gearbeitet sind, durchbrach er den Marmor und vollendete das Ganze in solcher Weise, daß er denen, die früher diese Kunst nur mit großer Mühe getrieben hatten, Hoffnung gab, es werde bald ein Künstler kommen, der bei größerer Fertigkeit ihnen noch mehr helfen würde.Im Jahre 1240 entwarf Niccolò den Plan zu der Kirche San Jacopo zu Pistoia und ließ dort einige toskanische Meister den Bogen der Nische in Mosaik arbeiten. Obwohl er damals als etwas sehr Mühseliges und Kostbares galt, erregt er bei uns heutigentags doch eher Lachen und Mitleid als Bewunderung, um so mehr, da ein solches Durcheinander, das vom Mangel der Zeichnung herrührte, nicht nur in Toskana, sondern in ganz Italien gewöhnlich war. Die vielen Gebäude und anderen Dinge, die ohne Geschick und ohne Zeichnung ausgeführt worden sind, geben einen Beweis von der Geistesarmut und zugleich von dem ungeheuren Reichtum der Menschen jener Zeit, die ihr Geld schlecht verwendeten, weil kein Meister lebte, der irgend etwas gut auszuführen verstand, was sie wollten.

Zur Zeit Niccolòs hatten die Florentiner angefangen, viele Türme niederzureißen, die früher nach barbarischer Weise in der ganzen Stadt erbaut waren, damit das Volk weniger unter den Streitigkeiten und Händeln leiden sollte, die zwischen Guelfen und Ghibellinen häufig vorkamen, oder auch zur größeren öffentlichen Sicherheit. Es schien, als würde es sehr schwer sein, den Turm Guardamorto, der auf dem Platze San Giovanni stand, zu zerstören, weil bei seiner bedeutenden Höhe die Mauern zu fest waren, um ihn mit Spitzhacken abbrechen zu können.Niccolò jedoch ließ den Turm auf einer Seite am Fuße durchschneiden und mit Balken stützen. Diese Balken wurden dann angezündet; als das Feuer sie zerstört hatte, stürzte der Turm fast ganz in sich selbst zusammen. Dieses Mittel wurde als sehr sinnreich und nützlich erkannt und ist so in Gebrauch gekommen, daß, wenn es not tut, dadurch jedes Gebäude in kurzer Zeit leicht eingerissen wird.

Unterdessen beriefen die Volterraner, die den Florentinern untertan geworden waren, den Niccolò, um ihren sehr kleinen Dom zu vergrößern. Trotz der Unregelmäßigkeit des Gebäudes gab er ihm doch eine bessere Gestalt und reichere Verzierungen, als er zuvor gehabt hatte. Darauf kehrte er endlich nach Pisa zurück und arbeitete dort die Kanzel von San Giovanni in Marmor, wobei er großen Fleiß aufwandte, um seiner Vaterstadt ein ehrenvolles Andenken von sich zu hinterlassen. Unter anderem stellte er darauf das Weltgericht dar und brachte dabei eine Menge Figuren an, die, wenn auch in der Zeichnung nicht vollkommen, doch mit unendlicher Sorgfalt und großer Geduld ausgeführt sind.Diese Arbeit, die nicht nur den Pisanern, sondern allen, die sie sahen, sehr gut gefiel, veranlaßte die Sienesen, dem Niccolò die Anfertigung der Kanzel ihres Doms zu übertragen, von der das Evangelium gesungen wird.Niccolò stellte auf ihr viele Szenen aus dem Leben Christi dar und brachte dabei eine Menge Figuren an, die er mit großer Schwierigkeit ringsum aus Marmor freistehend arbeitete, wodurch er sich großen Ruhm erwarb.

Niccolò hatte unter anderen Kindern auch einen Sohn, der Giovanni hieß. Dieser lernte von seinem Vater, da er immer um ihn war, die Bildhauer- und Baukunst und wurde so nach wenigen Jahren nicht nur dem Vater gleich, sondern übertraf ihn sogar in manchen Dingen. Deshalb zog sich Niccolò nach Pisa zurück, lebte daselbst ruhig und überließ die Aufsicht über alle Arbeiten dem Sohne.

Als damals Papst Urban IV. in Perugia starb,sandte man nach Giovanni, der dorthin ging und das Grabmal jenes Papstes in Marmor arbeitete. Später, als die Perugianer ihre bischöfliche Kirche vergrößerten, wurde es zugleich mit dem Grabmal von Papst Martin IV. zerstört. Zu derselben Zeit hatten die Perugianer vom Monte Pacciano, der zwei Meilen von der Stadt gelegen ist, in Bleiröhren einen sehr starken Wasserlauf herleiten lassen und übertrugen nun dem Giovanni Pisano, den Brunnen mit Marmor- und Bronzeverzierungen auszuschmücken. Er machte sich an die Arbeit und setzte drei Schalen übereinander, zwei von Marmor und eine von Bronze. Die erste steht auf zwölf Stufen, die zweite ruht auf einigen Säulen, die auf der' Ebene der ersten, und zwar in der Mitte, aufgerichtet sind, und die dritte von Bronze wird von drei Figuren getragen und hat in der Mitte einige Greife, ebenfalls von Erz, die nach allen Seiten Wasser speien. Giovanni aber, überzeugt, daß er jene Arbeit wohl gemacht, setzte hier seinen Namen darauf.

Nachdem dieses Werk vollendet war, wollte Giovanni nach Pisa zurückkehren, weil er sich nach seinem Vater sehnte, der alt und außerdem krank war. Doch wurde er in Florenz aufgehalten, um mit anderen beim Bau der Mühlen am Arno zu helfen. Als er dann die Nachricht vom Tode seines Vaters erhielt, ging er nach Pisa, wo er um seiner Vorzüge willen von der ganzen Stadt ehrenvoll empfangen wurde. Ein jeder freute sich, daß Niccolò in seinem Sohne Giovanni einen Erben seines Talents und seiner Geschicklichkeit hinterlassen hatte. Bald bot sich Gelegenheit, diese zu erproben, und es zeigte sich, daß man eine richtige Meinung über ihn hatte. Denn als ihm in der kleinen, aber sehr in Ehren gehaltenen Kirche Santa Maria della Spina einiges übertragen wurde, begann er diese Arbeiten, zu denen er mehrere seiner Schüler zu Hilfe nahm, und brachte den Schmuck dieser Kapelle zu großer Vollkommenheit.Diese Arbeit mußte damals für sehr wunderbar gehalten werden, zumal er in einer der Figuren das Bildnis seines Vaters angebracht hatte, so gut er es auszuführen vermochte. Die Pisaner hatten schon lange daran gedacht und auch besprochen, für alle Bewohner der Stadt, Vornehme wie Geringe, einen allgemeinen Begräbnisplatz einzurichten, damit nicht zu viele im Dom beigesetzt würden. Jetzt übertrugen sie Giovanni die Erbauung des Campo Santo, der auf dem Domplatz gegen die Mauer zu steht. Er verfertigte eine gute Zeichnung und führte ihn nach dieser mit großer Einsicht in der Weise und Größe und mit den Marmorverzierungen aus, wie man sie noch heute sieht. Weil man der Kosten nicht achtete, ließ er das Dach mit Blei decken.

Nach Beendigung dieser Arbeit ging Giovanni in demselben Jahr nach Neapel, wo er für König Karl das Castel Nuovo erbaute. Weil es erweitert und befestigt werden sollte, mußte er viele Häuser und Kirchen abreißen, darunter besonders ein Franziskanerkloster, das später, entfernt vom Schlosse, viel größer und prächtiger als vorher wieder aufgebaut wurde und den Namen Santa Maria della Nuova erhielt. Nachdem diese Bauten angefangen und ziemlich weit gediehen waren, kehrte Giovanni von Neapel nach Toskana zurück. Als er aber nach Siena kam, ließ man ihn nicht weiterziehen, und er mußte das Modell zur Fassade des Domes jener Stadt arbeiten, die nach diesem Vorbild sehr reich und prächtig verziert wurde.

Im Jahre 1300 war der Kardinal Niccolò von Prato als Gesandter des Papstes in Florenz, um die Zwistigkeiten der Florentiner auszugleichen. Dieser beauftragte ihn, in Prato ein Nonnenkloster zu bauen, das nach seinem Namen San Niccolò genannt wurde, und ließ ihn ebendaselbst das Kloster San Domenico, sowie das Kloster gleichen Namens in Pistoia herstellen, in denen man noch das Wappen jenes Kardinals sieht. Die Einwohner von Pistoia, die das Andenken des Niccolò, des Vaters von Giovanni, wegen der vielen Arbeiten, die er zur Zierde ihrer Stadt verfertigt hatte, sehr hochhielten, gaben Giovanni den Auftrag, für die Kirche Sant' Andrea eine Kanzel in Marmor zu arbeiten. Sie sollte der ähnlich werden, die jener im Dome zu Siena gebaut hatte, und mit einer andern wetteifern, die kurz zuvor in der Kirche San Giovanni Evangelista von einem Deutschen verfertigt worden war und sehr gerühmt wurde.Giovanni vollendete in vier Jahren dieses Werk, bei dem er in fünf Abteilungen Begebenheiten aus dem Leben Jesu darstellte und ein Weltgericht anbrachte, das er mit größter Sorgfalt arbeitete, um es so gut oder wohl noch besser zu machen, als jenes damals weitberühmte zu Orvieto. In derselben Zeit arbeitete Giovanni für die Kirche San Giovanni Evangelista ein Weihwasserbecken in Marmor. Dieses wird von drei Figuren, der Mäßigkeit, der Klugheit und der Gerechtigkeit, getragen, und man stellte es als ein Werk seltener Schönheit in der Mitte jener Kirche auf.

Als Papst Benedikt XI. in Perugia gestorben war (1304), berief man Giovanni in jene Stadt. Dieser arbeitete dort in der alten Kirche San Domenico der Predigermönche ein Grabmal für jenen Papst. In natürlicher Haltung, mit den päpstlichen Gewändern bekleidet, ruht er auf einem Sarg, ihm zur Seite zwei Engel, die einen Vorhang halten, und darüber eine Mutter Gottes mit zwei Heiligen im Relief. Viele andere Ornamente in erhabener Arbeit schmücken noch die Grabstätte.

Giovanni beeilte sich mit den Arbeiten in Perugia, da er beabsichtigte, wie einst der Vater nach Rom zu gehen, um dort die wenigen Altertümer zu studieren, die damals zu sehen waren. Aber wichtige Gründe hielten ihn ab, diesen Wunsch zu erfüllen, besonders als er hörte, daß der päpstliche Hof vor kurzem nach Avignon gegangen sei.

Er kehrte dann nach Pisa zurück, und dort ließ ihn der Kirchenvorsteher Nello di Giovanni Falconi im Dom die große Kanzel anfertigen, die rechts am Chor befestigt ist. Er fing dieses Werk an, arbeitete viele runde Figuren, die sie zu tragen bestimmt waren, und gab dem Ganzen nach und nach seine jetzige Gestalt, indem er es zum Teil auf jene Figuren, zum Teil auf einige Säulen stützte, die auf Löwen ruhen. An der Brüstung stellte er Szenen aus dem Leben Jesu dar. Es ist aber doch sehr zu beklagen, daß bei so vielen Kosten, Mühe und Fleiß nicht eine gute Zeichnung zugrunde lag, daß weder Erfindung, noch Anmut, noch irgendein guter Stil dieses Werk zieren und ihm jene Vollkommenheit geben, die in unseren Tagen bei weit geringerem Aufwand an Geld und Mühe jede Arbeit erreichen würde. Trotzdem muß dieses Werk den Menschen jener Zeit, die gewohnt waren, nur ganz grobe Arbeiten zu sehen, als ein nicht geringes Wunder erschienen sein.

Es wurde im Jahre 1320 vollendet, wie aus einigen Versen hervorgeht, die rings um die Kanzel eingeschnitten sind. Eine andere Madonna zwischen Johannes dem Täufer und einem Heiligen sieht man über dem Hauptportal des Domes. Sie ist ebenfalls ein Werk des Giovanni. Die Figur, die zu Füßen der Gottesmutter kniet, soll der Kirchenvorsteher Ganbacorti sein. Ebenso steht über der Seitentür gegenüber dem Glockenturm eine Marmormadonna von der Hand des Giovanni. Auf der einen Seite kniet eine Frau, die Pisa darstellt, mit zwei Kindern, auf der anderen Kaiser Heinrich (VII.).

In der alten Pfarrkirche von Prato hatte man viele Jahre unter dem Altar der Hauptkapelle den Gürtel der Mutter Gottes verwahrt, den Michele aus Prato im Jahre 1141, als er aus dem Heiligen Lande zurückkehrte, seiner Vaterstadt geschenkt und Umberto, dem Propste jener Kirche, übergeben hatte, wo man ihn immer hoch in Ehren hielt. Diesen Gürtel wollte im Jahre 1312 ein Prateser, ein nichtswürdiger Mensch, entwenden, er wurde auf der Tat ertappt und von den Gerichten als Kirchenräuber zum Tode verurteilt. Die Prateser aber beschlossen daraufhin, den Gürtel an einem sicheren Ort besser zu verwahren. Deshalb ließen sie Giovanni kommen, der schon ziemlich betagt war, und erbauten nach seinem Rat in der Hauptkirche eine Kapelle, in der nun der Gürtel der Madonna aufgehoben wird. Auch vergrößerten sie nach seiner Angabe die Kirche bedeutend und verkleideten Kirche und Turm außen mit weißem und schwarzem Marmor.

Im Jahre 1320 schließlich starb Giovanni in hohem Alter, nachdem er außer den genannten noch eine Menge Skulpturen und Bauwerke ausgeführt hatte. Wir verdanken ihm und seinem Vater Niccolò wirklich sehr vieles, da sie in einer Zeit, in der gute Zeichnung nirgends zu finden war, nicht wenig dazu beitrugen, die Kunst zu vervollkommnen, in der sie nach dem damaligen Stand der Dinge ganz ausgezeichnet waren. Giovanni wurde im Campo Santo ehrenvoll begraben, in derselben Gruft, in der sein Vater beigesetzt worden war.

Giotto

Geboren 1266 in Colle Vespignano, gestorben am 8. Januar 1337 zu Florenz

Wenn die Meister der Malkunst der Natur Dank schulden, weil sie immer denen zum Vorbild dient, die das Gute aus ihren besten und schönsten Teilen auswählen und sich ständig bemühen, sie abzuzeichnen und nachzuahmen, so gebührt der gleiche Dank meiner Ansicht nach dem Florentiner Maler Giotto. Denn da durch die Kriegsverheerungen die gute Malerei und Zeichnung lange Zeit völlig verschüttet waren, war er es allein, der durch die Gnade des Himmels die fast erstorbene Kunst zu neuem Leben erweckte und auf solche Höhe brachte, daß sie vorzüglich genannt werden konnte.

Dieser große Mann wurde im Jahre 1266 in dem Dorf Vespignano geboren, etwa vierzehn Meilen von Florenz entfernt. Sein Vater hieß Bondone und war ein schlichter einfacher Landmann, der seinen Sohn mit Namen Giotto nach seinem Vermögen in guten Sitten erzog. Von klein auf zeigte der Knabe in allem, was er tat, große Lebhaftigkeit und einen ungewöhnlich treffenden Verstand, weshalb er nicht nur seinem Vater, sondern allen, die ihn kannten, im Dorf und in dessen Umgegend sehr lieb war. Als er zehn Jahre alt wurde, gab ihm Bondone einige Schafe zu hüten, die er auf seinem Grundbesitz da und dort weiden ließ. Weil ihn seine Neigung zur Zeichenkunst trieb, vergnügte er sich damit, auf Steine, Erde und Sand immer etwas nach der Natur oder was ihm sonst in den Sinn kam zu zeichnen. Da ging eines Tages Cimabue eines Geschäftes halber von Florenz nach Vespignano und fand Giotto, der, während seine Schafe weideten, auf einer glatten Steinplatte mit einem zugespitzten Steine ein Schaf nach dem Leben zeichnete, was ihn niemand gelehrt und was er nur von der Natur gelernt hatte. Cimabue blieb ganz verwundert stehen und fragte ihn, ob er mit ihm kommen und bei ihm bleiben wolle, worauf der Knabe antwortete: wenn sein Vater damit einverstanden sei, würde er es gerne tun. Cimabue erbat ihn darauf von Bondone, und dieser willigte ein, daß er ihn mit sich nach Florenz führe. Dort wurde der Knabe von Cimabue unterrichtet und lernte, von seinen Anlagen unterstützt, nach kurzer Zeit nicht nur den Stil seines Lehrers, sondern ahmte auch die Natur so treu nach, daß er die plumpe griechische Methode ganz verbannte und die neue und gute Kunst der Malerei wiedererweckte. Denn er wies den Weg, lebende Personen gut nach der Natur zu zeichnen, was mehr als zweihundert Jahre nicht geschehen war, oder wenn es auch zuweilen von einem versucht wurde, keinem so schnell und glücklich gelang wie Giotto. Unter anderem malte er in der Kapelle im Palast des Podestà zu Florenz ein Bildnis seines Zeitgenossen und sehr lieben Freundes Dante Alighieri, eines ebenso gefeierten Dichters, wie Giotto zu gleicher Zeit ein berühmter Maler war. In derselben Kapelle befinden sich, vom nämlichen Meister gearbeitet, die Bildnisse des Ser Brunetto Latini, des Lehrers des Dante, und des Herrn Corso Donari, eines wichtigen Mannes jener Zeit. Seine ersten Arbeiten führte Giotto in der Kapelle des Hauptaltars der Badia von Florenz aus. In ihr arbeitete er viel, was für schön galt, besonders eine Verkündigung Mariä, wobei er den Schreck und die Furcht der Jungfrau beim Erscheinen des Engels aufs lebendigste darstellt, da sie vor Angst fliehen möchte. Von Giotto gemalt ist auch das Bild auf dem Hauptaltar jener Kapelle.

In Santa Croce sind vier Kapellen von ihm ausgemalt. In der ersten, in der die Glockenseile hängen und die Ridolfo de' Bardi gehört, ist das Leben des heiligen Franziskus dargestellt. In der zweiten, der Kapelle der Familie Peruzzi, sieht man zwei Begebenheiten aus dem Leben Johannes des Täufers, dem die Kapelle geweiht ist, und zwei Wundergeschichten aus dem Leben des Evangelisten Johannes. In der dritten, der der Giugni, die den Aposteln geweiht ist, sind von der Hand Giottos die Martyrien von vielen Aposteln dargestellt. Und in der vierten, auf der anderen Seite der Kirche nach Norden gelegenen Kapelle der Tosinghi und Spinelli, die der Himmelfahrt Mariä geweiht ist, stellte Giotto Szenen aus dem Leben der Mutter Gottes dar. In der Kapelle der Baroncelli in derselben Kirche ist ein Temperabild von der Hand Giottos, eine Krönung der Maria, wobei er eine große Menge kleiner Figuren und einen Chor von Englein und Heiligen mit unendlicher Mühe ausführte. Auf dieses Werk setzte er in goldenen Buchstaben seinen Namen und die Jahreszahl.

Als diese Arbeiten beendet waren, ging er nach Assisi, wohin ihn Fra Giovanni di Muro della Marca, der damalige General der Ordensbrüder des heiligen Franziskus, berufen hatte. Dort malte er in der Oberkirche auf beiden Seiten zweiunddreißig Darstellungen aus dem Leben und Wirken des heiligen Franz, sechzehn auf jeder Wand, und zwar mit solcher Vollkommenheit, daß er dadurch höchsten Ruhm erlangte. Wirklich zeigt dieses Werk nicht nur eine große Mannigfaltigkeit in den Bewegungen jeder Figur, sondern auch in der Zusammenstellung aller Begebenheiten. Außerdem sieht man sehr schön die Verschiedenheit der Kleidung jener Zeit und manche Nachahmung und Abbildungen von Naturgegenständen. Unter anderem zeichnet sich ein Bild aus, in dem ein Durstiger zur Erde gebeugt mit großem, wirklich bewundernswert deutlichem Verlangen aus einer Quelle trinkt, so daß er fast als lebende Gestalt erscheint.

Als diese Bilder vollendet waren, malte er an dem gleichen Ort in der Unterkirche die oberen Wände an den Seiten des Hauptaltars und die vier Gewölbezwickel, unter denen der Leichnam des heiligen Franziskus ruht, die er alle mit geistvollen und schönen Erfindungen zierte. In diesen Darstellungen ist das Selbstbildnis Giottos sehr gut ausgeführt, und über der Tür zur Sakristei befindet sich von seiner Hand, wiederum in Fresko gemalt, ein heiliger Franziskus, der die Wundmale mit solcher Demut und Freudigkeit empfängt, daß mir dieses Bild unter allen Gemälden Giottos in jener Kirche als das vorzüglichste erscheint.

Nachdem er jenen Franziskus vollendet hatte, kehrte er wieder nach Florenz zurück. Dort malte er für Pisa einen heiligen Franziskus auf dem Felsen von Vernia mit größter Sorgfalt. Dabei gab er eine Landschaft mit vielen Bäumen und Felsen, was in jener Zeit etwas Neues war. In der Stellung des heiligen Franziskus, der auf die Knie niedergestürzt die Wundmale empfängt, zeigt sich das glühende Verlangen, sie hinzunehmen, und die unendliche Liebe zu Christus, der von Seraphim umgeben in der Luft schwebt und sie ihm so liebreich bewilligt, daß man es in der Tat nicht besser darstellen könnte. Unter diesem Bild sind drei sehr schöne Darstellungen aus dem Leben desselben Heiligen. Dieses Gemälde wurde Veranlassung, daß die Pisaner Giotto einen Teil der inneren Wände des Campo Santo malen ließen, dessen Bau nach einer Zeichnung des Giovanni Pisano eben vollendet war. Jenes Gebäude war außen ganz mit Marmor verkleidet und mit vielen Kosten durch Bildhauerarbeiten geziert, hatte ein Dach von Blei, innen viele antike Fragmente und heidnische Grabmäler, die von verschiedenen Gegenden der Welt dorthin gebracht worden waren, und sollte nun auch an den Wänden durch herrliche Malereien geschmückt werden. Als daher Giotto nach Pisa kam, malte er am Anfang der einen Wand dieses Friedhofs in sechs großen Freskobildern die Leiden des Hiob. Er beachtete richtig, daß auf der Seite des Gebäudes, auf der er zu arbeiten hatte, der Marmor gegen das Meer gekehrt war und durch die Südostwinde immer feucht sein mußte, wodurch sich, wie meist bei den Backsteinen zu Pisa, eine Art Salzniederschlag entwickelt, der die Farben und Bilder verwischt und aufzehrt. Daher ließ er, damit sein Werk sich so gut als möglich erhalten möchte, überall, wo er in Fresko malen wollte, die Wand mit einer Verkleidung oder einem

Bewurf von Kalk, Gips und zerriebenen Backsteinen versehen, so daß sich die Malereien bis heute erhalten haben und noch besser sein würden, wenn nicht die Unachtsamkeit der hierfür Verantwortlichen sie doch von der Nässe hätte beschädigen lassen. In diesen Bildern sieht man viele schöne Gestalten, besonders Landleute, welche dem Hiob die traurige Kunde bringen. Sie könnten nicht deutlicher und besser ihren Kummer zeigen, den sie über die verlorenen Herden und andere Unfälle empfinden. Ebenso ist von wunderbarer Anmut die Figur eines Dieners, der mit einem Fächer neben dem wundkranken und von allen verlassenen Hiob steht. Denn ebenso wie er in allen Teilen schön ist, ist auch die Stellung bewundernswert, in der er mit der einen Hand von dem aussätzigen und übelriechenden Herrn die Fliegen scheucht und mit der anderen sich vorsichtig die Nase zuhält, um den Gestank nicht zu riechen. Auch die anderen Gestalten jener Bilder, die männlichen und weiblichen Köpfe sind sehr schön und die Gewänder ungemein zart gemalt.Deshalb ist es nicht verwunderlich, daß dieses Werk ihm in jener Stadt und an anderen Orten einen sehr großen Namen gemacht hat. Dadurch wurde Papst Benedikt XI., der einiges im Sankt Peter malen lassen wollte, veranlaßt, einen seiner Hofleute nach Toskana zu schicken, der sehen sollte, was für ein Mann Giotto sei und wie seine Arbeiten ausfielen.

Dieser Hofmann sprach in Siena mit vielen Künstlern und ging, nachdem er Zeichnungen von ihnen erhalten hatte, nach Florenz. Dort trat er eines Morgens in die Werkstatt Giottos, der eben bei der Arbeit saß, eröffnete ihm den Willen des Papstes und erklärte, in welcher Weise dieser sich seiner Kunst bedienen wolle. Endlich bat er um eine kleine Zeichnung, die er Seiner Heiligkeit schicken könne. Giotto, der sehr höflich war, nahm ein Blatt und einen Pinsel mit roter Farbe, legte den Arm fest in die Seite, damit er ihm als Zirkel diene, und zog mit nur einer Handbewegung einen Kreis so scharf und genau, daß er in Erstaunen setzen mußte. Dann verbeugte er sich gegen den Hofmann und sagte: „Da habt Ihr die Zeichnung.“ – Sehr erschreckt fragte dieser: „Soll ich keine andere als diese bekommen?“ – „Es ist genug und fast zuviel“, antwortete Giotto, „schickt sie mit den übrigen hin, und Ihr sollt sehen, ob sie erkannt wird.“ – Der Abgesandte, der wohl sah, daß er sonst nichts erhalten könnte, ging sehr mißvergnügt fort und zweifelte nicht, daß er gefoppt sei. Als er aber dem Papst die Zeichnungen und die Namen der Künstler sandte, schickte er auch die von Giotto und teilte ihm mit, in welcher Weise er den Kreis gezogen hätte, ohne den Arm zu bewegen und ohne Zirkel. Hieran erkannten der Papst und viele sachkundige Hofleute, wie weit Giotto die Maler seiner Zeit übertraf. Als diese Sache bekannt wurde, entstand das Sprichwort: „Du bist runder als das O des Giotto", das noch heute auf Menschen von grober Art angewandt wird und nicht nur wegen der Begebenheit schön ist, der es seine Entstehung verdankt, sondern mehr noch seiner Bedeutung halber, die im Doppelsinn des Wortes „tondo" liegt, das im Toskanischen einen genauen Kreis bezeichnet und gleichzeitig für Langsamkeit und Plumpheit des Geistes gebraucht wird.

Der Papst also berief Giotto nach Rom, erzeigte ihm viel Ehre und ließ ihn in der Tribüne von Sankt Peter fünf Darstellungen aus dem Leben Christi und das Hauptbild in der Sakristei malen. Giotto führte alles mit solcher Sorgfalt aus, daß nie eine ausgezeichnetere Temperamalerei aus seinen Händen kam. Auch gab ihm der Papst, der sich wohl bedient sah, zur Belohnung sechshundert Dukaten und erwies ihm so viel Gunstbezeigungen, daß in ganz Italien davon die Rede war. Danach ließ ihn der Papst rings an den Wänden der Peterskirche Darstellungen aus dem Alten und Neuen Testament malen. Giotto arbeitete zuerst über der Orgel große Engel in Fresko und viele andere Bilder, die zum Teil in unseren Tagen wiederhergestellt worden sind, zum Teil aber, als man die neuen Mauern baute, zerstört wurden. Von Giotto stammt auch das Schiff in Mosaik über den drei Türen der Vorhalle in Sankt Peter, das wirklich wunderbar ist und mit Recht von allen Kunstkennern gerühmt wird, nicht nur wegen der Zeichnung, sondern auch wegen der Gruppierung der Apostel, die auf verschiedene Weise dem Sturm auf dem Meere entgegenarbeiten. Ein Segel, in das der Wind bläst, ist so schwellend, wie ein wirkliches nicht anders sein könnte, obgleich es sehr schwer ist, mit solchen Glasstückchen die Übergänge von weißem Licht zu tiefen Schatten in einem so großen Segel hervorzubringen. Selbst mit dem Pinsel würde es viel Mühe kosten, es so gut zu malen. Das Lob, das dieser Mosaikarbeit von allen Künstlern gezollt wurde, war wohlverdient.

Hierauf malte Giotto in der Minerva, der Kirche des Predigerordens, auf einer Tafel ein großes Kruzifix in Tempera, das man damals sehr rühmte, und kehrte dann in seine Vaterstadt zurück, nachdem er sechs Jahre fort gewesen war. Aber nicht lange danach, als Benedikt XI. gestorben und Papst Clemens V. in Perugia gewählt worden war, mußte Giotto mit diesem Papst nach Avignon gehen, wohin jener den Hof verlegte, um dort einige Werke zu schaffen. Er verfertigte nicht nur in Avignon, sondern auch an vielen anderen Orten Frankreichs eine Menge schönster Tafeln und Freskomalereien, die dem Papst und dem ganzen Hof sehr gut gefielen. Deshalb wurde er sehr gnädig und reich beschenkt entlassen und kehrte ebenso wohlhabend als geehrt und berühmt nach Hause zurück.

Im Jahre 1322 ging er nach Lucca, nachdem im Jahre vorher sein Freund Dante zu seinem großen Kummer gestorben war, und malte auf Wunsch des Castruccio, des damaligen Gebieters jener Stadt, ein Bild in San Martino, auf dem er einen schwebenden Christus und vier Schutzheilige von Lucca darstellte.

Als Giotto wieder in Florenz war, schrieb König Robert von Neapel an König Karl von Kalabrien, seinen Erstgeborenen, der sich in Florenz aufhielt, er solle ihm um jeden Preis Giotto nach Neapel schicken, er habe den Bau des Nonnenklosters und der Kirche Santa Chiara beendet und wolle nun, daß jener sie mit schönen Malereien verziere.

Giotto, der sich von einem so berühmten und gepriesenen König gerufen sah, begab sich gern in seine Dienste und malte dort in einigen Kapellen jenes Klosters viele Darstellungen aus dem Alten und Neuen Testament. Die Bilder aus der Offenbarung des Johannes, die er in einer jener Kapellen ausführte, sollen Erfindungen von Dante sein, was auch bei seinen berühmten Malereien in Assisi der Fall war, von denen wir oben sprachen. Obgleich Dante in jener Zeit nicht mehr lebte, ist es doch leicht möglich, daß sie sich darüber unterhalten haben, wie dieses häufig unter Freunden geschieht. Doch wir wollen nach Neapel zurückkehren, wo Giotto im Castel dell' Uovo und besonders in der Kapelle vieles malte, das dem König wohl gefiel, der ihn sehr liebte und oft, wenn der Künstler malte, sich mit ihm unterhielt, denn es machte ihm Freude, jenen arbeiten zu sehen und seiner Rede zuzuhören. Giotto, der immer ein Sprichwort oder eine treffliche Antwort bereit hatte, verschaffte ihm doppelte Unterhaltung, indem er mit der Hand malte und gleichzeitig geistvolle Gespräche führte. – „Ich will dich zum ersten Mann von Neapel machen", sagte Robert einst zu ihm, worauf Giotto antwortete: „Um der Erste in Neapel zu sein, wohne ich schon an der Porta Reale." Ein andermal sagte der König: „Wenn ich du wäre, würde ich jetzt nicht arbeiten, da es so heiß ist." – „Ich gewiß nicht", entgegnete Giotto, „wenn ich Ihr wäre." – Da nun der Maler dem Könige sehr lieb war, ließ er ihn in einem Saale – den König Alfons I. zerstörte, um das Kastell zu bauen – eine große Menge Malereien verfertigen. Unter anderem sah man dort auch die Bilder vieler berühmter Männer und darunter das eigene Bild Giottos. Einst verlangte der König im Scherz, er solle ihm sein Königreich in einem Gemälde darstellen, worauf Giotto, wie man erzählt, einen gesattelten Esel malte, zu dessen Füßen ein anderer Sattel lag, den er beschnupperte und sich zu wünschen schien. Auf beiden Sätteln waren Krone und Zepter abgebildet. „Deute mir dieses“, sagte der König. – „So ist dein Volk“, antwortete Giotto, „sie wünschen alle Tage einen anderen Herrscher.“

Als Giotto Neapel verließ, um nach Rom zu gehen, hielt er sich in Gaeta auf, wo er in der Nunziata einige Darstellungen aus dem Neuen Testament malen mußte, die nunmehr durch Feuchtigkeit gelitten haben. Nach Vollendung dieses Werkes konnte er es dem Herrn Malatesta nicht verweigern, zunächst noch einige Tage in seinem Dienst in Rom zu bleiben und dann nach Rimini zu gehen, dessen Gebieter Malatesta war. Dort malte er in der Kirche San Francesco viele Bilder, die von Gismondo, dem Sohne Pandolfo Malatestas, der jene ganze Kirche erneuerte, zerstört und niedergerissen wurden. Schließlich kehrte er hochgeehrt und mit einem ziemlich großen Vermögen nach Florenz zurück.

Dort malte er in San Marco einen überlebensgroßen Kruzifixus in Tempera auf Goldgrund und verfertigte einen ähnlichen für Santa Maria Novella, bei der sein Schüler Puccio Capanna mitarbeitete.

Im Jahre 1327 starb Guido Tarlati da Pietramala, der Bischof und Herr von Arezzo, in Massa di Maremma bei seiner Rückkehr von Lucca, wohin er sich zum Besuch des Kaisers begeben hatte. Seine Leiche wurde nach Arezzo gebracht, wo er mit größten Ehren beigesetzt wurde. Piero Saccone aber und Dolfo di Pietramala, der Bruder des Bischofs, beschlossen, ihm ein Marmorgrabmal zu setzen, würdig der Größe eines solchen Mannes, der in geistlichen und weltlichen Dingen ausgezeichnet und das Haupt der Ghibellinen in Toskana gewesen war. Deshalb schrieben sie an Giotto und gaben ihm den Auftrag, die Zeichnung zu einem sehr reichen und möglichst prächtigen Grabmal zu machen. Sie schickten ihm die Maße und baten ihn gleichzeitig, ihnen von den Bildhauern Italiens den zu senden, welchen er für den besten halte; sie würden sich ganz seinem Urteil fügen. Giotto, der immer sehr entgegenkommend war, machte die Zeichnung und schickte sie ihnen. Danach wurde jenes Grabmal ausgeführt.

Nach Beendigung dieser Arbeiten begann er am 9. Juli 1334 den Bau des Glockenturms von Santa Maria del Fiore. Als das Fundament begonnen wurde, kam mit dem ganzen Klerus und dem Magistrat der Bischof der Stadt und legte feierlich den Grundstein. Man setzte den Bau nach einem Modell fort, das in dem damals üblichen deutschen Geschmack gehalten war, und Giotto zeichnete alle Darstellungen, die zu der Verzierung gehörten, wobei er sorgfältig mit weißer, schwarzer und roter Farbe an dem Modell alle Stellen bezeichnete, wohin Steine und Friese kommen sollten. Wenn, wie ich glaube, Lorenzo di Cione Ghiberti richtig berichtet, so verfertigte Giotto nicht nur das Modell zu jenem Turm, sondern auch von den Bildwerken und Reliefs einen Teil jener Darstellungen in Marmor, die die Anfänge aller Künste zeigen.Nach dem Modell Giottos sollte dieser Turm noch eine hohe Spitze oder Pyramide erhalten. Weil dies aber nach dem veralteten deutschen Geschmack war, haben die neueren Baumeister immer geraten, sie wegzulassen; es schien ihnen, der Turm sei ohne sie schöner. Für all diese Dienste wurde Giotto nicht nur zum Bürger von Florenz ernannt, sondern erhielt auch von der Gemeinde jährlich hundert Goldgulden Besoldung, was für jene Zeit etwas Großes war. Jener Bau, über den er die Aufsicht führte, wurde dann von Taddeo Gaddi fortgesetzt, da Giotto nicht lange genug lebte, um ihn beendet zu sehen.

Während dieses Werk vorwärtsschritt, malte er ein Bild für die Nonnen von San Giorgio und führte in der Badia von Florenz im inneren Türbogen der Kirche drei halbe Figuren aus, die man jetzt weiß übertüncht hat, um die Kirche aufzuhellen. Ferner stellte er im großen Saal des Podestà von Florenz auf einem Gemälde die Gemeinde dar, die von vielen beraubt wird, das heißt, er malte sie in der Gestalt eines sitzenden Richters mit dem Zepter in der Hand, über dem Haupt eine gleichwägende Waage als Zeichen seines gerechten Urteils, und vier Tugenden, die ihm Beistand leisten: die Stärke mit dem Mute, die Klugheit mit den Gesetzen, die Gerechtigkeit mit den Waffen und die Mäßigung mit der Rede. Es ist ein schönes Gemälde und eine eigenartige, der Wahrheit nahekommende Erfindung. Hierauf ging er noch einmal nach Padua und malte dort außer vielen Bildern und den Kapellen in der Arena eine Verklärung der Welt, die ihm viel Ehre und großen Nutzen brachte..

Auch in Mailand verfertigte er noch einige Malereien, die in jener Stadt verstreut sind und dort bis auf den heutigen Tag sehr hoch geschätzt werden. Kurze Zeit nach seiner Rückkehr von dort, das heißt im Jahre 1337, starb er nach Vollendung seiner vielen Meisterwerke, zum aufrichtigen Kummer seiner Mitbürger und aller, die ihn kannten, ja die ihn nur hatten nennen hören. Denn er war nicht nur ein ausgezeichneter Maler, sondern auch ein ebenso guter Christ gewesen. Nach Verdienst wurde er im Tode durch ein feierliches Leichenbegängnis geehrt, da er im Leben von jedermann geliebt worden war, besonders von ausgezeichneten Menschen jedes Standes, unter denen außer Dante auch Petrarca zu nennen ist, der Giotto und seine Kunst hoch verehrte.

Der Meister wurde in Santa Maria del Fiore begraben, wo auf der linken Seite, wenn man in die Kirche tritt, ein weißer Marmorstein zum Gedächtnis dieses großen Mannes gesetzt ist.

Er war, wie schon erwähnt, sehr fröhlich und führte gerne witzige und scharfe Reden, die in Florenz in lebhaftem Andenken stehen. Man erzählt auch, Giotto habe in der Zeit, da er noch als Knabe bei Cimabue war, einer Figur seines Meisters eine Fliege so natürlich auf die Nase gemalt, daß Cimabue, als er sich bei seiner Rückkehr an die Arbeit setzte, sie als eine wirkliche Fliege mehrmals mit der Hand fortscheuchen wollte, ehe er des Irrtums gewahr wurde.

Giotto blieb nicht nur durch die Arbeit seiner Hände in lebhaftem Andenken, sondern auch durch die Werke der Schriftsteller jener Zeit, weil er es war, der die wahre Art zu malen wiedergefunden hatte, die lange Jahre verloren gewesen war. Daher wurde durch öffentliches Dekret und auf Verwendung des glorreichen Lorenzo des Älteren von Medici, der mit besonderer Zuneigung die Kunst dieses großen Mannes verehrte, seine Büste in Santa Maria del Fiore aufgestellt. Sie war von dem vortrefflichen Bildhauer Benedetto da Maiano in Marmor gearbeitet und mit einer Inschrift von dem göttlichen Angelo Poliziano versehen, um allen, die sich in irgendeinem Fach auszeichnen, Hoffnung zu geben, daß sie bei anderen Anerkennung finden werden, wie sie Giotto reichlich verdiente und von Lorenzos Güte empfing.

Jacopo della Quercia

Geboren 1374 zu Quercia bei Siena, gestorben 1438 zu Siena

Quercia, ein Ort in der Umgegend von Siena, ist die Vaterstadt des Bildhauers Jacopo di Maestro Piero di Filippo. Er war nach dem Pisaner Andreaund nach Orcagnader erste, der anfing, in seiner Kunst mit mehr Studien und Sorgfalt zu arbeiten und zu zeigen, daß man sich dem Leben nähern könne. Er war der erste, der anderen den Mut und die Hoffnung gab, die Natur in gewissem Sinne zu erreichen. Sein frühestes Werk, das der Beachtung wert ist, verfertigte er in seinem neunzehnten Jahre zu Siena bei folgender Veranlassung: die Sienesen hatten ein Heer gegen die Florentiner im Felde, das Gian Tedesco und Giovanni d'Azzo Ubaldini als Feldhauptleute befehligten. Giovanni d'Azzo jedoch wurde im Lager krank, man brachte ihn nach Siena, wo er starb. Die Sienesen, denen sein Tod sehr naheging, veranstalteten für ihn ein ehrenvolles Leichengepränge und ließen ihm ein hölzernes Gestell in Form einer Pyramide errichten, auf die sie eine Statue von der Hand Jacopos setzten, die Giovanni zu Pferd in Überlebensgröße darstellt. Diese Figur war mit viel Einsicht und Erfindung gearbeitet, da Jacopo eine Methode fand, die bis dahin noch nicht bekannt gewesen war. Die Knochen des Pferdes und der Gestalt wurden nämlich von Holzstücken und schmalen Bohlen angefertigt, die man aneinanderfügte und dann mit Heu, Werg und Seilen umwickelte. Alles wurde fest verbunden, und darüber kam eine Verkleidung von Erde, die Jacopo mit Scherwolle von Tuch, mit Teig und Leim vermischte; ein Verfahren, das wirklich für solche Dinge das beste ist, weil Arbeiten dieser Art als massiv erscheinen, fertig und getrocknet aber sehr leicht sind und, mit Weiß überzogen, ein dem Marmor ähnliches und dem Auge sehr gefälliges Aussehen gewinnen. Außerdem bekommen Statuen, die mit diesen Mischungen gearbeitet sind, keine Risse, wie es geschehen würde, wenn sie bloß von Ton wären. Heutzutage verfertigt man die Modelle zu den Bildwerken in dieser Art, was den Künstlern zu großem Nutzen gereicht, denn dadurch haben sie immer ein Vorbild und das richtige Maß der Werke, die sie arbeiten, vor Augen. Jacopo aber, dem als Erfinder dieser Sache großer Dank gebührt, verfertigte nach Vollendung dieser Statue zwei Tafeln von Lindenholz und führte die Figuren, die Bärte und Haare mit solcher Geduld aus, daß es bewundernswert bleibt. Diese Tafeln wurden im Dom aufgestellt, und für die Fassade desselben Gebäudes verfertigte Jacopo aus Marmor einige Propheten in nicht sehr großem Maßstab. Er würde auch an jenem Bauwerk fortgearbeitet haben, wenn nicht Pest und Hungersnot und die Kämpfe der sienesischen Bürger nach manchem Aufruhr jene Stadt in einen schlimmen Zustand versetzt und Orlando Malevolti vertrieben hätten, durch dessen Gunst Jacopo mit Ehren in seiner Vaterstadt beschäftigt worden war.

Er verließ daher Siena und begab sich mit Unterstützung einiger seiner Freunde nach Lucca, wo er im Auftrag von Paolo Guinigi, dem Gebieter jener Stadt, in der Kirche San Martino ein Grabmal für dessen Gemahlin verfertigte, die kurz vorher gestorben war. Auf dem Sockel dieses Werkes führte er einige Kinder, die ein Laubgeflecht halten, so fein in Marmor aus, daß sie wie von Fleisch erscheinen, stellte auf dem Sarge, den dieser Sockel trägt, mit unendlicher Sorgfalt die Gattin von Paolo Guinigi dar, die darin beigesetzt wurde, und arbeitete aus demselben Stein, zu ihren Füßen ruhend, einen Hund in erhabenem Relief als Sinnbild der Treue gegen ihren Gatten.

Jacopo, der unterdes gehört hatte, die Zunft der Wollweber zu Florenz wolle eine der Bronzetüren der Kirche San Giovanni arbeiten lassen, war nach Florenz gegangen, damit er dort bekannt werden möchte. Denn diese Arbeit sollte demjenigen übertragen werden, der bei Anfertigung einer Darstellung in Bronze von sich und seiner Kunst den besten Beweis geben würde. In Florenz arbeitete er nicht nur das Modell, sondern führte auch das sehr gut entworfene Bild bis zur letzten Politur aus, und dieses gefiel so gut, daß man ihm jenes große Werk übertragen hätte, wenn er nicht den trefflichen Donatello und Filippo Brunelleschi zu Mitbewerbern gehabt hätte, die ihn mit ihren Arbeiten übertrafen.

Da die Sache fehlgeschlagen war, begab er sich nach Bologna, wo ihm durch die Gunst des Giovanni Bentivoglio von den Werkmeistern von San Petronio der Auftrag gegeben wurde, die Haupttür jener Kirche in Marmor zu verzieren. Um nicht den Stil, in dem dieses Werk begonnen war, zu stören, setzte er nach deutschem Geschmack die Arbeit fort, indem er über der Reihe von Pfeilern, welche die Gesimse und den Bogen tragen, die noch fehlenden Reliefs einfügte, die er mit unendlichem Fleiß im Verlauf von zwölf Jahren verfertigte. Die Bolognesen, die geglaubt hatten, man könne kein besseres, ja nicht einmal ein gleich schönes Marmorwerk zustande bringen, wie jenes, das die Sienesen Agostino und Agnolo nach alter Art in San Francesco am Hauptaltar verfertigt hatten, sahen mit Erstaunen, daß diese Arbeit um vieles herrlicher war als jene.

Dann wurde Jacopo gebeten, nach Lucca zurückzukehren, und folgte gern dieser Aufforderung. Dort arbeitete er in San Friano für Federigo di Maestro Trenta del Veglia eine Tafel aus Marmor, auf der er die Jungfrau mit dem Sohn im Arm, die Heiligen Sebastian, Lucia, Hieronymus und Sigismund nach guter Methode und Zeichnung und mit Anmut darstellte. Auf der Staffel sah man unter jedem Heiligen eine Begebenheit aus dessen Leben in Halbrelief ausgeführt. Alles dies nahm sich sehr gut aus und erwarb reichen Beifall, denn Jacopo hatte mit großer Kunst die Figuren allmählich zurücktreten und nach dem Hintergrund zu flacher werden lassen. Auch stärkte er andern den Mut, durch neue Erfindungen ihren Werken Reiz und Schönheit zu verleihen, indem er auf zwei großen Grabsteinen Federigo, für den er das ganze Werk arbeitete, und dessen Gemahlin in Basrelief nach dem Leben abbildete.

Von Lucca begab sich Jacopo nach Florenz, und die Werkmeister von Santa Maria del Fiore, die ihn sehr hatten rühmen hören, gaben ihm Auftrag, den Vorgiebel über der Tür nach der Annunziata in Marmor zu arbeiten. Dort stellte er in einem spitzen Oval die Madonna dar, die von einem Chor singender und musizierender Engel zum Himmel getragen wird, die alle schöne Stellungen und Bewegungen haben und in ihrem Fluge Kraft und Gewandtheit zeigen, wie es bis dahin noch niemals gesehen worden war.

Jacopo wünschte seine Vaterstadt wiederzusehen und kehrte daher nach Siena zurück, wo ihm seinem Wunsch entsprechend bald Gelegenheit gegeben wurde, ein ehrenvolles Andenken von sich zu stiften. Denn die Signoria von Siena, entschlossen, eine reiche Marmorverzierung um die Quelle verfertigen zu lassen, welche die Sienesen Agostino und Agnolo im Jahre 1343 nach dem Hauptplatz geleitet hatten, übertrug Jacopo dieses Werk für den Preis von zweitausendzweihundert Goldgulden. Er verfertigte ein Modell, ließ den Marmor kommen und begann die Arbeit, die er zu größter Zufriedenheit seiner Mitbürger vollendete, die ihn von nun an nicht mehr Jacopo della Quercia, sondern Jacopo della Fonte nannten. Den Mittelpunkt des Werkes bildet die glorreiche Jungfrau Maria, die vornehmste Schutzpatronin jener Stadt, etwas größer als die anderen Figuren, in anmutiger und ungewöhnlicher Weise dargestellt. Ringsum sieht man die sieben theologischen und Kardinaltugenden, deren Köpfe Jacopo zart arbeitete und ihnen einen angenehmen Ausdruck gab. Man erkennt daraus, daß er angefangen hatte, das Gute und die Schwierigkeit der Kunst einzusehen und dem Marmor Reiz zu geben. Denn er verbannte den alten Stil, den die Bildhauer bisher anwandten, die ihren Gestalten durchaus keine Anmut zu verleihen wußten, während Jacopo sie lieblich und voll darstellte und den Marmor mit Geduld und Zartheit ausmeißelte. Zur Verzierung jenes Brunnens arbeitete er außerdem einige Begebenheiten aus dem Alten Testament, wie die Erschaffung der ersten Menschen und den Genuß des verbotenen Apfels, wobei man in dem Angesicht Evas einen so schönen Ausdruck und in der ehrfurchtsvollen Stellung, in der sie Adam den Apfel hinreicht, einen solchen Liebreiz gewahrt, daß es wirklich scheint, als könne er sich nicht weigern, ihn zu nehmen. Das übrige Werk ist nicht minder einsichtsvoll gearbeitet und mit schönen Kindern und anderen Verzierungen, mit Löwen und Wölfen, die zum Wappen der Stadt gehören, geschmückt, was Jacopo alles im Verlauf von zwölf Jahren mit sorgsamem Fleiß und vieler Übung ausführte.Durch diese Werke gelangte er zu immer größerem Ruhm in der Kunst, und durch sein tugendhaftes Leben wurde er bekannt als ein Mann von edlen Sitten. Deshalb ernannte die Signoria von Siena ihn zum Ritter und bald nachher zum Werkmeister des Doms. Dieses Amt übte er so, daß es weder vorher noch nachher besser versehen worden ist, und obgleich er seit der Übernahme des Amtes nur noch drei Jahre lebte, hat er doch bei jenem Bau viel rühmliche und nützliche Verbesserungen veranlaßt.

Luca della Robbia

Geboren 1400 zu Florenz, gestorben 1482 daselbst

Der Bildhauer Luca della Robbia wurde im Jahre 1400 zu Florenz im Hause seiner Vorfahren geboren, das unterhalb der Kirche San Barnaba gelegen ist. Er wurde dort in guten Sitten erzogen, bis er lesen und schreiben und, wie es bei den meisten Florentinern üblich war, soviel rechnen konnte, als ihm not tat. Hierauf gab ihn sein Vater, damit er die Goldschmiedekunst erlerne, zu Leonardo di Ser Giovanni in die Lehre, der damals für den besten Meister dieser Kunst in Florenz gehalten wurde. Nachdem Luca es bei diesem so weit gebracht hatte, daß er zeichnen und in Wachs arbeiten konnte, wuchs ihm der Mut, und er begann einiges in Marmor und Erz zu verfertigen, das ihm gut gelang und Veranlassung wurde, das Gewerbe eines Goldschmieds aufzugeben und sich der Bildhauerkunst zu widmen. Unausgesetzt arbeitete er bei Tage mit dem Meißel und zeichnete bei Nacht. Ja, er übte dies mit solchem Eifer, daß er, wenn ihm nachts die Füße steif wurden, sie oft, um nicht von der Arbeit zu gehen, zur Erwärmung in einen Korb mit Sägespänen steckte. Darüber wundere ich mich gar nicht, da nie ein Mensch in irgend etwas vollkommen geworden ist, der nicht sehr jung schon angefangen hätte, Hitze und Frost, Hunger, Durst und andere Mühseligkeiten zu ertragen. Die sind fürwahr im Irrtum, die glauben, ohne Anstrengung und mit aller Bequemlichkeit der Welt könne man zu einem ehrenvollen Berufe gelangen. Nicht schlafend, sondern wachend, bei unausgesetztem Studium lernt und erwirbt man.

Luca war kaum fünfzehn Jahre alt, als er mit noch mehreren jungen Bildhauern nach Rimini berufen wurde, um daselbst einige Marmorverzierungen und Figuren für Sigismondo di Pandolfo Malatesta, den Gebieter jener Stadt, zu verfertigen, der damals in der Kirche San Francesco eine Kapelle errichten und für seine verstorbene Gemahlin ein Grabmal erbauen ließ.Bei diesem Werk gab er durch einige Basreliefs einen ausgezeichneten Beweis seiner Geschicklichkeit. Hierauf wurde er von den Werkmeistern von Santa Maria del Fiore nach Florenz zurückberufen und verfertigte daselbst für den Glockenturm jener Kirche fünf

Bildwerke von Marmor, die auf der Seite angebracht wurden, die nach der Kirche zu liegt. In dem ersten Relief, das Luca arbeitete, sieht man Donatus, der die Grammatik lehrt, im zweiten Plato und Aristoteles als Philosophen, im dritten eine Gestalt, welche Laute spielt, als Musik, im vierten Ptolemäus als Astrologen, im fünften Euklid als Geometer. Diese Bildwerke übertrafen an Zeichnung, Anmut der Erfindung und sauberer Ausführung weit die beiden, in denen Giotto die Malerei unter dem Bild des malenden Apelles und die Skulptur unter der Gestalt des mit dem Meißel arbeitenden Phidias dargestellt hatte. Die Werkmeister von Santa Maria del Fiore, die an diesen Arbeiten die Begabung unseres Luca erkannten, folgten dem Rat des Herrn Vieri de Medici, eines damals sehr beliebten Mitbürgers, der den Luca sehr schätzte. Sie gaben dem Künstler den Auftrag, die Marmorverzierung für die Orgel zu verfertigen, die der Kirchenvorstand sehr groß ausführen ließ, um sie über der Tür der Sakristei anzubringen. Luca stellte auf dem Sockel in einigen Bildern die Musikchöre dar, die auf verschiedene Weise singen, und wandte dazu viel Studium auf. Auch gelang ihm diese Arbeit sehr wohl, denn obgleich sie sechzehn Ellen vom Boden entfernt ist, unterscheidet man das Schwellen des Halses bei den Singenden und erkennt, wie der, der die Musik leitet, auf den Schultern der Kleineren den Takt schlägt. Kurz, man sieht allerlei Klang und Saitenspiel, Gesänge, Tänze und andere Ergötzlichkeiten abgebildet, die durch das Vergnügen der Musik angeregt werden. Auf dem Hauptgesims brachte Luca zwei vergoldete Metallfiguren an, zwei nackte Engel, die sehr fein ausgeführt sind, wie überhaupt das Ganze für eine besondere Sache galt, obgleich Donato bei Verzierung der anderen Orgel dieser gegenüber weit mehr Übung und Urteil zeigte als Luca. Denn dieser arbeitete das Werk fast nur aus dem Rohen und meißelte es nicht fein aus, damit es sich von fern hervorheben möchte. Dadurch hat es denn auch ein weit besseres Ansehen als das von Luca, der zwar nach guter Zeichnung und mit Fleiß gearbeitet hat, doch wird sein Werk bei all seiner zarten Vollendung in der Ferne dem Auge undeutlich und läßt sich nicht so gut unterscheiden wie jenes von Donato. Hierauf müssen die Künstler sehr achten. Denn die Erfahrung lehrt, daß alle Dinge, die von ferne gesehen werden, seien es nun Maler- oder Bildhauerwerke oder andere ähnliche Sachen, mehr Eindruck machen, wenn sie einem schönen Entwurf gleichen, als wenn sie fein ausgeführt sind. Abgesehen davon, daß die Entfernung jene Wirkung tut, scheint es auch, als ob bei Entwürfen, die durch plötzliche Eingebung entstehen, mit wenigen Strichen der Gedanke besser ausgedrückt wird, als Mühe und allzu große Sorgfalt es vermögen. Darum bringen jene, die nie fertig werden können, sich oftmals um allen Erfolg und alle Wirkung. Die Zeichenkunst, um nicht nur die Malerei zu nennen, ist der Poesie zu vergleichen, und wie Dichterwerke, die der Augenblick eingibt, die wahren und guten sind und vorzüglicher als die mühselig erarbeiteten, so gelingen auch die trefflichen Werke der Zeichenkunst besser, wenn sie durch plötzliche Eingebung hervorgebracht werden, als wenn sie durch Hin- und Hersinnen nach und nach mit Anstrengung entstehen. Wer, wie es sein muß, das, was er vollführen will, von Anfang an in der Idee erfaßt hat, schreitet immer leicht und sicher der Vollendung entgegen. Da indessen nicht alle Geister gleich sind, gibt es freilich auch einige wenige, die nur langsam Gutes zustande bringen. So sagt man zum Beispiel – der Maler gar nicht zu gedenken –, der sehr ehrenwerte und gelehrte Dichter Bembo habe bisweilen viele Monate, ja vielleicht Jahre gebraucht, ehe er ein Sonett beendete. Demnach ist es nichts allzu Wunderbares, wenn solches auch den Meistern unserer Kunst begegnet. Indessen gilt auch meist das Gegenteil von der Regel.

Doch wir wollen zu Luca zurückkehren. Nachdem er das genannte Werk beendet hatte, das sehr gut gefiel, erhielt er den Auftrag, die Bronzetür für die Sakristei zu arbeiten, die man über jener Marmorverzierung sieht.Als er indes nach Vollendung dieser Arbeit berechnete, was er gewonnen und welche Zeit er aufgewandt hatte, erkannte er, daß ihm wenig blieb und seine Mühe groß gewesen war. Deshalb beschloß er, keine Marmor- und Bronzewerke mehr zu verfertigen, sondern danach zu trachten, ob er nicht auf anderem Wege reichlicheren Lohn ernten könne. Er sah, daß in Erde zu arbeiten sehr leicht war und keine Anstrengung forderte, daß nur ein Mittel zu finden not tat, welches dieser Art von Arbeit Dauer geben würde. Er sann daher unermüdlich nach, wie man sie gegen die Zerstörung der Zeit schützen könne, bis er durch viele mühevolle Versuche entdeckte, ein glasierter Überzug von Zinn, Email, Antimon und anderen Mineralien und Mischungen, in einem dazu geeigneten Schmelzofen zubereitet, erfülle diesen Zweck vollkommen und gebe den Tonarbeiten eine fast ewige Dauer. Dieses Verfahren, für das er als Erfinder großes Lob erntete, gab ihm ein Recht auf den Dank aller kommenden Zeiten. Als Luca hierin seine Absicht erreicht sah, sollte nach seinem Willen sein erstes Werk dieser Art die Verzierung des Bogens über der Bronzetür sein, die er unter der Orgel in Santa Maria del Fiore für die Sakristei verfertigte. Deshalb stellte er dort eine Auferstehung Christi dar, für jene Zeit so schön, daß sie als etwas ganz Seltenes von jedermann bewundert wurde. Die Kirchenvorsteher, die dies sahen, wünschten, der Bogen über der Tür der anderen Sakristei, wo Donatello die

Verzierungen um die Orgel gearbeitet hatte, möge durch Luca in derselben Weise mit ähnlichen Figuren und Zieraten von gebrannter Erde ausgefüllt werden, und dieser arbeitete dort sehr schön die Himmelfahrt Christi.

Weil ihm indessen diese seltene und nützliche Erfindung nicht genügte, die sich besonders für solche Orte eignet, wo Wasser ist oder um Feuchtigkeit und anderer Dinge willen Malereien nicht angebracht werden können, bemühte er sich, weiterzugehen; und anstatt die genannten Tonwerke nur einfach weiß zu verfertigen, fand er Mittel, ihnen Farbe zu geben – zum großen Erstaunen und Vergnügen eines jeden. Der erste, der ihm Auftrag erteilte, etwas in buntem Ton zu arbeiten, war der glorreiche Piero di Cosimo de' Medici, der in einem Schreibzimmer des Palastes, den sein Vater Cosimo erbaut hatte, die ganze Wölbung im Halbkreis und auch den Fußboden mit allerlei Phantasien verzieren ließ, eine ungewöhnliche und zur Sommerzeit sehr angenehme Sache. Es erscheint fast wie ein Wunder, daß, obgleich dies Verfahren damals sehr schwierig war und viele Kenntnisse dazu gehörten, die Erden zu brennen, Luca dennoch jene Arbeiten in solcher Vollkommenheit ausführte, daß Wölbung und Fußboden nicht aus vielen, sondern aus einem einzigen Stück zu bestehen scheinen.

Der Ruf seiner Werke verbreitete sich bald durch Italien, ja durch ganz Europa. Und es war ein solches Verlangen danach, daß die florentinischen Kaufleute, sehr zu seinem Vorteil, ihm immer neue Bestellungen gaben und diese Arbeiten überall in der Welt umhersandten. – Luca, der allein nicht alles liefern konnte, veranlaßte seine beiden Brüder Ottaviano und Agostino, nicht mehr Bildhauerwerke, sondern Tonarbeiten anzufertigen, wobei sie alle mehr gewannen, als sie bis dahin mit dem Meißel verdient hatten.

Außer zahlreichen Arbeiten, die von ihnen nach Frankreich und Spanien geschickt wurden, schufen sie noch viele Dinge in Toskana und besonders für Piero de' Medici in der Kirche San Miniato al Monte das Gewölbe der Marmorkapelle, die auf vier Säulen in der Mitte der Kirche errichtet ist, eine sehr schöne Zusammenstellung von Achtecken. Doch das Hauptwerk dieser Art, das aus ihren Händen hervorgegangen ist, ist in der gleichen Kirche das Gewölbe der Sankt-Jakobs-Kapelle, in der der Kardinal von Portugal begraben liegt. Obgleich sie ohne Kanten ist, schufen sie vier runde Eckbilder mit den vier Evangelisten und in der Mitte der Wölbung ein Rundbild mit dem Heiligen Geist. Den übrigen freien Raum füllten sie mit einer schuppenartigen Dekoration, die sich der Wölbung entsprechend nach der Mitte zu allmählich verjüngt. In dieser Art kann man nichts Vortrefflicheres finden, weder dem Aufbau nach, noch in der Sorgfalt der Zusammensetzung.

Wäre diesem Künstler ein längeres Leben beschieden gewesen, so hätte man noch weit größere Dinge aus seinen Händen hervorgehen sehen. Denn kurz bevor er starb, fing er an, Bilder zu malen, eine Arbeit, die ihm meiner Ansicht nach leicht gelungen wäre, wenn nicht der Tod, der meist die vorzüglichsten Menschen in dem Augenblick dahinrafft, wo sie der Welt am meisten Nutzen schaffen wollen, ihn allzu früh des Daseins beraubte.

Luca ging von einer Art der Beschäftigung zur anderen über, vom Marmor zur Bronze, von der Bronze zur Erde. Dies geschah aber nicht aus Trägheit noch aus einem unbeständigen, grillenhaften, mit seiner Kunst nicht zufriedenen Sinn, wie ihn wohl manche haben, sondern seine Natur drängte ihn zu neuen Erfindungen. Dadurch wurde die Welt und die Kunst durch eine neue, nützliche und schöne Sache bereichert, und er gelangte zu dauerndem Ruhm und unsterblichem Lob.

Lorenzo Ghiberti

Geboren 1378 zu Florenz, gestorben am 1. Dezember 1455 daselbst

Wer durch irgendeinen seltenen Vorzug Ruhm unter den Menschen gewinnt, erwirbt dadurch nicht nur für sich Ehre und Lohn, sondern ist auch meist ein heiliges, leuchtendes Vorbild für viele, die nach ihm geboren werden und in derselben Zeit leben. Denn nichts regt die Geister der Menschen mehr an und läßt die Mühen des Studiums weniger anstrengend erscheinen, als die Ehre und der Nutzen, die nach saurer Arbeit durch Kunst und Geschicklichkeit gewonnen werden. Sie machen jedem sein schwieriges Unternehmen leicht, und sein Talent reift schneller, wenn es durch das Lob der Welt gesteigert wird. Ja, Unzählige, die diese sehen, bemühen sich, den gleichen Lohn zu verdienen, den einer ihrer Mitbürger errungen hat. Im Altertum wurden daher ausgezeichnete Menschen mit Reichtümern belohnt oder durch Triumphzüge und Denkmäler geehrt. Weil aber das Talent häufig vom Neid verfolgt wird, muß man sich anstrengen, diesen durch größte Leistungen zu besiegen oder wenigstens stark und tapfer genug zu werden, um seine Stürme zu ertragen.

Dies vermochte durch Glück und Verdienst Lorenzo di Cione Ghiberti, auch di Bartoluccio genannt, der für würdig erachtet wurde, von den trefflichen Meistern Donato und Filippo di Brunelleschi an ihre Stelle gesetzt zu werden. Denn sie erkannten, daß er ein besserer Meister in Gußarbeiten war als sie selbst, obgleich sie vielleicht lieber das Gegenteil gesagt hätten. Solche Einsicht gereicht jenen zum Ruhm und vielen zur Beschämung, die sich groß dünken, an die Aufträge drängen und den Platz einnehmen, der den Vorzügen anderer zukommt. Auf ihm können sie keine Früchte ernten, wenn sie sich auch lange Jahre quälen, etwas zustande zu bringen, während sie dem Können und den Kenntnissen anderer hinderlich sind, die sie aus Neid und bösem Willen unterdrücken.

Lorenzo war ein Sohn von Bartoluccio Ghiberti, einem vortrefflichen Goldschmied, und lernte bei ihm von frühester Jugend an jene Kunst, die er bald so übte, daß er viel besser arbeitete als sein Vater. Mehr Freude jedoch machte ihm die Bildhauer- und Zeichenkunst. Deshalb bediente er sich bisweilen der Farben, bisweilen goß er kleine Bronzefiguren und vollendete sie mit Anmut. Auch vergnügte er sich, die Stempel der alten Münzen nachzuahmen, und bildete viele seiner Freunde nach dem Leben ab. – Während er in Florenz mit seinem Vater durch Goldarbeiten Geld zu erwerben suchte, kam im Jahre 1400 die Pest, und da außer ihr auch noch einige bürgerliche Zwistigkeiten und sonstige Not in der Stadt herrschten, sah er sich gezwungen, in Gesellschaft eines anderen Malers in die Romagna zu gehen. Dort malten sie in Rimini für den Herrn Pandolfo Malatesta ein Zimmer und sonst noch mancherlei mit vielem Fleiß und zur Zufriedenheit jenes Herrn, der noch jung war und an den Werken der Zeichenkunst große Freude hatte. – Lorenzo unterließ nichts, sich während dieser Zeit im Zeichnen, Wachsbossieren, in der Stukkatur und ähnlichen Techniken zu üben, weil er sehr wohl wußte, daß diese Art von kleinen erhabenen Arbeiten die Zeichenübungen der Bildhauer sind, ohne die sie nichts vollkommen zu Ende führen können.

Lorenzo war noch nicht lange von seiner Vaterstadt entfernt, als die Pest erlosch und die Signoria von Florenz gemeinsam mit der Zunft der Kaufleute beschloß, die beiden noch fehlenden Türen von San Giovanni, der ältesten und vornehmsten Kirche der Stadt, ausführen zu lassen, denn zu jener Zeit gab es viele vorzügliche Meister der Bildhauerei, fremde sowohl wie Florentiner. Von diesem Unternehmen war schon längere Zeit die Rede gewesen, und man kam nunmehr überein, es solle den besten Meistern Italiens bekanntgemacht werden, sie möchten nach Florenz kommen und eine Probearbeit ausführen, eine Bildtafel von Bronze, denen ähnlich, die Andrea bei der ersten Tür angebracht hatte. Bartoluccio berichtete seinem Sohne Lorenzo, der in Pesaro arbeitete, von diesem Beschluß und ermunterte ihn, nach Florenz zurückzukommen und einen Beweis seiner Geschicklichkeit zu bringen. Dies sei eine Gelegenheit, sich bekannt zu machen und sein Talent zu zeigen, auch könne er dabei so großen Vorteil gewinnen, daß sie beide nicht mehr nötig haben würden, Ohrgehänge zu arbeiten. Diese Worte Bartoluccios beunruhigten Lorenzo sehr, und trotz aller Liebenswürdigkeiten, die ihm von Pandolfo und dem Maler, ja vom ganzen Hof erzeigt wurden, verlangte er seine Entlassung. Ungern und widerstrebend wurde diese ihm zugestanden, da weder Versprechungen noch erhöhte Besoldung ihn zu halten vermochten. Lorenzo aber, den jede Stunde eine Ewigkeit dünkte, ehe er Florenz erreicht hatte, zog glücklich von dannen und kehrte in seine Heimat zurück. Eine Menge fremder Künstler war zu jener Zeit schon in Florenz angelangt und hatte sich bei den Obermeistern der Zünfte gemeldet, die von diesen allen sieben Meister auswählten, drei Florentiner, die anderen Toskaner. Man wies ihnen Geld an, und jeder sollte im Verlauf eines Jahres als Probestück ein Bronzerelief in der gleichen Größe wie das an der ersten Tür vollenden und darin die Opferung des Isaak durch Abraham darstellen. Denn man glaubte, jene Meister könnten hierin sehr wohl die Schwierigkeiten ihrer Kunst zeigen, könnten dabei Tiere und Landschaften, Gestalten mit und ohne Gewänder anbringen, die vordersten Figuren erhaben, die zweiten halberhaben und die letzten flach arbeiten. Bewerber bei diesem Werk waren die Florentiner Filippo Brunelleschi, Donato und Lorenzo di Bartoluccio, der Sienese Jacopo della Quercia, dessen Schüler Niccolò d'Arezzo, Francesco di Valdambrina und Simone da Colle, de' Bronzi genannt.Alle diese versprachen den Obermeistern, in der bestimmten Zeit das Relief zu vollenden, und jeder begann das seinige mit großem Eifer und Fleiß und wandte alle Kraft und Kenntnisse auf, um den anderen zu übertreffen. Sie hielten dabei ihre Arbeiten ganz geheim, um nicht auf gleiche Gedanken zu geraten. – Nur Lorenzo, der Bartoluccio hatte, der ihn leitete, ihn keine Mühe scheuen und viele Modelle arbeiten ließ, ehe er sich entschloß eines auszuführen, veranlaßte die Bürger, zu ihm zu kommen, um ihre Meinung zu hören. Bisweilen lud er auch Fremde ein, die durchreisten, wenn sie etwas von seinem Gewerbe verstanden, und mit Hilfe dieser Urteile brachte er ein sehr gelungenes, ganz fehlerloses Modell zustande. Hierauf machte er die Form, goß sie in Bronze aus, was vortrefflich glückte, und ging daran, den Guß mit Hilfe seines Vaters mit großer Liebe und Geduld auszuputzen, so daß man es nicht besser hätte vollenden können. Inzwischen war die Zeit gekommen, da die Arbeiten zum Vergleich gestellt werden sollten, und so wurde sein Werk mit denen aller übrigen Meister der Zunft der Kaufleute zur Beurteilung übergeben. Da nun die Obermeister und viele andere Bürger diese in Augenschein genommen hatten, zeigten sich alsbald verschiedene Meinungen. Eine Menge Fremder, teils Maler, teils Bildhauer und einige Goldarbeiter waren in Florenz zusammengeströmt, und diese wurden von den Obermeistern berufen, mit anderen desselben Gewerbes, die in Florenz lebten, über jene Arbeiten ihr Urteil zu sprechen. Es war dies ein Gericht von vierunddreißig Personen, alle in ihrer Kunst wohlerfahren. Aber obgleich sie verschiedene Ansichten hatten, dem einen diese Art, dem anderen jene gefiel, so kamen doch alle darin überein, daß Filippo Brunelleschi und Lorenzo di Bartoluccio ihre Arbeiten besser gegliedert und reicher mit Figuren ausgestattet hätten als Donato, obwohl auch bei diesem die Zeichnung vorzüglich war. In dem Werke von Jacopo della Quercia fehlte den Figuren Zartheit, obgleich sie sonst gewiß gut, nach richtigem Verhältnis und mit Fleiß gearbeitet waren. Bei Francesco di Valdambrina waren die Köpfe lobenswert und alles war wohl ausgefeilt, in der Zusammenstellung aber verworren. Simone da Colle zeichnete sich durch den schönen Guß seines Probestückes aus, was seine eigentliche Kunst war; in der Zeichnung erschien es mangelhaft. Auch jenes von Niccolò d'Arezzo war mit Sorgfalt gearbeitet, hatte indes kurze Gestalten und war schlecht ausgeputzt. Nur das Bild von Lorenzo war in allen Teilen vollkommen, denn er hatte dieses ganze Werk nach schöner Zeichnung sehr wohl zusammengestellt. Die Figuren waren schlank, hatten Anmut und schöne Stellung, und das Ganze war mit solcher Sorgfalt ausgeführt, daß es nicht gegossen und mit dem Eisen geputzt, sondern geblasen zu sein schien.

Als Donato und Filippo sahen, mit welcher Sorgfalt Lorenzo sein Werk vollendet hatte, traten sie beiseite, besprachen sich und kamen überein, Lorenzo müsse der Auftrag übergeben werden. Es schien ihnen, dem öffentlichen und privaten Wohl sei so am besten gedient, und Lorenzo, der noch sehr jung, noch nicht zwanzig Jahre alt war, werde bei Übung dieses Berufs die herrlichen Früchte ernten, die sein schönes Bild hoffen ließ, das er nach ihrem Urteil vollkommener als die anderen ausgeführt hatte. Ja sie sagten, es würde mehr eine Handlung des Neides sein, wenn sie es ihm nehmen wollten, als rühmlich, es ihm zu überlassen. Lorenzo begann demnach das Werk für die Tür und verfertigte für einen der Türflügel ein großes hölzernes Modell, genau wie es nachmals in Metall entstehen sollte, mit den Einfassungen und den Verzierungen der Köpfe und den Vierungen um die mit Figuren ausgefüllten Bilder samt den Friesen, die ringsumher laufen. Hierauf arbeitete er mit allem Fleiß die Form und mietete eine Werkstätte Santa Maria Nuova gegenüber. Dort baute er einen sehr großen Ofen, den ich mich erinnere, noch gesehen zu haben, und goß jenes Stück in Metall. Das Schicksal wollte, daß es nicht gut gelang. Lorenzo erkannte den Fehler und verfertigte, ohne zu erschrecken oder den Mut zu verlieren, schleunigst und ohne daß jemand davon wußte, eine neue Form, wiederholte den Guß und sah ihn trefflich gelingen. In dieser Weise setzte er die Arbeit fort, indem er jedes Feld für sich allein goß und es dann geputzt und gereinigt in seine Stelle einfügte. Die Verteilung der Bilder war der ähnlich, die Andrea Pisano bei der ersten Tür nach einer von Giotto verfertigten Zeichnung beobachtet hatte. Hier stellte Lorenzo zwanzig Begebenheiten aus dem Neuen Testament dar und in acht ähnlichen Füllungen Gegenstände, die mit jenen in Verbindung standen. Zuunterst sieht man die vier Evangelisten, zwei auf jedem Türflügel, und darüber die vier Kirchenlehrer, die in Stellung und Gewändern verschieden sind: einer liest, einer schreibt, die anderen denken nach, und wie jeder auf andere Weise sich zeigt, sind sie in ihrer Tätigkeit und ihrem Denken sehr wohl dargestellt. In den Friesen, die die Bildfelder umgeben, brachte er Zierat von Efeublättern und anderem Laubwerk an, dazwischen Simsglieder und auf jeder Ecke einen männlichen oder weiblichen Kopf, ganz erhaben gearbeitet; sie stellen Propheten und Sibyllen vor und geben durch ihre Schönheit und Mannigfaltigkeit den seltenen Geist Lorenzos kund. Dieses ganze Werk wurde mit dem größten Aufwand von Zeit und Kräften zu einer Vollendung geführt, wie sie einem Metallwerk nur irgend gegeben werden kann. Die Glieder der nackten Gestalten sind in allen Teilen schön, und obwohl die Gewänder ein wenig nach dem alten Stil des Giotto neigen, ist doch überall etwas darin, was sich der Art der Neueren nähert und den Figuren in dieser Größe eine gewisse zierliche Anmut gibt. Alle diese Bilder sind so wohlgeordnet und verteilt, daß Lorenzo das Lob, das Filippo zu Anfang über ihn ausgesprochen hatte, oder ein größeres wohl verdiente. – Von seinen Landsleuten deshalb ehrenvoll anerkannt, sah er sich von einheimischen und fremden Künstlern gleich sehr gerühmt. Dieses ganze Werk mitsamt den Türbekleidungen, die ebenfalls von Metall und mit erhabenen Fruchtgehängen und Tieren verschönt sind, kostete zweiundzwanzigtausend Gulden. Die Metalltüren aber wogen vierunddreißigtausend Pfund.

Als sie vollendet waren, hielten die Obermeister sich für sehr wohl bedient und beschlossen, Lorenzo, dem jedermann Lob zollte, den Auftrag zu geben, an einem Pfeiler an der Außenseite von Or San Michele für eine der Nischen, die den Tuchscherern gegenüber ist, eine Bronzestatue zu Ehren Johannes des Täufers zu arbeiten. Er fing dieses Werk sogleich an, ging nicht davon, bis er es vollendet hatte und brachte eine sehr gute, gerühmte Arbeit zustande. In den Mantel, der diese Figur umgibt, schnitt er seinen Namen. Mit dieser Statue, die 1414 aufgestellt wurde, begann der gute neue Stil. Diesen erkennt man an dem Haupte, an dem Arme, der die Fülle der Natur hat und Fleisch zu sein scheint, an den Händen wie an allen Bewegungen der Gestalt. Lorenzo war somit der erste, der anfing, die Werke der alten Römer nachzuahmen, die er eifrig studierte, wie ein jeder es muß, der Gutes zu vollbringen wünscht. Auf dem Giebel des Tabernakels versuchte er auch in Mosaik zu arbeiten und stellte daselbst in halber Figur einen Propheten dar.

Schon war der Ruf des kunstreichen Meisters in Gußarbeiten durch ganz Italien verbreitet, da gab die Signoria von Siena, die Jacopo della Fonte, den Sienesen Vecchietto und Donato einige Tafeln und Figuren aus Erz für den Taufbrunnen von San Giovanni hatte arbeiten lassen, nunmehr Lorenzo den Auftrag, zwei Begebenheiten aus dem Leben des heiligen Johannes des Täufers darzustellen. Auf der einen Tafel sieht man die Taufe Christi mit einer Menge Gestalten nackt und in Gewändern, auf der anderen wird der heilige Johannes gefangengenommen und vor Herodes gebracht. Lorenzo aber, der die Meister der anderen Bilder um vieles übertraf, wurde von den Sienesen und allen, die sie sahen, sehr gerühmt. Darauf wollten die Aufseher der Münze in Florenz in eine der Nischen an Or San Michele, dem Zunftgebäude der Leineweber gegenüber, eine Statue arbeiten lassen, einen heiligen Matthäus von der Größe des obengenannten Johannes. Sie übertrugen diese Arbeit Lorenzo, der die Statue sehr schön und weit mehr noch nach dem neuen Stil vollführte als den Johannes. Deshalb wurde sie noch höher als jene gepriesen und veranlaßte die Obermeister der Zunft der Leineweber, er solle an demselben Ort in der nächstfolgenden Nische wiederum eine Metallfigur in demselben Maße wie die beiden anderen ausführen: einen heiligen Stephanus, weil dieser ihr Schutzpatron war. Diese Statue vollendete Lorenzo ebenfalls und gab dem Erz einen sehr schönen Firnis, so daß sie allgemein ebenso Zufriedenheit erregte wie die früheren.

Die Werkmeister von Santa Maria del Fiore wünschten für den Leichnam des heiligen Zenobius, des Bischofs von Florenz, einen Sarg und ein Grabmal von Metall verfertigen zu lassen. Lorenzo vollendete dieses Werk mit aller Mühe, Anstrengung und Kunst, so daß es als ungewöhnlich schön sehr gerühmt wurde.

Im Jahre 1439 kam Papst Eugen nach Florenz, um ein Konzil wegen der Vereinigung der griechischen mit der römischen Kirche abzuhalten. Er sah dort die Werke Lorenzos, und weil diese ihm ebenso wohlgefielen wie die Persönlichkeit des Künstlers, ließ er ihn eine Mitra von Gold anfertigen im Gewicht von fünfzehn Pfund mit Perlen von fünfeinhalb Pfund, die zusammen mit den Edelsteinen, die ringsum angebracht waren, auf dreißigtausend Goldgulden geschätzt wurden. Unter diesen Perlen sollen sechs die Größe von Haselnüssen gehabt haben, und Lorenzo kamen die seltsamsten und schönsten Gedanken beim Fassen der Edelsteine und bei der Verteilung der vielen Putten und anderen Figuren, die zu mannigfaltigem und anmutigem Schmuck dienten, wie aus einer vorgefundenen Zeichnung des ganzen Werkes zu erkennen ist. Dafür erhielt er vom Papst viele Gnadenbezeigungen für sich und seine Freunde über die eigentliche Bezahlung hinaus.

Während die Arbeiten Lorenzos, der für unzählige Personen Werke in Bronze wie auch in Gold und Silber vollführte, seinem Namen immer mehr Ruhm erwarben, gelangte in die Hände Giovannis, des Sohnes von Cosimo de' Medici, ein ziemlich großer Karneol, auf dem in vertiefter Arbeit dargestellt war, wie Apollo den Marsyas schinden läßt. Dieser Stein hatte, wie man sagt, schon dem Kaiser Nero als Petschaft gedient, und da er wegen seiner Größe wie auch wegen des wunderbar schönen Schnittes eine Seltenheit war, gab Giovanni dem Meister Lorenzo den Auftrag, eine Verzierung von gegrabener Goldarbeit darum zu verfertigen. Dieser mühte sich darum viele Monate und vollendete mit dem Grabstichel eine Fassung, die ebenso schön genannt zu werden verdiente wie die gegrabene Arbeit in jenem Stein. Dadurch wurde veranlaßt, daß Lorenzo noch viele andere Dinge in Gold und Silber ausführte, die heute verloren sind. Unter anderem verfertigte er für Papst Martin einen goldenen Knopf, den er am Chormantel trug, mit ganz erhabenen Figuren, dazwischen Edelsteine von großem Wert, ein sehr vortreffliches Werk. Für denselben Papst verfertigte er eine wunderbar schöne päpstliche Mitra mit Laubwerk von durchbrochener Goldarbeit und vielen schönen ganz erhabenen Figuren, wofür er nicht nur Ruhm erntete, sondern dank der Freigebigkeit des Papstes auch großen Lohn erlangte.

Durch die trefflichen Werke jenes bedeutenden Künstlers wurde der Stadt Florenz viel Ehre zuteil, und die Obermeister der Zunft der Kaufleute beschlossen, die dritte Tür von San Giovanni wiederum von Lorenzo in Metall arbeiten zu lassen. Bei der ersten war er ihrer Vorschrift gefolgt und hatte sie samt der Verzierung, welche die Figuren einschließt, und dem Rahmen, der diese Türen umgibt, ähnlich der des Andrea Pisano ausgeführt. Nun aber, da die Obermeister sahen, wie weit er jenen Künstler übertroffen hatte, beschlossen sie, es solle die von Andrea gearbeitete Tür, die bisher als Mitteltür gedient hatte, weggenommen und der Misericordia gegenüber angebracht werden, und die neue des Lorenzo solle nun als Mitteltür dienen. Denn sie setzten voraus, er werde dabei keine Anstrengung scheuen, deren er nur irgend in seiner Kunst fähig sei. Deshalb legten sie die Arbeit auch ganz in seine Hände und sagten, sie geben ihm Freiheit, sie auszuführen, wie er wolle oder wie er glaube, sie so zierlich, reich und vollkommen arbeiten zu können, als überhaupt nur zu denken möglich sei. Er möge weder Zeit noch Kosten sparen, und wie er alle Bildhauer übertroffen habe, die bis dahin gelebt hätten, so möge er in diesem Werk all seine früheren Werke zu übertreffen suchen.

Lorenzo begann dieses Werk, indem er all sein Wissen anstrengte, um es wohl auszuführen. Er teilte die Tür in zehn Felder, jeden Flügel in fünf; ringsumher zur Verzierung des Rahmens, der die Bilder umschließt, sieht man Nischen, im ganzen zwanzig, und in jeder derselben eine fast ganz rund gearbeitete Figur, alle sehr schön. Zwölf Figuren in liegender Stellung brachte er in den Nischen an, die sich in den Querleisten befinden, an den Ecken in kreisförmigen Vertiefungen vierunddreißig verschiedene Köpfe von Frauen, von jungen und alten Männern, darunter in der Mitte der Tür dicht bei der Stelle, wo er seinen Namen eingeschnitten hat, einen alten Kopf, der seinen Vater Bartoluccio nach dem Leben darstellt, und einen jüngeren, der Lorenzo selbst ist, der Meister des Werkes. Zwischen allen diesen Dingen wußte er eine Menge Laubwerk, Gesimse und sonstige Zieraten zu verteilen, die er meisterhaft ausführte. Die Felder dieser Tür enthalten Begebenheiten aus dem Alten Testament. – Dies Werk läßt im einzelnen wie im ganzen erkennen, welch reiche Erfindung ein Bildhauer durch Begabung und Anstrengung im Zusammenstellen der Figuren zeigen kann. Die Arbeit ist wirklich in allen Dingen vollkommen und ist das schönste Kunstwerk dieser Art, das man bei den Alten und den Neueren gesehen hat. Ja, wie sehr Lorenzo gerühmt zu werden verdient, geht aus dem Urteil Michelangelos hervor, der eines Tages vor diesem Werk stand und gefragt würde, was er davon halte und ob diese Türen schön wären, und zur Antwort gab: „Sie sind so schön, daß sie wohl an den Pforten des Paradieses stehen könnten", ein sicherlich treffendes und bemerkenswertes Lob und von jemand ausgesprochen, der das Werk wohl zu beurteilen verstand. Lorenzo aber vermochte sie so schön zu vollenden, weil er von seinem zwanzigsten Jahre an, da er sie begann, vierzig Jahre lang mit der größten Anstrengung daran arbeitete. Lorenzo begann nach diesem großartigen Werk die Bronzeverzierung um die Pforte derselben Kirche, die der Misericordia gegenübersteht, mit jenem wunderschönen Laubwerk, das er nicht vollenden konnte, weil er unvermutet starb, als er eben Anordnungen traf, die Tür umzuarbeiten, die vordem von Andrea Pisano verfertigt worden war.

Lorenzo beschäftigte sich während seines Lebens mit mancherlei Dingen. Es machte ihm Freude, zu malen und in Glas zu arbeiten, und von ihm sind die Fenster um die Kuppel von Santa Maria del Fiore, eines ausgenommen, das Donato ausführte und worin Christus die Madonna krönt. Von Lorenzo sind ebenfalls die drei Fenster über der Haupttür von Santa Maria del Fiore, alle jene in den Kapellen und Tribunen und das Fenster an der Fassade von Santa Croce.

Derselbe Lorenzo schrieb ein Werk in der Volkssprache, worin er von verschiedenen Dingen spricht, doch so, daß man wenig Vorteil davon hat. Einzig gut daran scheint mir, daß er – nach einer Würdigung vieler älterer Maler, besonders solcher, die Plinius nennt – Cimabue, Giotto und noch andere Meister jener Zeit erwähnt, jedoch in viel größerer Kürze als notwendig, und dies nur aus dem Grunde, um mit guter Art auf sich selbst zu kommen und aufs genaueste alle seine Arbeiten aufzuzählen. Auch will ich nicht verschweigen, daß er glauben macht, das Buch sei von einem anderen geschrieben – und dennoch, als er fortfährt, von sich selbst zu erzählen, spricht er gleich einem, der besser zeichnen, in Erz gießen und mit dem Meißel arbeiten als schreiben konnte, in der ersten Person, wie: „Ich tat, ich sagte, ich habe getan, habe gesagt."Endlich, als er siebenundsiebzig Jahre alt geworden, starb er an einem langwierigen Fieber und hinterließ ein ewiges Andenken von sich in seinen Werken und in den Werken der Schriftsteller. Er wurde in Santa Croce ehrenvoll begraben.

Masaccio

Geboren um 21. Dezember 1401 in San Giovanni im Valdarno gestorben 1428 zu Rom.

Oft, wenn die Natur einen vorzüglichen Geist in irgendeinem Beruf hervorbringt, läßt sie ihn nicht einsam, sondern erweckt gleichzeitig in seiner Nähe einen zweiten, damit sie sich gegenseitig fördern und durch Wetteifer nutzen können. Abgesehen von den Vorteilen für die, die vereint vorwärts streben, werden dadurch auch die Nachgeborenen in hohem Maß zu Studium und Fleiß angeregt, so daß sie sich bemühen, den Ruhm und die Vorzüge zu erlangen, die sie an denen, die ihnen vorangegangen, jeden Tag preisen hören. Zeugnis davon gibt, daß in Florenz Filippo, Donato, Lorenzo, Paolo Uccello und Masaccio zu derselben Zeit lebten und ein jeder in seiner Art gleich trefflich war. Dadurch wurde nicht nur die plumpe und harte Manier verbannt, die sich bis dahin erhalten hatte, sondern auch die Nachfolger wurden zur Begeisterung entflammt und zu den herrlichen Leistungen getrieben, die wir in unseren Tagen schauen. Wir sind deshalb jenen Meistern zu großem Dank verpflichtet, die uns durch ihre Anstrengung den Weg gezeigt haben, um zum höchsten Gipfel zu gelangen, und was die gute Methode der Malerei betrifft, ganz besonders dem Masaccio. Denn er ist es, der voll Verlangen, Ruhm zu erwerben, zu der Einsicht kam, von der Malerei sei nichts anderes zu fordern, als einfach durch Zeichnung und Farben die Gegenstände der Natur nachzuahmen, wie sie von dieser hervorgebracht werden, und wer dieses am vollständigsten vermöge, sei am höchsten zu preisen. Weil er dies erkannte, brachte er es durch unausgesetztes Studium dahin, daß man ihn unter die ersten zählen kann, die zum größten Teil die Härten und Unvollkommenheiten der Kunst zu verbannen wußten, und daß er den Anfang machte, den Gestalten schöne Stellungen, Beweglichkeit, Kraft und Leben und den Gegenständen eine eigentümliche und natürliche Rundung zu geben, wie es bis auf ihn kein Maler getan hat. Außerdem ließ ihn sein richtiges Urteil erkennen, alle Figuren, deren Füße auf den Spitzen zu stehen scheinen und sich nicht so verkürzen, daß sie auf dem Boden auf ruhen, seien im wesentlichen schlecht; wer dergleichen zeichne, beweise, daß er nichts von Verkürzung wisse. Hierin hatte zwar schon Paolo Uccello den Anfang gemacht und vieles geleistet, was diese Schwierigkeit erleichterte. Masaccio aber, der in manchen Dingen von ihm abwich, zeichnete Verkürzungen in den verschiedensten Ansichten und besser als irgendeiner vor ihm. Er gab seinen Malereien schöne Einheit und Zartheit, brachte die Hautfarben der Köpfe und der Körper mit den Farben der Gewänder in Übereinstimmung, die er mit wenigen Falten, leicht wie im Leben und in der Wirklichkeit, malte. Dies war den Künstlern von großem Nutzen, und er verdient, als der Erfinder hiervon genannt zu werden, da man die Werke, die vor seiner Zeit ausgeführt sind, Malereien – die seinigen im Vergleich dazu Leben, Wahrheit und Natur nennen kann.

Dieser Künstler wurde zu Castel San Giovanni im Valdarno geboren, und man sagt, es wären dort noch einige Figuren zu sehen, die er in frühester Kindheit ausgeführt habe. Er war von sehr zerstreutem und in sich selbst versunkenem Geist, gleich jemand, dessen Sinnen und Streben einzig der Kunst zugewendet ist und der sich deshalb wenig um seine eigenen noch gar um die Angelegenheiten der anderen bekümmert. Weil er demnach in keiner Weise an die Sorgen und Dinge der Welt dachte und auf nichts, selbst nicht auf seine Kleidung achtgab, auch nicht Geld bei seinen Schuldnern einzutreiben pflegte, außer wenn höchste Not ihn drängte, wurde er von allen anstatt Tommaso, welches sein Name war, Masaccio genannt.Nicht etwa, daß er lasterhaft gewesen wäre – er besaß vielmehr große Herzensgüte –, sondern nur wegen seiner Nachlässigkeit, die aber nicht hinderte, daß er sehr eifrig war, andern Dienste und Vergnügen zu bereiten.

Zu der Zeit, als Masolino von Panicaledie Kapelle der Brancacci in der Carmine zu Florenz malte, übte Masaccio sich zuerst in seinem Beruf und suchte soviel als nur möglich Filippo und Donato nachzueifern, obgleich ihre Kunst von der seinigen verschieden war. Unausgesetzt mühte er sich, seine Figuren lebendig, beweglich und der Natur getreu darzustellen. Zeichnung und Umrisse wie auch Farbgebung sind bei ihm so verschieden von dem, was ältere Meister leisteten, daß seine Arbeiten sicherlich den Vergleich mit jedem neueren Zeichen- oder Malwerk bestehen können. Er war sehr sorgsam bei der Arbeit und künstlerisch und bewundernswert bei den Aufgaben der Perspektive, wie an einem seiner Bilder mit einer Menge kleiner Figuren zu erkennen ist, worin Christus den Besessenen heilt. Auf ihm sind eine Menge Gebäude sehr schön perspektivisch gezeichnet, so daß man zu gleicher Zeit das Äußere und das Innere der Häuser erkennen kann, weil er zu größerer Schwierigkeit die Ansicht nicht von vorn, sondern von den Ecken genommen hat. Mehr noch als andere Meister suchte er nackte Gestalten und Verkürzungen nach einer früher unbekannten Manier auszuführen. Er hatte eine leichte Hand und bewies, wie gesagt, überall große

Einfachheit in der Anlage der Gewänder. Von ihm stammt eine Tafel in Tempera: die Madonna, die mit dem Sohn auf dem Arm im Schoß der heiligen Anna ruht.

In der Kirche del Carmine zu Pisa malte er eine Tafel für eine Kapelle des Querschiffes: die Madonna mit dem Sohne, ihr zu Füßen einige musizierende Engelchen, darunter einer, der Laute spielt und aufmerksam auf die Harmonie der Töne horcht. Der Madonna zur Seite stehen Sankt Petrus, Sankt Johannes der Täufer, Sankt Julian und Sankt Nikolaus, alle Gestalten voller Leben und Bewegung. Unten auf der Staffel sieht man in kleinen Figuren Geschehnisse aus dem Leben jener Heiligen und in der Mitte die Anbetung der Könige. In dieser sind einige Pferde nach der Natur abgebildet, so schön, wie man sie nur wünschen kann. Das Gefolge der Könige trägt verschiedene Gewänder nach dem Brauch jener Zeiten. Schließlich sind darüber in mehreren Bildern viele Heilige um einen Kruzifixus geordnet.

Masaccio kehrte dann von Pisa nach Florenz zurück und malte dort auf einer Tafel zwei nackte Gestalten, eine männliche und eine weibliche, als wären sie lebend. Er fühlte sich jedoch in Florenz nicht recht wohl, und von Liebe und Eifer zur Kunst getrieben, beschloß er, nach Rom zu gehen, damit er dort lerne, wie er die anderen Meister übertreffen könne, und so tat er. In Rom gelangte er zu großem Ruhm und malte in Fresko für den Kardinal von San Clemente in einer Kapelle der Kirche San demente die Passion Christi, dabei die Schacher am Kreuz und Begebenheiten aus dem Leben der heiligen Märtyrerin Katharina. Masaccio arbeitete auch viele Temperabilder, die in den Wirren Roms alle zugrunde oder verlorengegangen sind. Dieser Künstler sollte einen Teil der Arbeiten in San Giovanni zu Rom übernehmen, wo Pisanello und Gentile da Fabriano für Papst Martin die Wände mit Malereien verzierten. Er erhielt jedoch Nachricht, Cosimo de' Medici, der ihn sehr beschützte und ihm oft Hilfe leistete, sei aus dem Exil zurückberufen, und begab sich deshalb wieder nach Florenz. Dort war Masolino von Panicale gestorben, und Masaccio mußte nun die Malereien in der Kapelle der Brancacci in der Carmine weiterführen, die jener unvollendet gelassen. Ehe er dies jedoch unternahm, malte er gleichsam zur Probe und um zu zeigen, wie er sich in der Kunst vervollkommnet habe, den heiligen Paulus. Hierbei bekundete er wirklich viele Vorzüge. Denn der Kopf des Heiligen hat etwas so Gewaltiges und Lebendiges, daß dieser Gestalt einzig die Sprache zu fehlen scheint. Und wer von dem heiligen Paulus keine Kenntnis hat, wird in ihr jenen Adel der römischen Bildung und zugleich die unbesiegbare Kraft jenes göttlichen Geistes erkennen, dessen Sorge allein auf den Glauben gerichtet war. In demselben Bild bewies er seine Fertigkeit, Gegenstände so zu zeichnen, daß sie sich von unten her gesehen dem Auge verkürzen, eine wirklich bewundernswerte Sache, wie die Füße des Apostels zeigen, bei denen man die Aufgabe mit Leichtigkeit gelöst sieht. Die häßliche alte Manier, nach der alle Figuren auf den Fußspitzen standen, hatte bis auf ihn gedauert, ohne daß sie jemand verbesserte. Er allein, und früher als irgendein anderer, brachte diesen Teil der Kunst zu der Vollkommenheit, in der er jetzt ausgeübt wird. Zur Zeit, als er jenes Werk arbeitete, wurde die genannte Kirche del Carmine eingeweiht, und Masaccio malte zum Andenken an diese Begebenheit in Hell und Dunkel mit grüner Erde innen im Kreuzgang über der Tür, die nach dem Kloster führt, jene ganze Feierlichkeit der Wirklichkeit getreu. Dabei stellte er eine große Anzahl Bürger nach dem Leben dar, die in Mänteln und Kapuzen der Prozession folgen. Nach dem Leben gemalt sind auch die Tür des Klosters und der Pförtner mit den Schlüsseln in der Hand. Bei diesem Werk ist alles sehr vollkommen, denn Masaccio verstand auf der Fläche der Piazza die Figuren so gut in fünf- und sechsfachen Reihen zu zeichnen, daß sie allmählich abnehmen, wie es sich in Wirklichkeit dem Auge darstellt. Die Füße aller stehen auf dem Boden auf und verkürzen sich der Reihe nach so gut, daß es in der Natur nicht anders ist.

Masaccio kehrte nunmehr zur Arbeit in die Kapelle der Brancacci zurück, wo er die von Masolino angefangene Geschichte des heiligen Petrus weiter ausführte und zum Teil beendete. In dem Bild, worin Sankt Petrus tauft, wird eine nackte Gestalt sehr gerühmt, die vor Kälte zitternd zwischen den Täuflingen steht. Diese Figur, mit voller Rundung und in zarter Manier ausgeführt, ist von alten und neueren Künstlern stets mit Ehrfurcht und Bewunderung betrachtet worden, wie denn bis auf den heutigen Tag unzählige Meister jene Kapelle besuchen und betrachten, in der einige Köpfe fürwahr so schön und lebendig gemalt sind, daß man sagen kann, kein Künstler jener Zeit habe sich so sehr den Neueren genähert. Sein Bestreben verdient das größte Lob, da er in seiner Kunst die Bahn zu der schönen Methode unserer Tage eröffnet. Hierfür gibt es kein besseres Zeugnis, als daß alle berühmten Bildhauer und Maler, die nach ihm lebten, in jener Kapelle sich übten und ihre Studien machten. So groß der Ruf ist, in dem zu allen Zeiten die Arbeiten Masaccios standen, so ist doch die Ansicht oder richtiger der feste Glaube vieler, daß er noch weit Größeres in der Kunst erreicht haben würde, wenn er nicht schon in seinem sechsundzwanzigsten Jahre uns vorzeitig durch den Tod geraubt worden wäre. Geschah es durch Neid und Verfolgung oder geschah es, weil vorzügliche

Dienste meist nicht lange dauern – er wurde in seiner schönsten Blüte dahingerafft, und so schnell, daß es nicht an solchen fehlte, die meinten, er sei an Gift eher als an sonst einem Zufall gestorben. Filippo Brunelleschi soll gesagt haben, als er seinen Tod vernahm: „Wir haben in Masaccio einen überaus großen Verlust erlitten." Und es tat ihm über alles leid, daß jener starb, denn er hatte sich lange bemüht, ihn die Regeln der Perspektive und der Baukunst zu lehren. Masaccio wurde 1443 in der Kirche del Carmine beigesetzt, und obwohl man ihm damals kein Gedenkzeichen auf sein Grab setzte, weil er im Leben noch nicht sehr anerkannt war, wurde er doch nach seinem Tode durch Grabschriften geehrt.

Filippo Brunelleschi

Geboren 1377 zu Florenz, gestorben 1446 daselbst

Es gibt viele Leute, denen die Natur eine kleine Gestalt, aber einen großen Geist verliehen hat und ein so starkes Herz, daß, wenn sie nicht schwierige, fast unmögliche Dinge beginnen und zur Bewunderung anderer vollenden, ihre Seele keine Ruhe hat. Ja vieles, was der Zufall in ihre Hände spielt, so gering und unbedeutend es auch sein mag, wird durch sie groß und rühmenswert. Deshalb sollte man nie ein schiefes Gesicht ziehen, wenn man jemandem begegnet, dessen Äußeres nicht mit jener Schönheit und Anmut geziert ist, welche die Natur denen bei der Geburt verleiht, die irgend etwas Herrliches vollbringen. Denn es besteht kein Zweifel, daß unter Erdschollen die Goldadern verborgen sind. Oft besitzt, wer unansehnlich gestaltet ist, so viel Kühnheit und Seelengröße, daß, wenn edler Sinn sich damit verbindet, von solchen Menschen nur Wunderbares zu erwarten ist. Denn sie strengen sich an, den häßlichen Körper durch die Kraft des Verstandes zu verschönen. Dies erkennt man bei Filippo Brunelleschi, der ein unscheinbares Äußeres hatte, dagegen aber einen solch hohen Geist besaß, daß man wirklich sagen kann, er sei uns vom Himmel geschenkt worden, der Baukunst eine neue Form zu geben, die schon seit Jahrhunderten erloschen war. Denn in jener Zeit wurden von den Menschen viele Reichtümer schlecht verwendet und Bauten ohne Regel nach schlechtem Stil und armseliger Zeichnung mit seltsamen Erfindungen, mit gesuchter Zierlichkeit und noch schlechteren Verzierungen errichtet. Da gefiel es Gott, nachdem die Erde viele Jahre keinen herrlichen und göttlichen Geist besessen hatte, daß Filippo der Welt das großartigste und schönste aller Gebäude hinterließ, die zur Zeit der Alten und der Neueren aufgeführt worden sind. Dadurch zeigte sich, daß Geschick und Einsicht bei den toskanischen Künstlern zwar eine Zeitlang verschwunden, aber nicht ausgestorben waren. Ihn schmücken außer seinem Talent noch herrliche Tugenden, darunter besonders die der Freundschaft, denn nie ist ein Mensch gütiger und liebevoller gewesen als er. In seinem Urteil war er frei von Leidenschaft, und wo er die Vorzüge von anderen anerkannte, opferte er ihnen seinen Vorteil und den Gewinn seiner Freude auf. Er kannte sich selbst, lehrte viele Künstler seine Art und stand in jeder Not seinem Nächsten bei, erklärte sich für einen Erzfeind der Laster und für einen Freund der Tugendhaften, ließ seine Zeit nie müßig verstreichen, sondern mühte sich immer, seine oder fremde Arbeiten zu fördern und den Sorgen anderer abzuhelfen. Er suchte häufig seine Freunde auf und war ihnen immer hilfsbereit.

In Florenz lebte, wie man erzählt, ein Mann von sehr gutem Ruf, rühmenswerten Sitten und tätig in seinen Geschäften, der Ser Brunellesco di Lippo Lapi hieß. Dieser wählte sich zur Frau ein Mädchen von sehr guten Sitten, die aus der edlen Familie der Spini stammte. Er erhielt als Heiratsgut ein Haus, in dem er und seine Kinder bis zu seinem Tode wohnten. Während Brunellesco fleißig seinen Beruf ausübte und vergnügt lebte, wurde ihm im Jahre 1377 ein Sohn geboren, dem er den Namen Filippo gab, zum Andenken an seinen Vater. Er feierte diese Geburt so fröhlich, wie er nur konnte. Als der Knabe heranwuchs, unterrichtete er ihn eifrigst in den Wissenschaften. Dabei zeigte Filippo so viel Einsicht und seltenen Verstand, daß es oft verwunderlich schien, warum er seine Gedanken schweifen ließ und nicht danach trachtete, darin ganz vollkommen zu werden. Ser Brunellesco, der wünschte, er möchte gleich ihm den Beruf eines Notars wählen, war darüber sehr mißvergnügt. Weil er jedoch sah, daß jener stets den sinnreichen Gegenständen der Kunst und Mechanik nachjagte, ließ er ihn rechnen und schreiben lernen und übergab ihn sodann der Goldschmiedezunft, damit er von einem seiner Freunde im Zeichnen unterrichtet werde. Filippo empfand darüber große Befriedigung, und wenige Jahre, nachdem er angefangen hatte in jener Kunst zu arbeiten, verstand er schon besser als viele alte Meister, edle Steine zu fassen. Er führte Niello- und Grosseriearbeiten aus, darunter zwei sehr schöne Propheten aus Silber in halber Figur für den Altar von San Jacopo zu Pistoia, im Auftrag der dortigen Kirchenvorsteher. Auch einige halberhabene Arbeiten, bei denen er zeigte, wie er jene Kunst so wohl verstand, daß sein Geist ihre Grenzen überschreiten müsse. Als er dann einige gelehrte Leute kennengelernt hatte, beschäftigte sich seine Phantasie mit der Zeitrechnung und mit der Bewegung der Räder und Gewichte. Er sann nach, wie man es zu machen habe, daß sie sich drehen, und verfertigte einige sehr gute und schöne Uhren. Doch auch dies stellte ihn nicht zufrieden, und es erwachte in ihm ein großes Verlangen nach der Bildhauerkunst. Dadurch trat er mit Donatello in nahe Freundschaft, der zwar noch jung, in dieser Kunst aber schon sehr vorzüglich war und zu hohen Erwartungen berechtigte. Beide Künstler faßten wegen der Vorzüge, die jeder besaß, eine so große Liebe zueinander, daß es schien, als könne keiner ohne den andern leben. Filippo aber, der viele Dinge zugleich ergreifen konnte, betätigte sich immer in mehreren Gewerben, und es dauerte gar nicht lange, so galt er auch bei Sachverständigen für einen guten Baumeister. Dies bewies er bei vielen Gelegenheiten, da man Gebäude zu verschönern suchte. Außerdem beschäftigte er sich viel mit Perspektive, worin man damals gar keine Übung hatte und eine Menge Dinge falsch ausführte. Auf dieses Studium verwendete er einen großen Teil seiner Zeit, bis er eine vollkommen richtige Methode fand: ihre Ableitung vom Grundriß, Aufriß und Durchschnitt durch die Sehpyramide, eine sinnreiche und der Zeichenkunst sehr nützliche Sache. Filippo fand daran ein solches Vergnügen, daß er den Platz von San Giovanni mit allen Abteilungen der schwarzen und weißen Marmorfelder an der Kirche aufzeichnete, worin die entfernteren Teile sich auf eine sehr eigenartige Weise verkürzten. Von Künstlern und Sachverständigen sehr gelobt, gab diese Arbeit ihm Mut, bald nachher eine Ansicht vom Palast, dem Platz, der Loggia der Signoren und dem Dach der Pisani samt allem, was man dort umher gebaut sieht, aufzunehmen, und diese Zeichnungen erweckten den Geist anderer Künstler, die sich sofort diesem Studium widmeten. Besonders lehrte er diese Kunst den Maler Masaccio, seinen Freund, der damals noch sehr jung war und ihm viel Ehre machte durch das, was er darin leistete, wie die Gebäude in seinen Gemälden bezeugen. Ebenso ließ Filippo nicht nach, diejenigen besser zu unterrichten, die sich mit Einlegarbeiten beschäftigten, das heißt der Kunst, buntes Holz zusammenzusetzen.

Nach Florenz kehrte damals Herr Paolo dal Pozzo Toscanelli zurück, und als dieser eines Abends mit mehreren Freunden in seinem Garten saß, lud er auch Filippo ein, der ihn dort viel über Mathematik reden hörte. Beide wurden bald bekannt und vertraut, und Filippo ließ sich von Toscanelli in der Geometrie unterrichten. Dabei wußte er, wenn auch nicht in den Wissenschaften bewandert, doch durch Praxis und Erfahrung in allen Dingen so gute Beweise zu führen, daß er jenen oft in Verlegenheit brachte.So mühte sich auch Filippo, der nicht rasten konnte und immer weiterschritt, um Auslegung der Heiligen Schrift und ließ nicht ab, den Streitigkeiten und Predigten gelehrter Leute beizuwohnen. Dabei hatte er durch sein vortreffliches Gedächtnis großen Gewinn. Gleichzeitig wandte er auch viel Studium auf die Werke Dantes, die er in bezug auf die Schilderung der Örtlichkeiten und ihre Entfernungen sehr wohl verstand und oft im Gespräch anbrachte, da er sich ihrer Gleichnisart bediente.

Nachdem der Auftrag, die Tür der Taufkapelle anzufertigen, dem Lorenzo Ghiberti gegeben war, beschlossen im Jahre 1401 Donato und Filippo, auf einige Jahre nach Rom zu gehen. Filippo, um sich in der Baukunst, Donato, um sich in der Bildhauerkunst zu vervollkommnen. Filippo tat dies, damit er Lorenzo und Donato um soviel mehr übertreffe, als die Baukunst den Menschen mehr Nutzen bringt, denn die Bildhauerkunst und die Malerei. Er verkaufte sein Gütchen in Settignano, verließ zugleich mit Donato Florenz und begab sich nach Rom, wo er im Anschauen der mächtigen Gebäude, der Vollkommenheit der Tempel oft so versunken war, daß er außer sich zu sein schien. Er ließ die Gesimse messen und nahm die Grundrisse der Gebäude auf, und er sowohl wie Donato waren unermüdlich und scheuten weder Zeit noch Kosten. Keinen Ort in Rom und außerhalb in der Campagna ließen sie unbesehen, nichts ungemessen, was gut und erreichbar war. Filippo, der keine häuslichen Sorgen hatte, ergab sich ganz dem Studium und kümmerte sich nicht um Essen und Schlafen, sondern richtete sein Augenmerk einzig auf die Baukunst, in der der gute alte Stil erloschen war. Ich sage ausdrücklich: die gute Bauweise der Alten und meine nicht die barbarische der Deutschen, die zu jener Zeit sehr geübt wurde. Er verfolgte dabei zwei große Gedanken: der eine, die gute Baumethode wieder ans Licht zu führen, da er hoffte, wenn ihm dies gelinge, ein ebenso rühmliches Andenken von sich zu hinterlassen, wie Cimabue und Giotto, – der zweite, ein Mittel zu finden, wie er die Kuppel von Santa Maria del Fiore wölben könne. Denn die Schwierigkeiten waren so groß, daß nach dem Tode von Arnolfo Lapi kein Baumeister Mut genug besessen hatte, sie anders als mit einem großen Gerüst von Holzwerk wölben zu wollen. Diesen Gedanken teilte er weder Donato noch sonst einer Seele mit, ließ aber nicht nach, alle Schwierigkeiten zu erwägen, unter denen die Rotondain Rom gewölbt worden war. Er hatte alle Wölbungen und Kuppeln des Altertums betrachtet und gezeichnet und studierte sie dauernd. Wenn die beiden Künstler zufällig in der Erde verschüttete Überreste von Kapitellen fanden, Säulen,

Gesimse und Postamente von Gebäuden, so ließen sie nachgraben, um das Fundament zu finden. Auf solchen Wanderungen gingen sie nachlässig gekleidet durch die Straßen Roms und wurden deshalb „Schatzgräber" genannt. Die Leute glaubten, sie trieben die Punktierkunst und wollten verborgene Reichtümer suchen. Schuld daran war besonders, daß sie eines Tages einen antiken irdenen Krug mit Münzen gefunden hatten. Als Filippo das Geld ausging, schaffte er sich Hilfe, indem er für Goldarbeiter, mit denen er befreundet war, Edelsteine faßte, eine Arbeit, die gut bezahlt wurde. Als Donato nach Florenz zurückkehrte, blieb er allein in Rom, wo er mit noch größerem Eifer als früher den Überresten der alten Bauten nachforschte und sich unausgesetzt übte. Ja, er hatte keine Ruhe, bis er alle Arten von Gebäuden gezeichnet hatte: runde, viereckige, achteckige, Basiliken, Wasserleitungen, Bäder, Bogen, Kolosseen, Amphitheater und alle Arten Tempel von Backsteinen, bei denen er herausbrachte, wie sie verbunden und verkettet und zugleich wie sie in den Wölbungen gelegt waren. Er zeichnete alle Arten von Schnitten, Verkeilungen und Verzahnungen, und weil er bei allen runden Steinen auf der unteren Seite ein Loch gewahrte, entdeckte er, daß dies zu einem Eisen diente, das wir die Steinzange nennen und mit dem die Steine aufgezogen werden. Er erneuerte diese Erfindung und führte ihren Gebrauch wieder ein. Er war es, der dorische, korinthische und ionische Bauart sonderte und dies Studium so eifrig trieb, daß sein Geist ihn befähigte, Rom vor sich zu sehen, wie es vor seiner Zerstörung gestanden hatte.

Im Jahre 1407 litt Filippo sehr unter der Luft in dieser Stadt, und als seine Freunde ihm rieten, den Ort zu verändern, begab er sich nach Florenz. Dort hatten in seiner Abwesenheit viele Bauwerke Beschädigungen erlitten, für die er bei seiner Heimkehr eine Menge Zeichnungen machte und mancherlei Rat gab. In demselben Jahre wurde in Florenz eine große Zahl Baumeister und Sachverständiger von den Werkmeistern von Santa Maria del Fiore und der Zunft der Wollweber einberufen, um zu überlegen, wie man die Kuppel der Kirche zu wölben habe. Unter diesen war Filippo, und er erteilte den Rat, man müsse den Bau über das Dach hinausführen, nicht nach der Zeichnung Arnolfos, sondern einen Fries errichten und in der Mitte jeder Wand ein großes Fenster anbringen. Dadurch würde nicht nur das Gewicht von den Pfeilern der Tribüne genommen, auch die Kuppel ließe sich leichter wölben. Er arbeitete hierfür Modelle und schickte sich an, sie auszuführen.

Einige Monate nachher stand Filippo mit Donato und anderen Künstlern auf dem Platz von Santa Maria del Fiore, und sie redeten von den Bildhauerwerken des Altertums. Da erzählte Donato, bei seiner Rückkehr von Rom sei er über Orvieto gekommen, um daselbst die Marmorverzierung der berühmten Fassade des Domes zu sehen, die von verschiedenen Meistern gearbeitet und für damalige Zeit sehr merkwürdig sei. Auf dem Wege durch Cortona habe er dann in der Pfarrkirche daselbst ein wunderschönes antikes Marmorbecken mit Bildwerken gefunden, eine damals seltene Sache, weil noch nicht jene große Menge von Dingen ausgegraben war wie in unseren Tagen. Donato fuhr fort zu schildern, in welcher Weise der Künstler dieses Werk ausgeführt habe, welche Feinheit, Vollkommenheit und Meisterschaft man darin erkenne, und erweckte in Filippo ein solches Verlangen, es zu sehen, daß er, wie er war, im Mantel mit der Kapuze und den Holzschuhen von ihnen fort und zu Fuß nach Cortona ging, von mächtiger Liebe zur Kunst getrieben. Als er das Becken sah und es ihm gut gefiel, zeichnete er es mit der Feder nach und ging damit nach Florenz zurück, ohne daß Donato oder sonst jemand gewahr geworden wäre, daß er fortgewesen. Sie glaubten, er zeichne etwas oder sinne irgendeiner Sache nach. In Florenz zeigte er dann die Zeichnung des Beckens vor, die er mit Sorgfalt gefertigt hatte, und Donato wunderte sich sehr über seine große Liebe zur Kunst. Filippo aber blieb viele Monate in Florenz und arbeitete insgeheim Modelle und Maschinen, alle für den Bau der Kuppel. Dabei trieb er mit den Künstlern manchen Scherz. Oftmals auch half er zu seinem Vergnügen Lorenzo Ghiberti beim Ausputzen der Bronzetür und brachte so seine Zeit hin. Als er eines Tages hörte, es sei die Rede davon, Ingenieure kommen zu lassen, die die Kuppel ausführen sollten, brachte ihn das auf den Einfall, nach Rom zurückzugehen. Denn er glaubte, man werde ihn von einem anderen Ort mit besserer Meinung berufen, als wenn er in Florenz bliebe. Während er in Rom weilte, gedachte man seiner Vorschläge und seines durchdringenden Verstandes, der ihn bei den Beratungen eine Sicherheit und einen Mut zeigen ließ, wie er bei den andern Meistern nicht zu finden war. Denn diese traten erschreckt mit den Maurern zusammen und hatten alle Kraft verloren, in der Überzeugung, sie würden kein Mittel finden, die Kuppel zu wölben, noch ein Holz zum Gerüst, das stark genug wäre, das Sparrwerk und die Last eines so mächtigen Baues zu tragen. Um daher ein Ende der Sache zu sehen, beschloß man, daß an Filippo nach Rom geschrieben und er gebeten werden sollte, sich nach Florenz zu begeben. Filippo, der kein anderes Verlangen hatte, kam sehr freudig, und bei seiner Ankunft versammelten sich sogleich die Werkmeister von Santa Maria del Fiore samt den Konsuln von der Zunft der Wollweber, um ihm alle Schwierigkeiten von der größten bis zur geringsten mitzuteilen, welche die Meister in der Versammlung bei dieser Sache vorbrachten. Filippo erwiderte darauf: „Meine Herren Werkmeister, es ist kein Zweifel, daß die Ausführung bedeutender Unternehmungen immer Schwierigkeiten hat. Und war es so jemals bei einer, dann ist es, mehr vielleicht als Ihr denkt, hier bei der Euren der Fall. Denn ich wüßte nicht, daß selbst die Alten je ein so ungeheures Gewölbe aufgeführt hätten, wie dieses hier werden wird. Ich, der oft daran dachte, welche Verschalung man innen und außen anbringen könnte und wie man es machen müsse, um sicher daran zu arbeiten, habe nie einen Entschluß fassen können, und es schreckt mich ebenso die Breite wie die Höhe des Gebäudes. Könnte die Kuppel rund gewölbt werden, so möchte man sie errichten, wie die Römer das Pantheon wölbten, doch hier muß man den acht Wänden folgen und Ketten und Verzahnungen von Steinen bringen, was eine sehr schwierige Sache sein soll. Nur wenn ich daran denke, daß diese Kirche Gott und der Jungfrau geweiht ist, so habe ich das Vertrauen, daß sie bei einem Werke zu ihrer Ehre nicht unterlassen werden, das Wissen zu erweitern, wo es fehlt, und Geist, Kraft und Kenntnisse dessen zu stärken, der eine solche Sache unternimmt. Was jedoch kann ich Euch hierbei helfen, da es nicht mein Werk ist? Ich sage Euch frei: würde es mir übertragen, so würde ich sicherlich Mut genug besitzen, um die Mittel zu finden, daß man jene Kuppel ohne solche Schwierigkeiten wölben könne. Noch habe ich mir nichts überlegt – und Ihr wollt, ich soll sagen, wie man es machen soll? – Wenn Ihr, meine Herren, beschließt, daß dieser Bau vollführt werden soll, werdet Ihr nicht nur genötigt sein, mich zu prüfen, der ich nicht glaube, bei solchem großen Werk genügend raten zu können, sondern Ihr werdet auch Geld anwenden müssen und bestimmen, daß in Jahresfrist an einem festgesetzten Tag außer den toskanischen und italienischen Baumeistern auch solche aus Deutschland, Frankreich und von anderen Nationen in Florenz zusammenkommen. Ihr werdet ihnen dieses Werk vorlegen müssen, damit nach Beratung und Beschluß so vieler Meister die Arbeit dem gegeben werde, der bei der Probe am richtigsten zu Werke geht oder die beste Beurteilung und Einsicht zeigen wird, solchen Bau zu errichten. Einen anderen und besseren Rat kann ich nicht geben."

Dieser Vorschlag gefiel den Konsuln und Obermeistern, nur wäre ihnen lieb gewesen, Filippo hätte unterdes schon ein Modell gearbeitet und darüber nachgedacht. Er aber schien dies nicht zu achten, sondern beurlaubte sich, indem er sagte: man treibe ihn in Briefen sehr, nach Rom zu kommen. Die Konsuln, die sahen, daß weder ihre noch der Werkmeister Bitten Filippo zu halten vermochten, ließen ihn durch viele seiner Freunde dazu auffordern, und als auch diese ihn nicht bewegen konnten, wurde ihm am Morgen des 26. Mai 1417 von den Werkmeistern ein Geschenk gemacht, das sich als an Filippo gezahlt in den Büchern der Domverwaltung eingetragen findet. Dies alles geschah, um ihn für die Sache zu gewinnen. Filippo jedoch blieb bei seinem Vorsatz, verließ Florenz und kehrte nach Rom zurück, wo er ununterbrochen für dieses Werk Studien machte und sich vorbereitete, es zu vollenden. Denn er war überzeugt, daß außer ihm kein anderer es vermöchte. Den Rat, noch mehr Baumeister kommen zu lassen, hatte er nur gegeben, damit sie die Größe seines Geistes bewundern möchten, nicht aber weil er glaubte, sie würden Auftrag erhalten, diese Kuppel zu wölben und eine Last auf sich zu nehmen, die allzu schwierig war. Es verging viel Zeit, bevor aus verschiedenen Gegenden die Künstler kamen, die man durch florentinische Kaufleute hatte berufen lassen, die in Frankreich, Deutschland, England und Spanien wohnten und Anweisung hatten, kein Geld zu sparen, um von den Fürsten jener Länder die erfahrensten und besten Meister zu erhalten und diese zu schicken. Im Jahre 1420 endlich waren alle fremden und toskanischen Künstler und alle erfindungsreichen Meister der Zeichenkunst von Florenz in dieser Stadt beisammen, und auch Filippo kehrte von Rom dahin zurück. Im Hause der Domvorsteher kamen sie zusammen im Beisein der Konsuln, der Vorsteher und einer Auswahl der verständigsten Bürger, damit man die Meinung eines jeden vernehme und beschließen könne, wie jene Kuppel gewölbt werden solle.

Dort rief man einen nach dem andern vor und vernahm von einem jeden, was er über die Führung des Baues ersonnen hätte. Dabei war es sehr interessant, die seltsamen und verschiedenen Ansichten zu vernehmen, denn einer meinte, man müsse, um die Last zu stützen, Pfeiler vom Boden aufmauern, darauf die Gerüste stellen und darüber die Bogen wölben. Andere sagten, es würde gut sein, mit Schwammstein zu bauen, um dadurch die Last zu vermindern. Viele stimmten darin überein, in der Mitte einen Pfeiler zu errichten und die Kuppel ähnlich der von San Giovanni zu Florenz gleich einem Zeltdach zu bauen. Und endlich fehlte es nicht an einem, der meinte, man solle sie mit Erde ausfüllen und Pfennige darunter mischen, wenn sie aber gewölbt sei, Erlaubnis geben, daß jeder, der wolle, von dort Erdreich holen könne, wodurch in kurzem das Volk ohne Kosten den Schutt wegbringen würde. Filippo allein sagte, man könne sie ohne eine solche Menge Holzwerk, ohne Pfeiler und Erdreich, mit weit weniger Aufwand, als Bogen erfordern würden, und sehr leicht ohne Verstrebungen aufführen.

Die Konsuln, Werkmeister und Bürger, die glaubten, sie würden einen schönen Plan vernehmen, meinten, Filippo habe etwas Albernes gesagt und machten sich darüber lustig, verspotteten ihn, wandten sich von ihm ab und sagten, er solle von etwas anderem reden, dies sei der Rat eines Toren, wie er selbst einer wäre. Beleidigt durch solches Benehmen antwortete Filippo: „Meine Herren, überlegt, daß es nicht möglich ist, sie in anderer als in dieser Weise zu wölben, und ob Ihr mich auch verlacht, so werdet Ihr dennoch, wenn Ihr nicht hartnäckig sein wollt, anerkennen müssen, daß sie nur so und nicht anders ausgeführt werden darf und kann. Soll sie aufgeführt werden, wie ich es meine, so muß sie in weiten Spitzbogen laufen und muß doppelt werden, die eine Wölbung innen, die andere außen, so daß man zwischen beiden gehen kann. Auf den Ecken der acht Wände muß der Bau durch die Stärke der Steinverzahnungen verbunden werden, und ebenso muß an den Seiten eine Kette von Eichenholz hinlaufen. Ferner ist nötig, an Lichter, an Treppen und an die Wasserrohre zu denken, durch die der Regen abfließen kann, und keinem von Euch ist eingefallen, darauf zu achten, daß innen das Gerüst zur Mosaikarbeit angebracht werden muß und daß sonst noch eine Menge schwieriger Dinge zu erwägen sind. Ich aber, der ich sie gewölbt schaue, weiß, daß es kein anderes Mittel und keinen anderen Weg gibt, sie zu erbauen, als den, welchen ich gezeigt habe." Filippo, der sich im Reden erhitzte und seine Gedanken klarzumachen suchte, damit man ihn verstehen möchte, brachte mehr und mehr Zweifel vor, so daß er immer weniger Glauben fand und für einen Toren und Schwätzer gehalten wurde. Mehrmals wurde ihm gesagt, er möchte gehen, weil er es aber nicht tat, ließ man ihn endlich als verrückt von den Gerichtsdienern aus der Versammlung führen, und diese Beschimpfung war schuld, daß er später sagte, er wage nicht, sich in irgendeinem Teil der Stadt sehen zu lassen, aus Furcht, man könnte rufen: Seht den Narren!

Die Konsuln blieben in der Versammlung zurück, verwirrt durch die schwierigen Vorschläge, welche die anderen Meister zuerst gemacht, und durch den letzten Rat Filippos, der ihnen albern vorkam. Denn sie meinten, er mache dies Werk durch zwei Dinge unausführbar, einmal weil er es doppelt bauen wollte, wodurch es ein übermäßig großes Gewicht bekommen werde, und zweitens, weil er es ohne Verschalung auszuführen gedenke. Filippo dagegen, der so viele Jahre Studien aufgewandt hatte, damit er diesen Bau vollführen könne, wußte nicht, was er tun sollte und hatte mehrmals die Absicht, von Florenz fortzugehen. Einzig der Wunsch, den Sieg davonzutragen, gab ihm Mut, sich mit Geduld zu wappnen, und er hatte genug gesehen, um zu wissen, daß die Einwohner unserer Stadt nicht lange bei einer Sache festbleiben. Ein kleines Modell hätte er zeigen können, wollte es aber nicht, weil er die geringe Einsicht der Obermeister, den Neid der Künstler und den Wankelmut der Bürger kannte, von denen einer diesen, ein anderer jenen begünstigte, wie es ihnen gefiel. Darüber wundere ich mich nicht, da in Florenz jeder einen Beruf daraus macht, in diesen Dingen Kenner zu sein gleich geübten Meistern, obwohl nur wenige davon etwas verstehen.

Was Filippo im Magistrat nicht vermocht hatte, suchte er unter der Hand zu betreiben, indem er bald mit einem der Konsuln oder Werkmeister, bald mit einem der Bürger redete, einen Teil seiner Zeichnungen vorwies und sie endlich dahin brachte, daß sie beschlossen, dies Werk entweder ihm oder einem jener fremden Künstler zu übertragen.

Hierdurch mutig geworden, versammelten sich die Konsuln, Werkmeister und Bürger, und die Künstler stritten über diesen Gegenstand, wurden aber alle durch genügend Gründe von Filippo besiegt, wobei man erzählt, daß der Streit mit dem Ei entstand: jene Meister hatten verlangt, Filippo möchte seine Meinung aufs genaueste sagen und sein Modell zeigen, wie sie es mit dem ihren getan hatten. Er aber wollte nicht, sondern schlug den fremden und einheimischen Künstlern vor, es solle die Kuppel bauen, wer auf einer Marmortafel ein Ei aufstellen könne – daran könne man ihren Verstand wahrnehmen. Ein Ei wurde geholt, und alle versuchten, es aufrecht zu stellen, keiner aber fand das Wie. Als daher Filippo gesagt wurde, so möge er es tun, nahm er es zierlich in die Hand, gab auf der Marmortafel der Spitze einen Druck und stellte es aufrecht hin. Die Künstler, welche dies sahen, lärmten und riefen, so hätten sie es auch gekonnt. Doch Filippo erwiderte lachend: „Ihr würdet auch wissen, wie die Kuppel zu wölben sei, wenn Ihr die Zeichnung oder das Modell gesehen hättet.“ – Demnach wurde beschlossen, Filippo solle dies Werk zur Ausführung bringen. Es wurde ihm aufgetragen, die Konsuln und Werkmeister genauer zu unterrichten, und er ging nach Hause und schrieb so offen, als er nur immer konnte, seine Meinung auf ein Blatt, um es dem Magistrat in folgender Form zu übergeben:

„Da ich, geehrte Herren Obermeister, die Schwierigkeit dieses Baues beachtet habe, finde ich, daß man die Kuppel nicht völlig rund wölben kann. Die obere Fläche, wo die Laterne ist, würde dadurch so groß werden, daß sie sehr bald einstürzen müßte, wenn man eine Last darauf legen würde, und es scheint mir, daß jene Meister, die nicht an die ewige Dauer dieses Werkes denken, weder Liebe zum dauernden Gedächtnis zeigen, noch wissen, wozu sie es tun. Ich nun habe mich entschlossen, diese Wölbung innen in Zwickeln nach der Stellung der Wände zu bauen und ihnen das Maß und den Schnitt des Spitzbogens zu geben, denn dieses ist ein Bogen, der immer nach oben treibt. Setzt man nun hierauf die Last der Laterne, so wird eins dem anderen Dauer verleihen. Die Dicke des Gewölbes muß unten, wo es anfängt, drei und dreiviertel Ellenbetragen, dann sich allmählich verjüngen, bis dahin, wo es sich schließt und wo die Laterne darüber kommt, und hier muß die Dicke ein und einviertel Ellen betragen. Von der äußeren Seite wird nun noch ein anderes Gewölbe darüber gebaut, um das innere vor dem Regen zu schützen. Dies wird unten zwei und eine halbe Elle dick und muß wiederum allmählich nach Verhältnis abnehmen, so daß es sich beim Anfang der Laterne schließt wie das andere und in der höchsten Höhe die Stärke von zwei Dritteln seiner unteren Dicke hat. Auf jedem Winkel errichte man einen Strebepfeiler, im ganzen acht, in der Mitte jeder Wand zwei, insgesamt sechzehn, und zwar müssen diese sechzehn Strebepfeiler auf der inneren und äußeren Seite der acht Wände jeder unten vier Ellen stark sein; die beiden Wölbungen lasse man verjüngt gemauert in gleichem Verhältnis nebeneinander hinlaufen bis zur Höhe des runden Fensters, das durch die Laterne geschlossen ist. Man führe die vierundzwanzig Strebepfeiler auf, baue umher die Wölbung und sechs starke und lange Bogen von Sandstein, gut mit verzinntem Eisenwerk befestigt, und bringe über jenem Sandstein eiserne Klammern an, welche die Gewölbe mit den Wandpfeilern verbinden. Von Grund auf muß man, ohne einen Zwischenraum zu lassen, bis in die Höhe von fünf und ein viertel Ellen im Vollen mauern, dann die Strebepfeiler weiterführen und die Wölbungen trennen. Der erste und der zweite Kreis von unten auf müssen beide überall durch lange, der Quere nach gelegte Sandsteine Festigkeit bekommen, so daß beide Wölbungen der Kuppel auf den letzteren ruhen. Und in der Höhe von neun Ellen zu neun Ellen in der Wölbung bringe man zwischen jedem Pfeiler kleine Gewölbchen an mit Verkettungen von starkem Eichenholz, welche die Strebepfeiler verbinden, die das innere Gewölbe tragen, und überdecke dann diese Eichenholzverkettungen mit Eisenplatten, was wegen der Treppen geschehen muß. Die Strebepfeiler baue man alle von Sand- oder Mergelsteinen und ebenso von Mergelsteinen die Wände der Kuppel bis in die Höhe von vierundzwanzig Ellen, wo sie mit den Wandpfeilern verbunden bleiben. Von da an aber muß mit Backsteinen oder Schwammsteinen gemauert werden, und zwar je nachdem der Meister, der das Werk zu vollenden hat, sie am leichtesten befindet. Außen umher über den Fenstern lasse man einen Gang laufen, der unten eine Galerie mit durchbrochener Brustwehr, zwei Ellen hoch, nach Verhältnis von denen der unteren Tribüne – oder vielmehr zwei Gänge bildet, einer über dem anderen über einem wohlverzierten Gesims, so daß der obere Gang unbedeckt bleibt. Um das Regenwasser von der Kuppel aufzufangen, baue man eine Marmorrinne, die ein drittel Elle Breite hat und das Wasser auf einer Seite ausspeit, die unter der Rinne mit Mergelsteinen gemauert ist. Außen auf der Oberfläche der Kuppel bringe man an den Ecken acht Marmorrippen von gehöriger Dicke an, die eine Elle hoch über die Kuppel emporstehen, mit Dachgesimsen versehen und zwei Ellen breit sind, so daß von allen Seiten First und Dachrinne ist, und diese müssen von ihrer Verzahnung bis zum Ende verjüngt laufen. Die Kuppel baue man nach der Art, wie oben gesagt ist und ohne Stützwerk dreißig Ellen hoch, von da an nach oben aber in der Weise, die von den Meistern geraten werden wird, die sie aufbauen, weil erst die Erfahrung lehrt, was man zu tun hat."

Als Filippo dies geschrieben, begab er sich des Morgens zum Magistrat und übergab sein Blatt den Vorstehern, die das Ganze überlegten. Zwar vermochten sie nicht alles zu verstehen, weil sie aber den kühnen Mut Filippos erkannten und sahen, wie keiner der anderen Meister auf festeren Füßen stand, er hingegen Sicherheit in seinen Reden zeigte und immer dasselbe so wiederholte, daß es schien, als habe er sicherlich schon zehn Kuppeln gewölbt, traten sie zusammen und beschlossen, ihm das Werk zu übergeben. Nur hätten sie zuvor gern eine geringe Probe gesehen, wie er das Gewölbe ohne Stützwerk mauern wolle; alle anderen Dinge billigten sie.

Diesem Wunsche war das Glück günstig, denn da Bartolommeo Barbadori in Santa Felicità eine Kapelle bauen lassen wollte und schon deshalb mit Filippo geredet hatte, begann er sogleich und ließ sie ohne alles Gerüst bauen. Dies verschaffte ihm mehr Glauben als seine Worte, und die Konsuln und Werkmeister, durch die Schrift und durch die Arbeiten, die sie von ihm gesehen hatten, sicher gemacht, übertrugen ihm den Bau der Kuppel. Sie ernannten ihn durch Wahlstimmen zum obersten Bauaufseher, gestatteten ihm jedoch nur, zwölf Ellen hoch zu gehen. Denn sie sagten, sie wollten erst sehen, wie das Werk gelinge; glücke es, wie er behaupte, so würden sie nicht unterlassen, ihm seine Vollendung zu übertragen. – Filippo erschien es seltsam, so viel Hartnäckigkeit und solchen Unglauben bei den Konsuln und Werkmeistern zu finden, und hätte er nicht gewußt, daß er allein dieses zu vollführen vermöge, würde er die Arbeit nicht übernommen haben. Voll Verlangen indes, solchen Ruhm zu gewinnen, begann er das angebotene Werk und verpflichtete sich, es vollkommen zu Ende zu bringen.

Als die Künstler und Bürger hörten, Filippo sei das Werk übertragen, erschien es den einen gut, den anderen schlimm, wie dies zu allen Zeiten mit den Meinungen des Volkes, der Schwätzer und der Neider gewesen ist. Während man daher die Steine herbeischaffte, um das Mauerwerk anzufangen, erhob sich unter den Künstlern und Bürgern eine Partei, die den Konsuln und Werkmeistern entgegentrat. Sie sagten, dies sei ein unüberlegter Schritt, und eine solche Arbeit dürfe nicht nach dem Gutdünken eines einzelnen unternommen werden. Wenn sie keine vorzüglichen Männer hätten, wie deren in Menge da wären, so möchte es ihnen zu verzeihen sein. So aber könne es nicht zur Ehre der Bürger ausschlagen. Denn wenn irgendein Unglück geschehe, wie es bei Bauten zuweilen zu kommen pflege, so werde man sie tadeln als Leute, die eine zu große Verantwortung einem einzigen auferlegt hätten, ohne den Schaden zu beachten und die Schande, die für die Gesamtheit daraus hervorgehen könnten. Es sei gut, Filippo einen Amtsgenossen zu geben und dadurch seinem Ungestüm Schranken zu setzen. In jener Zeit stand Lorenzo Ghiberti in gutem Ruf, da er schon bei den Türen von San Giovanni seine Geschicklichkeit und Einsicht bewiesen hatte, und es zeigte sich nunmehr deutlich genug, wie sehr er bei einigen der Machthaber beliebt war. Denn als sie sahen, wie der Ruf Filippos wuchs, brachten sie es unter dem Vorwand, als hätten sie große Liebe und Teilnahme für jenen Bau, bei den Konsuln und Werkmeistern dahin, daß Lorenzo ihm bei seinem Unternehmen an die Seite gegeben wurde. Welchen Verdruß Filippo empfand und wie er in Verzweiflung geriet, als er hörte, was die Werkmeister getan hatten, geht daraus hervor, daß er nahe daran war, aus Florenz zu entfliehen. Und wären nicht Donato und Luca della Robbia gewesen, die ihm Trost zusprachen, so würde er außer sich geraten sein. Denn eine ganz unmenschliche und grausame Wut steckt in denen, die, vom Neide blind gemacht, im Wettkampf des Ehrgeizes Ruhm und herrliche Werke in Gefahr bringen, und sicherlich waren nicht sie es, die verhinderten, daß Filippo seine Modelle zerschlug, seine Zeichnungen verbrannte und in weniger als einer halben Stunde verdarb, was er in einer Reihe von Jahren mit großem Fleiß ausgeführt hatte. Die Werkmeister entschuldigten sich bei Filippo und ermutigten ihn, vorwärts zu schreiten, indem sie erklärten, er und kein anderer sei der Erfinder und Urheber dieses Baues. Doch zahlten sie bei alledem

Lorenzo dasselbe Gehalt wie Filippo. Dieser setzte das Werk mit weniger Lust fort, denn er wußte, daß er sich aller damit verbundenen Mühe unterziehen müsse, Ehre und Ruhm aber mit Lorenzo zu teilen habe. Einzig die Überzeugung machte ihm Mut, daß er Mittel finden werde, dies Verhältnis nicht allzulange dauern zu lassen. Und daher betrieb er mit Lorenzo zusammen fortwährend alles in der Weise, wie auf dem Blatt verzeichnet stand, das er den Vorstehern gegeben hatte. Unterdes entschloß sich Filippo, ein Modell auszuführen, was bis dahin noch nicht geschehen war. Er legte Hand daran und ließ es von einem Tischler arbeiten, der Bartolommeo hieß und seiner Werkstätte gegenüber wohnte. In diesem Modell, dessen Größenverhältnisse genau nach dem Gebäude selbst bemessen waren, brachte er alle schwierigen Dinge an: beleuchtete und dunkle Treppen, alle Lichtöffnungen, Türen, Strebepfeiler und Ketten und auch ein Stück der Galerie.

Lorenzo, der solches hörte, verlangte es zu sehen, und als Filippo es ihm verweigerte, wurde er zornig und machte Anstalten, auch ein Modell auszuführen, damit es nicht scheinen möchte, als werde ihm sein Gehalt umsonst bezahlt, sondern um zu beweisen, daß er auch zu etwas nutze sei. Für das Modell des Filippo wurden fünfzig Lire und fünfzehn Soldi bezahlt, dem Lorenzo Ghiberti gab man dreihundert Lire für Mühen und Kosten, die er bei seinem Modell aufgewandt habe. Und dies geschah mehr aus Freundschaft und Gunst, als daß es für jenen Bau nützlich und nötig gewesen wäre.

Diese Quälerei mußte Filippo bis zum Jahre 1426 aushalten, da Lorenzo stets gemeinsam mit ihm als Erfinder genannt wurde. Der Verdruß darüber war in Filippo so mächtig, daß er in großem Kummer lebte, und da er verschiedene neue Gedanken gehabt hatte, beschloß er, sich Lorenzo ganz vom Halse zu schaffen, denn er wußte, wie wenig er zu diesem Werke tauge.

Filippo hatte schon die Kuppel in beiden Wölbungen zwölf Ellen hoch mauern lassen; dort mußten nun die Ketten von Holz und Steinen gelegt werden. Darüber wollte er mit Lorenzo reden, um zu prüfen, ob er an diese Schwierigkeit gedacht habe. Lorenzo war aber so wenig in die Sache eingedrungen, daß er sagte, er überlasse dies ihm als dem Erfinder. Eine solche Antwort war Filippo sehr willkommen, weil ihm schien, dies sei der Weg, Lorenzo von der Arbeit zu entfernen und zu beweisen, daß er nicht jene Einsicht besitze, die ihm durch seine Freunde und durch die Gunst derer beigemessen wurde, die ihm zu dieser Stelle verholfen hatten. Alle Maurer waren zu dieser Arbeit bestellt und warteten auf Anweisung, wie sie den Bau oberhalb der zwölf Ellen fortsetzen und die

Wölbungen befestigen sollten. Die Kuppel fing schon an, nach oben zusammenzudrängen, und es mußten die Gerüste gebaut werden, auf denen Maurer und Handwerker ohne Gefahr würden arbeiten können, da die mächtige Höhe beim bloßen Herunterschauen einen sonst sicheren Geist erschrecken und schwindeln machte. Die Maurer erwarteten von Filippo und den anderen Meistern zu vernehmen, wie diese Gerüste aufgeführt und die Ketten gelegt werden sollten. Weil aber weder von Lorenzo noch von Filippo etwas beschlossen war, entstand ein Murren unter den Handwerkern, daß die Sache nicht beschleunigt werde wie vordem. Da sie arme Leute waren, welche von ihrer Hände Werk lebten, und glaubten, es habe weder der eine noch der andere Mut genug, dies Werk höher zu führen, so schien ihnen das beste, wenn sie sich beim Bau weiter zu tun machten und alles, was bis jetzt gearbeitet war, noch einmal bewarfen und überputzten. Eines Morgens aber kam Filippo nicht zur Arbeit, legte sich mit umwickeltem Kopf ins Bett, schrie beständig und ließ sich in aller Eile Teller und Tücher wärmen, indem er sich stellte, als habe er Leibschmerzen. Die Meister, die dies hörten und in Erwartung standen, neue Anweisungen zu erhalten, fragten Lorenzo, was sie tun sollten. Doch dieser antwortete, Filippo habe die Anordnungen zu treffen, man müsse auf ihn warten. „Wie", fragte einer, „kennst du seine Meinung nicht?" – „Ja", antwortete er, „aber ich werde nichts ohne ihn tun." Dies sagte er zu seiner Entschuldigung, weil er nie das Modell Filippos gesehen und nie gefragt hatte, welche Anordnungen jener treffen wolle, damit er nicht als unwissend erscheine. Als er daher von dieser Sache redete, war er auf sich allein gestellt und brachte lauter unsichere Worte vor, um so mehr, als er wußte, daß er wider den Willen Filippos an der Arbeit teilhatte. Das Übelsein des letzteren dauerte nun schon über zwei Tage, und der Bauinspektor und eine Menge von Maurermeistern, die ihn besuchten, fragten ihn ohne Unterlaß, was sie zu tun hätten. Er aber sprach: „Ihr habt Lorenzo, mag er einmal etwas schaffen." Anderes konnten sie nicht aus ihm herausbringen. Als dies bekannt wurde, entstanden viele nachteilige Reden und Urteile über diesen Bau. Einige meinten, Filippo habe sich ins Bett gelegt aus Kummer, daß er nicht Mut genug besitze, die Kuppel zu wölben, und es ihn reue, sich dieser Aufgabe unterzogen zu haben. Seine Freunde dagegen verteidigten ihn und sagten, sein Verdruß komme von der Beschimpfung, daß Lorenzo ihm beigegeben wäre, sein Leibweh aber von der großen Anstrengung bei der Arbeit. Während so hin und her geredet wurde, stockte das Werk, und fast alle Arbeiten der Maurer und Steinmetze blieben liegen. Diese murrten nun über Lorenzo und sagten: „Den Lohn zu nehmen ist er gut, den Bau zu ordnen aber nicht. – Wäre nicht Filippo oder läge er lange krank, was würde er anfangen? Was kann jener dafür, daß er sich, so schlecht fühlt?“ – Die Werkmeister, die sahen, wie ihnen dieses Verhalten Schande brachte, beschlossen, zu Filippo zu gehen, trösteten ihn erst wegen seines Krankseins und erklärten dann, in welche Verwirrung der Bau geraten sei und in welche Not seine Krankheit sie gebracht hätte. Da rief Filippo voll Leidenschaft, sowohl weil er krank zu sein heuchelte, als aus Liebe zu seinem Werk: „Was? Ist nicht Lorenzo da? Warum tut er nichts? Ich muß mich wirklich sehr über euch wundern!“ – „Er will“, antworteten die Werkmeister, „ohne dich nichts unternehmen.“ – „Ich aber wohl ohne ihn!“ sprach Filippo mit Heftigkeit. Diese scharfe und doppelsinnige Antwort genügte ihnen. Sie erkannten, daß er krank war, weil er allein arbeiten wollte, schickten seine Freunde, ihn aus dem Bett zu holen und planten, Lorenzo nicht länger bei dem Unternehmen zu lassen. Filippo, der wieder auf den Bauplatz kam, sah, wie Lorenzo durch Begünstigung große Macht hatte und den Lohn ernten würde, ohne irgend Mühe aufzuwenden. Darum sann er auf ein anderes Mittel, ihn zu beschämen und ihn als wenig sachverständig in dieser Kunst hinzustellen. In dieser Absicht sagte er in Gegenwart Lorenzos zu den Vorstehern: „Meine Herren, wenn die Zeit, die wir zu leben haben, so sicher wäre, wie es schnell kommen kann, daß wir sterben müssen, würden wir sicher viele Dinge beendet sehen, die begonnen sind und jetzt unvollendet liegenbleiben. Das Übel, von dem ich befallen war, hätte dies Werk aufhalten und mir das Leben kosten können. Damit nun, wenn ich jemals wieder krank werde oder Lorenzo, was Gott verhüte – damit dann der eine oder andere von uns imstande ist, das Werk fortzusetzen, wie es ihm zukommt, habe ich gedacht, es möchte, wie Ihr das Gehalt zwischen uns geteilt habt, auch die Arbeit geteilt werden, so daß jeder von uns sich angetrieben fühlt, zu zeigen, was er kann, und nach Kräften unserer Republik Ehre und Nutzen zu schaffen. Zwei schwierige Dinge sind jetzt zu tun: das eine, die Gerüste für die Mauern zu errichten, die innen und außen beim Bau nötig sind und auf denen nicht nur die Menschen, sondern auch Steine und Kalk, die Winden, um Lasten heraufzuziehen, und andere ähnliche Werkzeuge Platz finden müssen. Das zweite, die Kette zu legen, die nun kommt, nachdem zwölf Ellen in die Höhe gebaut sind, denn diese muß die acht Wände der Kuppel umschließen und den Bau so zusammenhalten, daß alle Last, die darauf gestützt wird, gegeneinander drängt und nicht das ganze Gebäude von dem Gewicht Schaden leidet oder auseinandertreiben kann, sondern vielmehr gleichmäßig auf sich selbst ruht. Lorenzo mag von diesen beiden Dingen wählen, was er glaubt, am leichtesten ausführen zu können; Ich werde das andere nehmen und will es ohne

Schwierigkeiten zu Ende bringen, damit keine Zeit mehr verlorengeht." Lorenzo, der dies mit angehört hatte, konnte seiner Ehre wegen nicht ablehnen, eine der beiden Arbeiten zu übernehmen, und obwohl er es ungern tat, entschloß er sich doch, die Kette zu legen. Es schien ihm das leichtere, weil er sich dabei auf die Ratschläge der Maurer verließ und sich erinnerte, die Wölbung von San Giovanni von Florenz sei von einer Steinkette umschlossen, nach der er sich zum Teil, wenn auch nicht ganz, richten könne. Demzufolge begann der eine die Gerüste zu bauen, der andere die Kette zu legen, und beides wurde beendet. Die Gerüste Filippos waren mit so viel Sinn und Einsicht angeordnet, daß man wirklich dadurch das Gegenteil von dem erreicht sah, was viele sich vorher eingebildet hatten. Denn die Handwerker arbeiteten darauf völlig sicher, zogen Lasten auf und standen so fest, als ob sie auf ebener Erde wären. Die Modelle dazu blieben in dem Vorstehergebäude. Lorenzo dagegen führte auf einer der acht Wände die Kette mit großer Schwierigkeit auf, und als sie fertig war, zeigten die Vorsteher sie dem Filippo, der ihnen nichts sagte, mit einigen seiner Freunde aber davon redete und ihnen erklärte, es wäre ein anderes Band notwendig als dieses, und es müßte in anderer Weise gelegt werden, als es geschehen wäre. Dieses genüge nicht für die Last, welche darauf komme, weil es nicht genügend zusammenhalte. Das Gehalt, das Lorenzo gezahlt werde, sei mitsamt der Kette, die er gebaut habe, weggeworfenes Geld.

Die Rede Filippos wurde bekannt, und er erhielt nun den Auftrag zu zeigen, wie man es anfangen müsse, um eine solche Kette anzubringen. Da er Zeichnungen und Modelle schon fertig hatte, wies er sie sogleich vor. Hieraus erkannten die Vorsteher und andere Meister, in welchen Irrtum sie durch die Begünstigung Lorenzos geraten waren, und bestimmten, damit ihr Fehler wiedergutgemacht werde und man sehe, daß sie wüßten, was vorzüglich sei, Filippo solle lebenslänglich Aufseher und Leiter des Baues sein und nichts dabei geschehen, außer nach seinem Willen. Als Zeichen ihrer Anerkennung gaben sie ihm hundert Gulden und bestimmten ihm überdies ein lebenslängliches Gehalt von hundert Gulden. Nachdem er nunmehr Anordnung getroffen hatte, den Bau wieder in Gang zu bringen, führte er ihn mit solcher Genauigkeit und Pünktlichkeit fort, daß kein Stein gemauert wurde, denn er nicht angesehen hätte. Lorenzo aber, der sich besiegt und fast beschimpft sah, wurde von seinen Freunden so begünstigt und beschützt, daß er unter dem Vorwand, man könne ihn nicht einfach fortschicken, noch drei Jahre lang Gehalt bezog. Filippo machte ohne Unterlaß Zeichnungen und Modelle zu den kleinsten Dingen, für die

Arbeiten der Maurer und für das Stützwerk, um Lasten aufzuziehen. Dennoch wurde von einigen boshaften Menschen, Freunden Lorenzos, nicht nachgelassen, ihn zur Verzweiflung zu bringen. Aber allmählich hörten die Gerüchte, die über den Künstler in Umlauf waren, auf, man sah, wie leicht sich der Bau wölbte, und seine leidenschaftlichen Gegner mußten schließlich zugeben, er habe einen Mut bewiesen, wie vielleicht kein Baumeister vor ihm in alten und neuen Zeiten. Denn er brachte jetzt sein Modell zum Vorschein, woran jeder sehen konnte, welche große Einsicht und Erfindung er bei der Anlage der Treppen gezeigt habe und bei den Fenstern innen und außen, damit man nicht im Dunkeln Schaden leide, welche verschiedenen Eisenstangen er an steilen Stellen zum Aufsteigen angebracht und wie er sogar an die Eisen gedacht hatte, die Gerüste im Innern zu befestigen, wenn dort jemals Mosaik oder Malereien ausgeführt werden sollten. Ferner hatte er genau bestimmt, wie die Wasserrinnen verteilt werden, wo sie bedeckt und wo unbedeckt laufen sollten, wo man Luftlöcher und Öffnungen anbringen müsse, damit die Luft durchstreichen und weder Dünste noch Erdbeben dem Werk Schaden bringen könnten. Kurz, er zeigte in allem, wie sehr seine Studien in Rom ihm von Nutzen gewesen waren. Wenn man außerdem überlegte, was er beim Schneiden, Fugen, Binden und Befestigen der Steine getan hatte, so sah man fast mit Beben, wieviel ein einziger Geist zu leisten vermag. Seine Fähigkeiten wuchsen immer mehr, und es gab keinen Gegenstand, wenn er auch noch so schlimm und schwierig war, den er nicht leicht und einfach bewältigt hätte. Unter anderem zeigte er dies beim Aufziehen der Lasten, die er durch Gegengewichte und Räder emporwinden ließ, die ein einziger Ochse zog, während sonst kaum sechs Paar dazu genügt haben würden. Der Bau war nunmehr schon so emporgewachsen, daß es große Unbequemlichkeiten machte, wieder herunterzukommen, wenn man einmal hinaufgestiegen war. Die Meister und Bauleute verloren nicht nur viel Zeit, wenn sie zum Essen und Trinken gingen, sondern litten auch sehr unter der Hitze des Tages. Deshalb traf Filippo Anordnungen, daß in der Kuppel Weinschenken und Küchen eingerichtet wurden und keiner früher als am Abend nach Hause zu gehen brauchte, was für jene große Bequemlichkeit brachte und für die Arbeit höchst vorteilhaft war.

Filippo, der das Werk schnell wachsen und wohl gelingen sah, wurde immer eifriger und war in rastloser Tätigkeit. Er selbst ging nach der Brennerei, wo die Backsteine gestrichen wurden, wollte, die Erden sehen, wie sie gemischt und gebrannt wurden und suchte sie mit aller Sorgfalt selbst aus. Bei den Steinen, die zugehauen wurden, sah er nach, ob sie ohne Risse und hart wären, und gab den Steinmetzen Modelle von Holz oder Wachs oder in der Eile nur aus Rüben geschnitten, um die Durchschnitte und Fugen danach zu arbeiten. Dasselbe tat er mit dem Eisenwerk bei den Schmieden; er erfand die Haspen, die Widerhaken und Wandhaken und schaffte der Baukunst großen Vorteil, indem er sie zu einer Vollkommenheit brachte, die bei den Toskanern noch nicht erreicht worden war.

Man sah nunmehr schon die beiden Wölbungen gegen das runde Fenster zu, wo die Laterne anfangen sollte, sich schließen, und Filippo, der in Rom und Florenz viele Modelle in Erde und Holz hierfür gearbeitet hatte, ohne sie jemandem zu zeigen, mußte sich endlich entscheiden, welches er zur Ausführung bringen wollte. Deshalb beschloß er, die Galerie zu beenden und entwarf dazu verschiedene Zeichnungen, die nach seinem Tode den Vorstehern blieben, durch die Nachlässigkeit der Verwalter jetzt aber nicht mehr vorhanden sind. In unseren Tagen erst wurde, um das Werk zu beenden, auf einer der acht Wände ein Stück der Galerie gebaut, wurde aber, weil es nicht mit jener Anordnung übereinstimmte, auf den Rat von Michelangelo nicht ausgeführt. Filippo arbeitete außerdem mit eigener Hand ein Modell zur achtseitigen Laterne genau im Verhältnis zur Kuppel, das wirklich in Erfindung, Mannigfaltigkeit und Ausschmückung außerordentlich gelungen ist. Darin brachte er die Treppe an, die nach der Kugel hinaufführt, eine höchst bewundernswerte Sache. Weil er aber mit ein wenig Holz unten die Stelle verstopft hatte, wo man hineinging, kannte diese Treppe niemand als er selbst. Doch obgleich er sehr gerühmt wurde und den Neid und Dünkel vieler niedergeschlagen hatte, konnte er, als sein Modell gesehen worden war, doch nicht verhindern, daß alle Meister in Florenz nach verschiedener Weise auch solche ausführten, ja sogar eine Dame aus dem Hause Gaddi wagte es, mit Filippo in Wettbewerb zu treten. Dieser lachte über den Eigendünkel der anderen, und als viele seiner Freunde ihm den Rat gaben, keinem Künstler mehr sein Modell zu zeigen, damit sie nicht daran lernen mögen, antwortete er: „Eins nur ist das richtige Modell, die anderen sind zu nichts nütze.“ Ja, als er sah, daß einige Meister bei ihren Modellen seines zum Teil nachgeahmt hatten, sagte er: „Das veränderte Modell, das dieser auszuführen verspricht, wird mein eigenes sein.“

Filippo wurde sehr gerühmt. Nur weil man die Treppe nicht sah, um zu der Kugel hinaufzusteigen, beschuldigte man ihn, sein Plan sei fehlerhaft, und die

Vorsteher beschlossen zwar, ihm die Arbeit zu übertragen, jedoch unter der Bedingung, daß er ihnen die Treppe zeige. Da nahm Filippo bei seinem Modell das Stückchen Holz weg, das er unten vorgemacht hatte, und zeigte seine Treppe in einem der Pfeiler, der das Aussehen eines leeren Blasrohres, auf der einen Seite der Länge nach aber eine Vertiefung hat, in der Bronzestäbe sind, auf denen man vom einen zum andern allmählich nach oben steigt. Filippo, der zu alt war, als daß er während seines Lebens noch hätte die Laterne vollendet sehen können, verlangte in seinem Testament, sie solle nach seinem Modell und dem, was er schriftlich hinterlassen habe, gemauert werden, sonst müsse, so versicherte er, der Bau zusammenstürzen. Denn da er im Spitzbogen gewölbt sei, müßte er durch die Last gedrückt und stärker gemacht werden.

Vollendet sah er vor seinem Tode dies Werk nicht, doch führte er die Laterne mehrere Ellen in die Höhe und ließ fast alle Marmorarten, welche dazugehörten, schön bearbeiten und hinbringen. Die Leute sahen diese mächtigen Blöcke anlangen, sie erstaunten, wie es möglich sei, daß er dem Gewölbe eine solche Last auflegen wolle, und viele verständige Menschen meinten, es könne sie nicht tragen. Es schien ihnen ein großes Glück, daß er den Bau bis dahin geführt habe, ihn aber mit solchem Gewicht zu beschweren, meinten sie, hieße Gott versuchen. Filippo lachte darüber, setzte alle Maschinen und Werkzeuge in Bereitschaft, welche dienen sollten, sie zu mauern und ließ nicht ab, alle Kleinigkeiten vorher zu bedenken und Vorkehrungen dazu zu treffen.

Wie schön dies Gebäude ist, bezeugt es selbst, und man kann zuversichtlich sagen, daß die Alten niemals ihre Bauten so hoch geführt noch sich der Gefahr ausgesetzt haben, mit dem Himmel wetteifern zu wollen, wie es dies Gebäude in Wahrheit zu tun scheint. Es ragt so weit empor, daß man meint, es sei den Bergen von Florenz gleich, und fast scheint es, als ob der Himmel deshalb eifersüchtig wäre, denn seine Blitze fallen täglich darauf nieder.

Während die Kuppel von Santa Maria del Fiore errichtet wurde, führte Filippo noch viele andere Bauten aus. Zunächst arbeitete er mit eigener Hand im Auftrage der Familie Pazzi das Modell zum Kapitelsaal von Santa Croce zu Florenz, eine vielfältige und sehr schöne Sache;dann das Modell zum Hause der Busini, eine Zweifamilienwohnung,und das Modell zum Haus und der Loggia der Innocenti,deren Wölbung ohne Gerüst gebaut wurde, ein Verfahren, das heutigen Tages von jedermann beobachtet wird. Man sagt, Filippo sei nach Mailand berufen worden, um für den Herzog Filippo Maria das Modell zu einer Festung auszuführen, und habe deshalb seinem sehr nahen Freunde Francesco della Luna die Sorge für den Bau des Findelhauses in Florenz übertragen. Jener Francesco brachte als Einfassung einen Architrav an, der sich von oben nach unten verstärkt, was nach der Regel der Baukunst falsch ist. Als daher Filippo bei seiner Rückkehr ihn schalt, sagte er: „Ich habe es vom Tempel San Giovanni entnommen, der antik ist." – „Ein einziger Fehler", rief Filippo, „ist an jenem Gebäude, und den hast du nachgeahmt!"

In derselben Zeit wurde in Florenz die Kirche San Lorenzo angefangen, welche die Einwohner erbauen ließen. Sie ernannten bei diesem Werk den Prior zum Obermeister, weil er angab, sachverständig zu sein und sich zum Zeitvertreib mit der Baukunst beschäftigte.. Schon hatte man begonnen, einige Pfeiler von Backsteinen auszuführen, als Giovanni di Bicci aus dem Hause der Medici, der den Einwohnern und dem Prior versprochen hatte, auf seine Kosten die Sakristei und eine Kapelle zu erbauen, Filippo eines Tages zum Essen bei sich sah. Nach mancherlei Gesprächen fragte er, was dieser zum Bau der Kirche San Lorenzo meine. Filippo, durch die Bitten Giovannis gezwungen, seine Ansicht kundzugeben, mußte, um der Wahrheit treu zu bleiben, dieses Werk in vielen Stücken tadeln: es sei von jemand angeordnet, der in derlei Dingen vielleicht mehr Gelehrsamkeit als Erfahrung besitze. Giovanni fragte Filippo, ob man wohl etwas Besseres und Schöneres ausführen könne, worauf jener erwiderte: „Sicherlich kann man das, und ich wundere mich, daß Ihr als das Haupt dieses Unternehmens nicht einige tausend Skudi aufwendet und ein Kirchenschiff errichten laßt, des Ortes und der vielen ehrenvollen Grabmäler würdig. Bedenkt, daß, wenn Ihr in dieser Weise anfangt, die anderen bei ihren Kapellen Euch nach besten Kräften werden nachzuahmen versuchen, und besonders, daß dann keine Erinnerung von uns bleibt als die Mauern, die nach Jahrhunderten und Jahrtausenden noch von dem, der ihr Urheber war, Zeugnis geben." Durch die Worte Filippos angefeuert, beschloß Giovanni, die Sakristei, die Hauptkapelle und das ganze Schiff der Kirche aufzubauen, obgleich nur sieben Familien dem beitraten, da die anderen nicht die Mittel dazu hatten. Die Sakristei war das erste, was von dem Bau vorwärts ging, hierauf auch allmählich die Kirche, und weil sie sehr lang war, wurden nach und nach auch anderen einheimischen Bürgern Kapellen zugestanden. Noch war die Sakristei nicht ganz eingedeckt, als Giovanni de' Medici in ein anderes Leben überging. Sein Sohn Cosimo jedoch besaß noch höheren Eifer als der Vater und fand Vergnügen an Denkmälern. Deshalb wurde dieses Werk von ihm fortgesetzt. Es war das erste, was er baute, und dieses machte ihm so viel Freude, daß er fortan bis zu seinem Tode immer wieder mauern und bauen ließ. Durch seinen Eifer angeregt, besorgte Filippo den Ausbau der Sakristei und Donato die Stuckverzierung, die Steinzieraten der kleinen Türen und die Bronzetüren. Inmitten der Sakristei, in der die Geistlichen ihre Meßgewänder anlegen, ließ er das Grabmal seines Vaters Giovanni unter einer Marmortafel errichten, die vier kleine Pfeiler tragen, und an demselben Ort ließ er sein Familienbegräbnis bauen, das der Frauen von dem der Männer gesondert. In einer der kleinen Zellen, die in der Sakristei zu beiden Seiten des Altars liegen, brachte er in einer Ecke einen Brunnen und ein Becken zum Händewaschen an, kurz, alles ist bei diesem Werk mit großer Einsicht geordnet. Giovanni und die anderen Bauherren hatten bestimmt, der Chor solle in die Mitte unter die Kuppel kommen. Cosimo aber ließ dies ändern und mit Zustimmung Filippos die Hauptkapelle, die erst eine kleine Nische werden sollte, größer ausführen, damit der Chor gebaut werden könne, wie man ihn nunmehr sieht. Als dies beendet war, blieb noch die mittlere Kuppel und der Rest der Kirche zu vollenden. Beides jedoch wurde erst nach dem Tode Filippos gearbeitet.

Während jener Bau ausgeführt wurde, wollte Cosimo de' Medici einen Palast für sich errichten lassen. Er teilte Filippo seine Absicht mit, und dieser stellte alles andere zurück und arbeitete ein wunderbar schönes und großes Modell, nach dem jener Palast, ringsum freistehend, auf dem Platz gegenüber San Lorenzo erbaut werden sollte. Sein Talent zeigte sich dabei so herrlich, daß es Cosimo ein zu prächtiges und großes Gebäude schien und er es nicht aufführen ließ, weniger um der Kosten willen, als um nicht Neid zu erwecken. Während Filippo sein Modell arbeitete, pflegte er zu sagen: er wisse dem Schicksal für die Gelegenheit Dank, denn er solle nun ein Haus bauen, wie er es viele Jahre schon gern getan hätte, und er habe jemand gefunden, der es ausführen lassen wolle und könne. Als er dann aber hörte, daß es nicht geschehen werde, zerriß er voll Zorn seine Zeichnung in tausend Stücke, und Cosimo bereute, als er seinen Palast nach einem anderen Plan erbaut hatte, nicht lieber der Angabe Filippos gefolgt zu sein, von dem er oft zu sagen pflegte, er habe nie mit einem Manne von größerer Einsicht und mehr Mut geredet. Für die vornehme Familie der Scolari arbeitete Filippo das Modell des sehr eigenartigen Tempels der Angeli, der unvollendet blieb.Wäre wirklich jene Kirche nach diesem Modell beendet worden, dann würde sie eins der ungewöhnlichsten und erlesensten Bauwerke Italiens sein, denn was man davon sieht, ist nicht genug zu rühmen. Auf Anordnung Filippos wurde auch der reiche und herrliche Palast von Herrn Luca

Pitti außerhalb des Tores San Niccolò von Florenz an einem Orte erbaut, der Rucciano heißt. Noch viel schöner jedoch ist ein anderer, den er innerhalb der Stadt für denselben Herrn anfing und in solcher Größe und Pracht bis zum zweiten Stockwerk führte, daß man in toskanischer Bauart nichts gesehen hat, was herrlicher und reicher wäre. Herr Luca ließ jenen Palast wegen der Lasten, die er für den Staat tragen mußte, unvollendet.Die Erben, denen es an Mitteln fehlte ihn fortzuführen, waren zufrieden, ihn schließlich der Herzogin zu überlassen, damit er nicht verfiel.

Als Filippo neunundsechzig Jahre alt geworden war, ging am 16. April 1446 sein Geist zu einem besseren Leben über, nachdem er sich bemüht hatte, die Arbeiten zu vollbringen, die ihm auf Erden Ruhm erwarben und den Frieden des Himmels verdienten. Sein Tod versetzte seine Vaterstadt in große Trauer, die ihn nach seinem Sterben weit mehr ehrte, als sie während seines Lebens getan hatte. Er wurde mit feierlichem Leichengepränge in Santa Maria del Fiore beigesetzt, obgleich seine Familiengruft in San Marco gelegen war.

Filippo wurde von einer großen Zahl von Künstlern beweint, die seine Freunde waren, besonders aber von den Ärmsten, denen er immer Gutes getan. Da er ein so christliches Leben führte, blieb der Welt das Gedächtnis seiner Güte und seiner seltenen Fähigkeiten. Mir scheint, man kann wohl sagen, es habe seit den Tagen der alten Griechen und Römer keinen seltneren und herrlicheren Geist gegeben als ihn, und er verdient um so größeres Lob, als zu seinen Lebzeiten in ganz Toskana der deutsche Stil allgemein verehrt und von allen Künstlern geübt wurde. Er fand die antiken Gesimse wieder und führte die toskanische, korinthische, dorische und ionische Säulenordnung zu ihrer ursprünglichen Form zurück.

Donatello

Geboren um 1386 zu Florenz. gestorben am 13. Dezember 1466 daselbst

In Florenz wurde Donato, der von den Seinigen Donatello genannt wurde und sich auch bei einigen seiner Arbeiten so unterschrieb, im Jahre 1386 geboren.Er widmete sich dem Studium der Zeichenkunst und wurde nicht nur ein trefflicher und bewundernswerter Bildhauer, sondern zeigte auch in Stuckarbeiten viel Übung, war in der Perspektive vorzüglich und in der Baukunst sehr geschätzt. Seine Arbeiten hatten außerdem so schöne Zeichnung und so viel Anmut, daß man sie den trefflichen Werken der alten Griechen und Römer ähnlicher fand als die irgendeines anderen Meisters. Mit vollem Recht wird er daher als der erste gerühmt, der die alte Darstellungsart im Flachrelief wiedererfand und vorzüglich anwendete. Die Leichtigkeit und Meisterschaft, mit der seine Reliefs gearbeitet sind, läßt erkennen, wie er dabei nach richtiger Überlegung verfuhr und ihnen mehr als gewöhnliche Schönheit zu geben wußte, so daß bis auf unsere Zeit kein Künstler ihn hierin übertroffen, ja nicht einmal erreicht hat. Er arbeitete in seiner Jugend viele Dinge, die man, eben weil deren viele waren, nicht besonders beachtete. Ruhm und Namen aber verdiente er sich durch eine Verkündigung aus Sandstein, die in Santa Croce zu Florenz beim Altar der Kapelle der Cavalcanti aufgestellt wurde. Rings um diese brachte er eine Zierat nach groteskem Geschmack an mit einem vielgestaltigen geschwungenen Sockel, die oben im Rundbogen endet, wo sechs Kindlein einige Laubgewinde tragen und sich paarweise umfassen, als ob sie, schwindelnd vor der Tiefe, einander zu halten strebten. Ganz besondere Kunst zeigte er bei der Gestalt der Jungfrau, die, erschreckt durch das plötzliche Erscheinen des Engels, sich schüchtern voll sittsamer Ehrfurcht und höchster Anmut zu dem wendet, der sie grüßt. In ihrem Angesicht erkennt man jene Demut und Dankbarkeit, die sich bei einem, der unerwartet eine Gabe empfängt, um so stärker ausspricht, je größer die Gabe ist. Die Gewänder der Madonna und des Engels wußte Donato schön zu ordnen und gab ihnen einen meisterhaften Faltenwurf, indem er sich bemühte, die menschliche Gestalt hindurch erkennen zu lassen und die Schönheit der Alten wiederzufinden, die viele Jahre verborgen gelegen hatte. Kurz, er zeigte so viel Leichtigkeit und Kunst bei diesem Werk, daß man weder von der Zeichnung und vom Meißel, noch von Einsicht und Übung mehr wünschen kann. In derselben Kirche arbeitete er unter dem Querschiff neben dem Bilde von Taddeo Gaddi mit ungewöhnlicher Mühe einen Kruzifixus von Holz, und als er ihn beendet hatte und es ihm schien, er habe etwas Besonderes vollführt, zeigte er ihn dem Filippo Brunelleschi, seinem vertrauten Freund, um dessen Meinung zu hören. Filippo, der nach den Reden Donatos etwas viel Besseres erwartet hatte als vor ihm stand, lächelte ein wenig, und Donato, der dieses sah, bat ihn bei der Freundschaft, die zwischen ihnen bestand, er solle ihm sagen, was er davon halte. „Mir scheint“, erwiderte Filippo freimütig, „du hast einen Bauern ans Kreuz geheftet und nicht die Gestalt eines Christus, der zart gebaut und der schönste Mann gewesen ist, der je geboren wurde.“ Donato, der auf ein Lob gehofft hatte, fühlte sich innerlich verletzt, mehr noch als er selbst glaubte, und antwortete: „Wenn es so leicht wäre, etwas zu machen, wie es zu beurteilen, so würde mein Christus dir wohl ein Christus scheinen und nicht ein Bauer. Nimm ein Stück Holz und versuche selbst einen zu formen." Filippo sagte kein Wort mehr, ging nach Hause und fing an, ohne daß jemand es wußte, ein Kruzifix zu arbeiten, wobei er Donato zu übertreffen suchte, damit er nicht sein eigenes Urteil Lügen strafe. Nach vielen Monaten führte er das Werk zu höchster Vollendung. Eines Morgens bat er dann Donato zum Frühstück zu sich, und dieser nahm seine Einladung an. Als sie zusammen nach der Wohnung Filippos gingen, kaufte er einiges auf dem Markt und sagte, indem er es Donato gab: „Gehe mit diesen Dingen in mein Haus und warte auf mich, ich komme gleich nach." Donato trat in die Wohnung, die zu ebener Erde lag, und sah das Kruzifix Filippos in guter Beleuchtung, blieb stehen, um es zu betrachten und fand es so vollkommen, daß er, überwunden von Staunen und ganz außer sich, die Arme ausbreitete und die Schürze fallen ließ. Alles was darin war, Eier, Käse und andere Ware, zerbrach in viele Stücke, ohne daß ihn dies hinderte zu bewundern und wie einer, der den Verstand verloren hat, dazustehen. Da trat Filippo hinzu und fragte lächelnd: „Donato, was hast du vor? Was wollen wir zum Frühstück essen, da du alles zur Erde geworfen hast?" – „Ich für mich", antwortete Donato, „habe für heute mein Teil; willst du das deinige, so nimm dir's. – Doch genug, dir ist vergönnt, den Heiland darzustellen, mir aber den Bauern."

Sehr jung noch arbeitete er für die Fassade von Santa Maria del Fiore den Propheten Daniel in Marmor und die vielgerühmte Statue von Sankt Johannes dem Evangelisten, in sitzender Stellung und in schlichte Gewänder gekleidet. Innerhalb der Kirche, über der Tür der alten Sakristei, verfertigte er die Brüstung zur Orgel mit jenen rasch gearbeiteten Figuren, die sich zu bewegen und zu leben scheinen, wenn man hinsieht, wie überhaupt bei den Werken Donatellos Verstand und Einsicht ebensoviel taten wie seine Hand. Es werden viele Dinge ausgeführt, die in den Werkstätten, wo sie gearbeitet sind, schön aussehen, von dort aber weggenommen und an anderer Stelle in anderem Licht oder höher aufgestellt, ein von dem vorigen ganz verschiedenes Aussehen gewinnen. Donato dagegen arbeitete seine Figuren so, daß sie in der Werkstatt nicht halb so schön erschienen wie an dem Platz, wo sie hingehörten.

In San Michele in Ortozu Florenz arbeitete er für die Zunft der Schlächter die Marmorstatue Sankt Peters, eine sehr geistvolle und bewunderswerte Gestalt, und für die Zunft der Leinenhändler den Evangelisten Markus, den er mit Filippo Brunelleschi übernommen hatte, nachher jedoch allein vollendete, womit

Filippo einverstanden war. Für die Zunft der Harnischmacher fertigte er die sehr lebendige Statue des heiligen Georg im Waffenschmuck. Sein Angesicht zieren jugendliche Schönheit, Mut und Tapferkeit, und seine Stellung zeigt feurige Kühnheit und einen wunderbaren Ausdruck der Bewegung im Stein. Sicherlich ist bei neueren Marmorfiguren nicht soviel Leben und Geist gefunden worden wie hier.Auf dem Sockel, der das Tabernakel dieser Statue trägt, sieht man in einem Marmorflachrelief, wie Sankt Georg den Lindwurm tötet, wobei die Gestalt des Pferdes sehr gerühmt wird, und in dem Giebel ist im Flachrelief ein Gottvater in halber Figur gearbeitet. An der Fassade des Glockenturmes von Santa Maria del Fiore verfertigte Donato vier Gestalten und stellte in den beiden sitzenden Personen den Francesco Soderini und den Giovanni di Barduccio Cherichini, dessen Statue jetzt „der Kahlkopf" genannt wird, nach dem Leben dar. Die letztere galt für das schönste und bedeutendste Werk, das dieser Künstler jemals vollführte. Wenn er deshalb etwas beteuern wollte, pflegte er zu sagen: „Es ist so sicher wie mein Glaube an meinen Kahlkopf." Für die Signoria unserer Stadt führte er einen Metallguß aus, der auf dem Markt unter einem Bogen ihrer Loggia angebracht wurde. Er stellt die Judith dar, die dem Holofernes den Kopf abhaut. Es ist ein Werk von großer Trefflichkeit und Meisterschaft, denn so einfach das Gewand und das Äußere der Judith ist, so erkennt man doch in ihr den kühnen Mut jener Frau und die Kraft, die ihr durch den Beistand des Himmels kam. Im Gesicht des Holofernes dagegen zeigt sich die Wirkung von Wein und Schlaf sowie der Tod in den Gliedern, welche die Spannkraft verloren haben und schlaff herabhängen. Donato verfuhr bei diesem Werk so, daß der Guß zart und sehr schön ausfiel; er wurde hernach mit Sorgfalt ausgeputzt und ist wahrlich bewundernswert. Das Postament, eine gedrehte Säule von Granit in einfacher Ordnung, hat ein nicht minder schönes, dem Auge gefälliges Ansehen, so daß Donato selbst damit zufrieden war und, was er früher nicht getan hatte, seinen Namen darunter setzte: „Donatelli opus." Im inneren Hof des Palastes der Signoria wurde von ihm lebensgroß in Bronze gearbeitet die nackte Gestalt eines David, der dem Goliath den Kopf abgehauen hat. Einen Fuß setzt er auf diesen, in der Rechten hält er das Schwert, und diese Gestalt hat so viel Natur, Leben und Wahrheit, daß es einigen Künstlern scheint, als müsse sie über einem lebenden Körper geformt sein.Cosimo verehrte die Kunst und Geschicklichkeit Donatos in hohem Maße und gab ihm ständig Arbeit. Donato dagegen hatte eine solche Liebe zu Cosimo, daß er bei dem leisesten Wink seine Wünsche verstand und ihm stets dienstbar war. Man sagt, ein genuesischer Kaufmann habe von Donato eine Bronzebüste in Lebensgröße verfertigen lassen, die dieser sehr schön und zugleich sehr leicht arbeitete, weil sie weit verschickt werden sollte. Der Auftrag zu dieser Arbeit war ihm durch Cosimo zugekommen. Als sie aber vollendet war und der Kaufmann bezahlen wollte, schien ihm, Donatello verlange zuviel dafür. Es wurde bestimmt, den Handel durch Cosimo schlichten zu lassen, und dieser befahl, die Büste nach dem oberen Hof seines Palastes zu bringen, wo sie zur besseren Ansicht zwischen den Zinnen aufgestellt wurde, die nach der Straße gingen. Cosimo fand, als er die Sache ausgleichen wollte, das Gebot des Kaufmanns sei von der Forderung Donatos noch sehr fern und sagte deshalb, dies sei zuwenig. Der Kaufmann, dem es zuviel schien, antwortete, Donato habe nicht viel länger als einen Monat daran gearbeitet und gewinne an einem Tag mehr als einen halben Gulden. Da wandte sich Donato beleidigt und voll Zorn an den Kaufmann und sagte: „Im hundertsten Teil einer Stunde hast du vermocht, den Fleiß und die Mühe eines ganzen Jahres zunichte zu machen!" Damit gab er dem Kopf einen Stoß, daß er auf die Straße stürzte und in viele Stücke zersprang: „Man sieht wohl", setzte er hinzu, „daß du verstehst, um welsche Bohnen zu handeln, nicht aber um Statuen." Jenem tat es leid, und er wollte das Doppelte zahlen, wenn er das Werk nur von neuem ausführen möchte. Donato ließ sich aber weder durch seine noch durch Cosimos Bitten bewegen, dies zu tun.

In Prato verfertigte er die Marmorkanzel, von der der Gürtel der Jungfrau gezeigt wird. Er meißelte darauf in den einzelnen Feldern einen bewundernswert schönen Kindertanz, der nicht weniger als andere Dinge Donatos Vollkommenheit in der Kunst beweist. Als Träger dieses Werks verfertigte er zwei Bronzekapitelle, von denen das eine noch vorhanden ist, das andere als Beute von den Spaniern entführt wurde, als sie das Land plünderten.Die Signoria von Venedig, die Donato hatte rühmen hören, lud ihn ein, daß er in der Stadt Padua das Denkmal des Gattamelata verfertige.Er ging sehr gerne dahin, arbeitete den Reiter von Bronze, der auf dem Platz von Sant' Antonio steht, wobei er das Schnauben und Brausen des Pferdes und den Mut und die lebendige Kraft des Reiters höchst natürlich darstellte. Bewundernswert zeigte Donato sich bei der Größe des Gusses in Maß und Richtigkeit aller Verhältnisse. Deshalb läßt sein Werk sich in Bewegung, Zeichnung, Kunst, Größenverhältnis und Sorgfalt mit dem jedes antiken Künstlers vergleichen. – Die Paduaner, die ihn durch die freundlichsten Liebenswürdigkeiten festzuhalten strebten und auf alle Weise zu erreichen suchten, daß er ihr Mitbürger werde, übertrugen ihm, an der Staffel des Hauptaltares in der Kirche der Minoriten das Leben des heiligen Antonio von Padua darzustellen. Lauter Flachreliefs, die Donato mit so vieler Einsicht vollendete, daß die trefflichen Meister der Kunst sich sehr verwundern, wenn sie die herrlichen, mannigfaltigen Zusammenstellungen, die Menge seltsamer Figuren und die Verkürzungen betrachten. Man findet in Padua eine große Menge Arbeiten von Donato, und weil er um ihretwillen für ein Wunder gehalten und von jedem Verständigen gerühmt wurde, beschloß er, nach Florenz zurückzukehren. Denn, sagte er, verbliebe er länger in Padua, so würde das viele Lob, das man ihm zolle, die Ursache sein, daß er alles wieder vergesse, was er wisse. Er wolle gern wieder in seine Vaterstadt gehen, um sich dort überall tadeln zu lassen, denn dieser Tadel sei Anregung zu weiterem Studium und zu größerem Ruhm.

Als er nach Toskana zurückkam, verfertigte er in der Pfarrkirche von Montepulciano ein Marmorgrabmal mit einer schönen Darstellung. In Florenz in der Sakristei von San Lorenzo steht von ihm ein Waschbecken aus Marmor, an dem auch Andrea Verrocchio arbeitete. Von Florenz begab er sich nach Rom, damit er die Werke der Alten soweit wie nur möglich nachahme, und er arbeitete in der Zeit, wo er sie studierte, ein steinernes Tabernakel für das Sakrament, das sich heute in Sankt Peter befindet. Auf seinem Rückwege nach Florenz kam er durch Siena und übernahm es, eine Bronzetür zu der Taufkapelle von San Giovanni zu verfertigen. Schon hatte er das Holzmodell gearbeitet, die Wachsformen fast vollendet und sie mit dem Mantel umgeben, damit er den Guß vornehmen könne, als der florentinische Goldschmied Bernadetto di Mona Papera, sein vertrauter Freund, auf der Rückreise von Rom nach Siena kam und entweder um seiner selbst willen oder aus anderer Ursache es durch seine Reden dahin zu bringen wußte, daß Donato mit ihm nach Florenz ging. Hierdurch blieb dieses Werk unvollendet oder vielmehr unbegonnen, und es gibt in jener Stadt von seiner Hand nur die Bronzestatue Sankt Johannes des Täufers an der Dombauverwaltung, welcher der rechte Arm vom Ellenbogen an fehlt. Dieses tat Donato, wie man sagt, weil er nicht völlig bezahlt wurde.

In Florenz verzierte er dann für Cosimo de' Medici die Sakristei von San Lorenzo mit Stuckarbeiten, brachte in den Zwickeln der Wölbung vier Rundreliefs mit perspektivisch verkürzten Gründen an, halb gemalt, halb in Flachrelief, mit Begebenheiten aus dem Leben der Evangelisten. Dort verfertigte er auch in halb erhabener Arbeit zwei sehr schöne kleine Bronzetüren, darauf die Apostel, die Märtyrer und Bekenner und über diesen ein paar flache Nischen;

in der einen sind die Heiligen Laurentius und Stephanus, in der anderen die Heiligen Cosmas und Damian zu sehen.

Für Santa Maria del Fiore arbeitete er zwei Kolosse aus Backsteinen und Stuck, die außerhalb der Kirche an den Ecken der Kapellen als Schmuck aufgestellt sind, über der Tür von Santa Croce sieht man noch jetzt, von ihm vollendet, einen heiligen Ludwig aus Bronze, fünf Ellen hoch. Als man ihm vorwarf, diese Figur stelle einen Tölpel dar und sei von allem, was er gemacht habe, am wenigsten gelungen, antwortete Donato, er habe dies mit Überlegung getan, denn es sei der heilige Ludwig wirklich ein Tölpel gewesen, da er ein Königreich ließ, um Mönch zu werden.

Wollte ich das Leben und die Werke Donatellos vollständig schildern, so würde daraus eine viel längere Geschichte entstehen, als es bei den Lebensbeschreibungen unserer Künstler meine Absicht ist. Denn er schuf nicht nur große Arbeiten, von denen genügend die Rede war, sondern er legte auch bei den geringsten Kunstgegenständen Hand an. Er übernahm es sogar, Familienwappen über Kaminen und an den Fassaden der Bürgerhäuser anzufertigen.

Donato war in allen Dingen so vorzüglich, daß man sagen kann, er sei durch Übung, Urteil und Wissen einer der ersten gewesen, der die Bildhauerkunst und gute Zeichenmethode der Neueren zu Ehren gebracht, und er verdient um so größeren Ruhm, da zu seiner Zeit die Altertümer – Säulen, Pfeiler, Triumphbögen – noch nicht aufgefunden waren, die wir jetzt kennen. Ja, er ist hauptsächlich die Veranlassung gewesen, daß in Cosimo de' Medici das Verlangen erwachte, die Werke der Alten nach Florenz zu bringen, die im Hause der Medici noch jetzt aufbewahrt werden und alle von Donato restauriert sind. Er war freigebig, liebevoll und freundlich und mehr auf das Wohl seiner Freunde als auf das eigene bedacht. Niemals achtete er auf sein Geld; er hatte es in einem Korb liegen, der mit einem Strick an der Decke befestigt war, und seine Gehilfen und Freunde nahmen dort, was sie brauchten, ohne ihn danach zu fragen. Er verlebte ein fröhliches Alter, und als er anfing, schwächer zu werden und nicht mehr arbeiten konnte, wurde er von Cosimo wie von seinen Freunden unterstützt. Man erzählt, Cosimo habe, als er starb,seinem Sohn Piero befohlen, für Donatello zu sorgen, und dieser gab ihm, als treuer Vollstrecker der Gebote seines Vaters, ein Gut mit solchem Einkommen, daß er bequem davon leben konnte. Donato empfand hierüber große Freude, denn er glaubte, er sei dadurch mehr als gesichert, nicht vor Hunger zu sterben. Kaum aber besaß er es ein Jahr, als er zu Piero zurückkehrte und auf das Gut förmlich und gerichtlich verzichtete. Er versicherte, daß er nicht seine Ruhe verlieren möchte, um sich mit häuslichen Sorgen und der Last seines Pächters zu beschäftigen, der ihn alle drei Tage überlaufe. Einmal habe ihm der Wind den Taubenschlag abgedeckt, ein andermal sei ihm von der Gemeinde als Steuer das Vieh abgenommen worden, dann wieder hätte der Sturm Wein und Früchte abgerissen – kurz, er sei all dieser Dinge so überdrüssig, daß er lieber vor Hunger sterben als sich um so vieles bekümmern wolle. Piero lächelte über die Einfalt Donatos, nahm aber, um ihn von seiner Plage zu erlösen, auf sein dringendes Bitten das Gut zurück und wies auf seiner Bank ein Gehalt an, durch das er ebensoviel oder noch mehr in barer Münze erhielt. Hiervon ließ er ihm jede Woche den Anteil auszahlen, der ihm zukam, und Donato, mit dieser Anordnung sehr zufrieden, verlebte als Diener und Freund der Medici froh und sorglos den Rest seiner Tage. Endlich im dreiundachtzigsten Jahre wurde er sehr gichtbrüchig, so daß er nicht mehr arbeiten konnte und beständig zu Bett lag. Von Tag zu Tag wurde es schlimmer mit ihm, und seine Kräfte nahmen allmählich ab, bis er am 13. Dezember 1466 entschlief. Seinem Wunsche entsprechend wurde er in der Kirche San Lorenzo nahe bei Cosimo begraben, damit der Körper nach dem Tode dem nahe sei, bei dem der Geist im Leben stets verweilt habe.

Der Tod Donatos tat seinen Mitbürgern und Kunstgenossen wie allen, die ihn gekannt hatten, sehr leid, und es wurde, um ihn im Tode mehr zu ehren, als im Leben geschehen war, ein feierliches Leichengepränge in jener Kirche gehalten, wobei alle Maler, Baumeister und Bildhauer, Goldarbeiter, ja fast alle Bewohner der Stadt der Leiche folgten.

Donato hinterließ der Welt eine solche Menge von Werken, daß man wohl behaupten kann, kein Künstler habe mehr gearbeitet als er; an allen Dingen fand er Vergnügen und legte Hand an, ohne zu beachten, ob sie von hohem oder geringem Werte seien. Es tat der Bildhauerkunst auch not, daß Donato so vieles vollführte und sich in jeder Art des Reliefs mit runden, halb erhabenen und ganz flachen Figuren übte, denn gleichwie zur Zeit der alten Griechen und Römer viele zur Vollendung dieser Kunstart beitrugen, so hat er allein durch die Menge seiner Arbeiten sie zu der Vollkommenheit unseres Jahrhunderts gebracht. Künstler müssen deshalb die Herrlichkeit der Bildhauerei mehr ihm als irgendeinem der neueren Meister zuerkennen; er hat nicht nur ihre Schwierigkeiten erleichtert, sondern auch bei seinen unzähligen Arbeiten Erfindung, Zeichnung, Übung, Urteil und alles zu vereinen gewußt, was man von einem gottbegnadeten Geist jemals erwarten darf. Donato war sehr entschlossen und rasch, führte, was er arbeitete, mit Leichtigkeit zu Ende und tat immer mehr, als er versprochen hatte.

Fra Giovanni da Fiesole (Fra Angelico)

Geboren um 1387 in Castel Vicchio im Mugello gestorben am 18. März 1455 in Rom

Der Ordensbruder Giovanni Angelico aus Fiesole, mit seinem weltlichen Namen Guido genannt,ist ein ebenso trefflicher Maler und Miniator wie ein vorzüglicher Geistlicher gewesen, und er verdient um des einen wie um des andern willen ein ehrenvolles Andenken. Er hätte bequem im Laienstande leben und durch seine Kunst, in der er jung schon Erfahrung besaß, sich zu seinem Vermögen noch so viel verdienen können, wie er wollte. Als Mann von gutem und stillem Gemüt jedoch beschloß er, zu seiner Befriedigung und Ruhe und um seine Seele zu retten, in den Orden der Predigermönche zu treten. Denn obwohl man in jedem Beruf Gott dienen kann, meinen doch einige, sie könnten im Kloster besser als in der Welt für ihr Seelenheil sorgen. Den Guten gelingt dies leicht, wer aber aus anderen Ursachen Geistlicher wird, bei dem ist es wirklich ein elendes und unmögliches Leben.

Dieser Pater wurde wegen seiner Verdienste von Cosimo de' Medici sehr geliebt, und als dieser das Kirchen- und Klostergebäude von San Marco errichtete, ließ er ihn auf eine Wand des Kapitelsaales die ganze Passion Christi malen. Im ersten Klosterhof schuf er in Fresko in einigen Bogenfeldern eine Menge herrlicher Figuren und ein Kruzifix, an dessen Fuß der heilige Domenikus steht, ein sehr gerühmtes Bild. Außer einer Menge von Darstellungen in den Zellen und auf der Mauer ist im Schlafsaal eine Begebenheit aus dem Neuen Testament so schön von ihm dargestellt, daß man es nicht genug rühmen kann. Bewundernswert schön aber ist vor allem die Tafel auf dem Hauptaltar jener Kirche, denn die Madonna in diesem Bild erweckt durch ihre schlichte Einfalt bei jedem, der sie betrachtet, Verehrung und Andacht. In San Marco sind auch von ihm einige Chorbücher so schön in Miniatur gemalt, als man nur denken kann, und in San Domenico zu Fiesole einige andere, diesen ähnlich, mit unendlicher Sorgfalt ausgeführt. Bei diesen Büchern ließ er sich jedoch von seinem älteren Bruder helfen, der gleich ihm Miniaturmaler und in dieser Kunst sehr geübt war.

Sich selbst aber übertraf er und bewies die größte Fähigkeit und Geschicklichkeit bei einer Tafel in der Kirche San Domenico zu Fiesole. Auf dieser sieht man Christus, der inmitten eines Chores von Engeln die Madonna krönt, und darunter eine unendliche Menge von heiligen Männern und Frauen. Diese sind aufs herrlichste gemalt, haben die mannigfaltigsten Stellungen und ganz verschiedenen Gesichtsausdruck, so daß es eine unendliche Freude bereitet, sie zu betrachten, ja es scheint, als könnten jene Geister im Himmel, wenn sie von körperlicher Beschaffenheit wären, nicht anders anzuschauen sein. Denn alle jene Männer und Frauen haben nicht nur Leben und einen zarten und lieblichen Ausdruck, sondern auch die Farbgebung des ganzen Werkes ist so, als wäre sie von der Hand eines Heiligen oder eines Engels ausgeführt, wie sie selbst sind. Deshalb wurde dieser wahrhaft gottesfürchtige Geistliche mit Recht Fra Giovanni Angelico, das heißt der engelgleiche Bruder Giovanni genannt. An der Staffel sind Begebenheiten aus dem Leben der Mutter Gottes und des heiligen Domenikus wunderbar schön gemalt, und was mich persönlich betrifft, kann ich wirklich sagen, daß dieses Werk, sooft ich es betrachte, mir immer wieder wie neu erscheint und ich mich nie daran satt sehe.

In der Kapelle der Nunziata zu Florenz, die im Auftrage des Piero di Cosimo de' Medici ausgebaut wurde, verzierte er die Tür des Silbergeräteschrankes mit kleinen Figuren, die sehr sorgfältig gearbeitet sind.Außerdem malte er eine große Menge von Dingen, die sich in den Häusern der Florentiner Bürger zerstreut finden, so daß ich bisweilen erstaune, wie ein einziger Mensch, wenn auch in vielen Jahren, dieses alles zu Ende führen konnte. Auch ist von demselben Meister eine Tafel mit der Kreuzabnahme in der Sakristei von Santa Trinitä, bei der er so großen Fleiß aufwandte, daß man sie unter seine besten Arbeiten zählen kann.In San Francesco, außerhalb des Tores von San Miniato, malte er eine Verkündigung, und in Santa Maria Novella sind von ihm neben anderen Dingen die kleinen Bilder für die Osterkerze und einige Reliquienkästchen, die an den höchsten Feiertagen auf den Altar gestellt werden. In der Badia stellte er über der Tür des Kreuzganges den heiligen Benedikt dar, der Stillschweigen gebietet. Im Dom von Orvieto fing er am Gewölbe der Kapelle der Madonna einige Propheten an, die später Luca da Cortona vollendete.Für die Tempelbrüder von Florenz malte er eine Tafel mit dem toten Christus und in der Klosterkirche Santa Maria degli Angeli das Paradies und die Hölle mit lauter kleinen Figuren.Durch alle diese Arbeiten wurde der Name Fra Giovannis in ganz Italien berühmt. Daher sandte Papst Nikolaus V. nach ihm und ließ ihn nach Rom kommen, wo er in der Kapelle des Palastes, in der der Papst Messe hört, eine Kreuzabnahme sowie einige schöne Bilder vom heiligen Laurentius ausführte und ein paar Bücher mit sehr wohlgelungenen Miniaturen schmückte. Für denselben Papst verzierte er im Palast die Kapelle des Sakraments, die Paul III. zerstörte, um die Treppe nach jener Seite zu führen. Er hatte bei diesem in seiner Art herrlichen Werk in Fresko einige Begebenheiten aus dem Leben Jesu gemalt, wo er viele merkwürdige Personen jener Zeit nach der Natur darstellte. Diese Bildnisse würden heutigen Tages verloren sein, wenn sie nicht Paolo Giovio für sein Museum hätte abzeichnen lassen. Der Papst hielt mit Recht Fra Giovanni für einen Mann von sehr heiligem Lebenswandel, friedlich und bescheiden, und beschloß, das Erzbistum von Florenz, das damals erledigt war, ihm zu übertragen. Als Giovanni dieses hörte, bat er Seine Heiligkeit dringend, es einem anderen zu übergeben; er fühle sich nicht geschickt, Menschen zu beherrschen. In seinem Orden aber befinde sich ein Bruder, der gottesfürchtig, liebreich gegen Arme, erfahren in Führung von Geschäften und weit besser als er geeignet sei, diese Würde zu übernehmen. Der Papst sah die Wahrheit jener Worte ein und erfüllte seinen Wunsch, indem er zum Erzbischof von Florenz den Fra Antonino vom Orden der Predigermönche ernannte, einen wegen seiner Frömmigkeit und Gelehrsamkeit berühmten Mann, der es wohl verdiente, daß in unseren Tagen Hadrian VI. ihn kanonisierte.

Es war wirklich eine seltene Handlung und zeugt von großer Gutmütigkeit, daß Fra Giovanni die Würden und Ehren und das bedeutende Amt, das ein mächtiger Fürst ihm antrug, dem abtrat, den er mit richtigem Blick und offenem Herzen für würdiger erachtete als sich selbst. Ein so hohes und seltenes Können in der Kunst aber, als Giovanni besaß, konnte sich wirklich nur bei einem Menschen von frommem Lebenswandel entfalten, denn wer geistliche und heilige Gegenstände darstellen will, muß geistlich und fromm gesinnt sein. Werden dagegen solche Dinge von Menschen ausgeführt, die wenig Glauben und Liebe zur Religion haben, so erwecken sie oft unziemliche Begierden und leichtfertige Neigungen. Dadurch kommt es, daß solche Werke wegen Mangels an Sittsamkeit Tadel finden, während man sie als Kunstwerke rühmt. Hierdurch will ich nicht veranlassen, daß jemand für heilig halten möchte, was plump und ungeschickt ist, das Schöne und Gute aber für verderbt, wie es einige tun, die, sobald sie männliche oder weibliche oder sogar jugendliche Gestalten sehen, die mit mehr als gewöhnlicher Schönheit geschmückt sind, solche gleich für schlüpfrig erklären. Noch schlimmer ist, daß solche Menschen die Verderbtheit ihres eigenen Herzens bekunden, da sie in Dingen Übles finden und durch sie zu bösen Begierden gereizt werden, die, wenn die Sittsamkeit in der Tat so von ihnen geehrt würde, wie sie in törichtem Eifer gern zeigen möchten, in ihrem Herzen nur Verlangen nach dem Himmel erwecken könnten und den Wunsch, sich in allen Dingen dem Schöpfer angenehm zu machen.

Fra Giovanni war ein Mann von so schlichtem Wesen und frommen Sitten, daß er sich eines Tages, als Papst Nikolaus V. ihm zu essen geben wollte, ein Gewissen daraus machte, Fleisch ohne Erlaubnis seines Priors zu genießen, der Autorität des Papstes gar nicht gedenkend. Er verachtete alle weltlichen Dinge, lebte rein und fromm und war den Armen ein treuer Freund. Deshalb, glaube ich, wird seine Seele nun ganz dem Himmel angehören. Unausgesetzt übte er sich in der Malerei und wollte nie andere als heilige Gegenstände darstellen. Er hätte reich sein können, kümmerte sich aber nicht darum, sondern behauptete vielmehr, wahrhaft reich sei nur, wer sich mit wenigem begnüge. Er hätte viele beherrschen können, wollte es aber nicht, indem er sagte: anderen gehorchen, sei mit weniger Mühe und Gefahr verbunden. Er war menschenfreundlich und mäßig, lebte keusch und fern von den Lockungen der Welt, indem er oft sagte, es solle, wer unsere Kunst übe, ruhig und ohne grübelnde Gedanken bleiben; wer die Werke Christi darstellen wolle, müsse immer bei Christo sein. Kurz, dieser niemals genug zu rühmende Ordensbruder war demütig und bescheiden in all seinem Tun und Reden, in seinen Malereien gewandt und andächtig, und die Heiligen, die er malte, haben mehr das Aussehen und die Ähnlichkeit von Heiligen, als die irgendeines anderen Meisters. Seine Gewohnheit war, das, was er gemalt hatte, nie zu verbessern oder zu überarbeiten, sondern es stehenzulassen, wie es beim ersten Male geworden war, weil er glaubte, so habe es Gott gewollt. Einige sagen, Fra Giovanni habe nie den Pinsel in die Hand genommen, ohne vorher gebetet zu haben, und nie ein Kruzifix gemalt, ohne daß ihm die Tränen über die Wangen strömten. In den Gesichtern und Stellungen seiner Gestalten erkennt man aber seinen redlichen und starken Christenglauben. Er starb im Jahre 1455 in seinem achtundsechzigsten Lebensjahr.

Fra Giovanni wurde von seinen Ordensbrüdern in der Kirche der Minerva zu Rom beigesetzt, an der Längswand des Seiteneingangs bei der Sakristei, in einem länglichen Marmorgrabmal. Darüber findet sich sein Abbild nach der Natur. Auf dem Marmor liest man eingeschnitten folgende Inschrift:

Spendet nicht Lob mir, daß ich ein zweiter Apelles gewesen,
Sondern daß allen Erwerb, Christus, den Deinen ich gab.
Anders verhalten sich Werke der Erde als Werke des Himmels.
Tuskiens Blüte, die Stadt, hat mich, Johannes, gehegt.

Antonello da Messina

Geboren um 1430 in Messina, gestorben 1479 zu Venedig

Viele Meister, die der zweiten Manier folgten, haben der Kunst der Malerei so mannigfaltige Förderung gebracht, daß man sie um ihrer Arbeiten willen wahrhaft sinnreich und trefflich nennen kann. Ohne Mühe und Kosten zu scheuen und ohne auf ihren eigenen Vorteil zu achten, suchten sie unermüdlich die Malerei zu besserem Ziel zu führen. In dieser ganzen Zeit hatte man auf Holztafeln und Leinwand stets nur in Tempera gemalt, ein Verfahren, mit dem um das Jahr 1250 Cimabue den Anfang machte, als er gemeinsam mit einigen Griechen arbeitete, und das von Giotto wie von allen beibehalten wurde, die bisher erwähnt sind. Man beharrte bei dieser Methode, obwohl die Künstler erkannten, daß den Temperamalereien eine gewisse Weichheit und Frische fehle, die geeignet seien, den Zeichnungen mehr Anmut, dem Kolorit mehr Reiz zu verleihen. Auch konnten sie dabei die Farben nur schwer ineinander verreiben, weil man bis dahin gewöhnlich mit der Spitze des Pinsels schattiert hatte. Viele forschten eifrig nach einer Verbesserung, keiner indes hatte eine Methode gefunden, die gut war, wenn sie auch flüssigen Firnis oder andere Arten von Farben unter die Tempera mischten. Zur Besprechung dieser Fragen pflegte eine große Zahl von Künstlern sich oft zu versammeln, sich zu beraten und zu streiten, ohne daß es Erfolg hatte.

Dasselbe Bedürfnis empfanden viele ausgezeichnete Geister, die sich außerhalb Italiens, in Frankreich, Spanien, Deutschland und anderen Ländern mit der Kunst der Malerei beschäftigten. Auf diesem Punkt standen die Dinge, als ein Maler in Flandern, Johann von Brügge, der sich durch seine Geschicklichkeit in der Kunst einen besonderen Ruf in jenem Lande erworben hatte, den Versuch machte, verschiedene Arten von Farben in der Malerei anzuwenden. Er fand Vergnügen an der Alchimie und mischte bei Bereitung seiner Firnisse und ähnlicher Dinge viele Öle untereinander, wie eben geistvolle Menschen auf allerlei Gedanken kommen. Unter anderem hatte er bei einem Bilde große Mühe aufgewandt und es mit Fleiß zu Ende geführt, zog den Firnis darüber und stellte es, wie üblich, zum Trocknen in die Sonne. Weil jedoch die Hitze zu groß oder das Holz schlecht gefugt oder nicht abgelagert war, sprang jene Tafel an den Stellen, wo man sie aneinandergepaßt hatte. Johann, der den Schaden sah, beschloß, künftig so zu Werke zu gehen, daß ihn bei seinen Arbeiten nie wieder solch ein Mißgeschick treffen könne. Da ihm der Firnis ebenso zum Überdruß geworden war wie das Malen in Tempera, sann er darüber nach, einen Firnis zu entdecken, der im Schatten trocknen könne und ihn der Notwendigkeit überhebe, seine Bilder der Sonne auszusetzen. Er versuchte vielerlei Dinge, einzeln und mit andern gemischt, und erkannte endlich, daß Lein- und Nußöl von allen, die er probierte, am leichtesten trockneten. Diese kochte er mit anderen Mischungen und fand so den Firnis, den er und alle Maler der Welt lange gewünscht hatten. Er stellte noch andere Versuche an und sah, daß, wenn er die Farben mit dieser Art von Öl anrieb, eine sehr haltbare Mischung entstand, die getrocknet durch Wasser keinen Schaden mehr erlitt, zugleich aber auch den Farben solches Feuer verlieh, daß sie für sich ohne Firnis schon Glanz hatten. Am allerwunderbarsten schien ihm, daß alles sich viel leichter verbinden ließ als bei der Tempera. Johann, der, wie sich leicht denken läßt, über diese Erfindung sehr erfreut war, lieferte nun eine Menge von Arbeiten, und diese zerstreuten sich zur größten Freude der Kunstfreunde und sehr zu seinem Vorteil im ganzen Land. Von Tag zu Tag gewann er mehr Erfahrung, vollführte immer mehr und bessere Arbeiten, und bald erscholl überall der Ruf von seiner Erfindung. Dadurch erwachte nicht nur in Flandern, sondern auch in Italien und vielen anderen Gegenden der Welt bei den Künstlern der dringende Wunsch, zu erfahren, wodurch er seinen Arbeiten eine solche Vollkommenheit zu geben vermöge. Sie sahen seine Werke, ohne zu erkennen, wie er dabei verfahren war, fühlten sich aber gezwungen, ihn durch höchstes Lob zu feiern und ihn zugleich in edlem Sinne zu beneiden, um so mehr, da er einige Zeit niemand bei seiner Arbeit zusehen lassen und niemandem sein Geheimnis mitteilen wollte. Eines Tages aber schickten einige florentinische Kaufleute, die in Flandern und Neapel Handel trieben, dem König Alfons ein Ölgemälde, worin Johann eine Menge Figuren dargestellt hatte. Es wurde wegen der Schönheit der Gestalten und der neuen Behandlung der Farben von dem Könige sehr hoch geschätzt und lockte alle Künstler seines Reiches herbei, die es höchlichst lobten.

Zu jener Zeit war Antonello aus Messina in seine Vaterstadt zurückgekehrt, ein Mann von hellem und richtigem Verstand und erfahren in seinem Beruf. Er hatte sich viele Jahre in Rom im Zeichnen geübt und sich dann zunächst nach Palermo zurückgezogen, wo er eine Menge Arbeiten ausführte und dort wie überall in seiner Heimat den Ruf eines, geschickten Malers, den er erworben hatte, bestätigte. Antonello begab sich, um verschiedene Geschäfte zu erledigen, einmal von Sizilien nach Neapel und hörte dort, König Alfons habe aus Flandern das obengenannte Bild erhalten, das Johann von Brügge in Öl in solcher Art gemalt habe, daß man es waschen könne, daß es jede Erschütterung ertrage und in allem vollkommen sei. Antonello durfte es sehen, und die Lebendigkeit der Farben wie die Schönheit und Einheit der Malerei übten eine solche Macht auf ihn aus, daß er alle anderen Gedanken und Pläne aufgab und nach Flandern reiste. In Brügge erwarb er sich die vertraute Freundschaft Johanns, indem er ihm eine Menge Zeichnungen, die nach italienischer Manier gemacht waren, samt vielen anderen Dingen schenkte. Johann, der zudem schon alt war, faßte wegen dieser Gaben und wegen der Verehrung, die Antonello ihm erwies, den Entschluß, ihm zu zeigen, in welcher Weise er in Öl male. Jener aber schied nicht eher aus Brügge, als bis er die langersehnte Methode völlig erlernt hatte.

Bald nachher starb Johann, und Antonello verließ Flandern, um sein Vaterland wiederzusehen und Italien das schöne und nützliche, die Malerei erleichternde Geheimnis zu überbringen. Er verweilte nur wenige Monate in Messina und ging dann nach Venedig, wo er als ein Mann, der in hohem Maße dem Vergnügen, besonders den Freuden der Liebe ergeben war, für sein ganzes übriges Leben zu bleiben beschloß, da er dort eine Lebensweise ganz nach seiner Neigung gefunden hatte. Er fing an, daselbst zu arbeiten und führte viele Ölbilder aus, wie er es in Flandern gelernt hatte.Diese sind in den Häusern der Edelleute verstreut und wurden ihrer Neuheit wegen sehr geschätzt.Viele andere schickte er nach verschiedenen Orten, und als er endlich großen Ruf und Namen erlangt hatte, bekam er den Auftrag, für San Cassiano, eine Kirche jener Stadt, ein Bild zu malen. Er vollführte es nach besten Kräften, ohne Zeit zu scheuen. Es wurde denn auch wegen der Neuheit der Malereien und der Schönheit der Figuren, die nach guter Zeichnung dargestellt sind, sehr gerühmt und wert gehalten.Als man außerdem erfuhr, welches Geheimnis er von Flandern nach Venedig gebracht hatte, erzeigten ihm die Edelleute dieser Stadt bis zum Ende seines Lebens stets viel Liebe und Freundlichkeit.

Unter den Meistern, die damals in Venedig berühmt waren, galt Meister Domenico als der vorzüglichste.Dieser erwies Antonello, als er in jene Stadt kam, die allergrößten Höflichkeiten und Liebenswürdigkeiten, wie man sie nur einem werten und geliebten Freund antun kann. Antonello, der nicht durch die freundliche Art von Domenico übertroffen werden wollte, lehrte ihn nach wenigen Monaten das Geheimnis und die Methode, in Öl zu malen. Diese seltene Güte und Freundlichkeit galt jenem mehr als irgend etwas anderes – und sicherlich mit Recht, denn wie er erwartet hatte, wurde er deshalb immerdar in seiner Vaterstadt geehrt.

Antonello aber wurde krank und starb in seinem neunundvierzigsten Lebensjahr an einem Brustleiden. Die Meister seines Berufes, dankbar für das Geschenk, das er der Kunst durch Überbringung der neuen Technik verliehen hatte, ehrten ihn durch ein feierliches Begräbnis und durch folgende Grabinschrift: „Der Maler Antonius, der Hauptschmuck seines Messina und ganz Siziliens, wird von diesem Erdboden bedeckt. Nicht allein durch seine Gemälde, die eine eigenartige Kunst und Anmut zeigten, sondern auch, weil er als erster durch die Mischung der Farben mit Öl der italienischen Malerei Glanz und Ewigkeit gab, wird er stets mit höchstem Eifer von den Künstlern gefeiert werden."

Fra Filippo Lippi

Geboren um 1406 zu Florenz, gestorben am 9. Oktober 1469 zu Spoleto

Fra Filippo di Tommaso Lippi, der Karmelitermönch, wurde in Florenz geboren. Nach dem Tode seines Vaters Tommaso blieb er als eine arme schutzlose Waise in der Welt zurück, denn auch seine Mutter war bald nach seiner Geburt gestorben. Mona Lappaccia, die Schwester seines Vaters, nahm ihn in Obhut und zog ihn bis in sein achtes Jahr mühevoll auf. Von da an aber konnte sie ihn nicht mehr erhalten und gab ihn, damit er Mönch werde, in das Kloster del Carmine. Dort zeigte er zu allen mechanischen Beschäftigungen viel Geschick und Erfindungsgabe, bei Erlernung der Wissenschaften dagegen Unbeholfenheit und Ungeschick. Er wollte seinen Geist nie dabei anstrengen und sich nie mit ihnen befreunden. Der Knabe wurde mit seinem weltlichen

Namen Filippo genannt und stand im Noviziat gleich allen übrigen unter Aufsicht des Lehrers der Grammatik, damit man sah, was er leisten könne. Anstatt jedoch zu studieren, ließ er nicht ab, auf seine und der anderen Bücher Fratzen und Figuren zu zeichnen, und der Prior beschloß endlich, ihm auf jede Weise behilflich zu sein, daß er das Malen erlerne. In jener Zeit hatte Masaccio die Kapelle des Klosters del Carmine neu gemalt, und diese gefiel wegen ihrer Schönheit dem Filippo sehr wohl. Täglich ging er zu seinem Vergnügen dahin, um sich in Gesellschaft anderer Knaben im Zeichnen zu üben, und übertraf alle weit an Geschick und Kenntnis, so daß man sicher glaubte, er werde mit der Zeit Außerordentliches leisten. Nicht erst in reifen, sondern in jungen Jahren schon vollführte er so herrliche Werke, daß er als ein Wunder erschien. Noch sehr jung malte er im Klostergang nahe bei dem Gemälde der Kircheneinweihung mit grüner Erde einen Papst, der die Ordensregeln der Karmeliter bestätigt. Auf mehreren Wänden der Kirche sind andere Freskobilder von ihm ausgeführt, besonders ein Bild „Johannes der Täufer" mit einigen Begebenheiten aus dessen Leben. Indem er sich so jeden Tag vervollkommnete, eignete er sich den Stil des Masaccio derart an, daß seine Arbeiten denen jenes trefflichen Künstlers immer ähnlicher wurden, und viele sagten, der Geist Masaccios habe in Fra Filippo seinen Wohnsitz genommen. In derselben Kirche malte Filippo den heiligen Martialis, eine Figur, die ihm unendliches Lob erwarb, weil sie den Vergleich mit den Arbeiten Masaccios bestand. Da er sich deshalb von jedermann laut gepriesen hörte, faßte er mit siebzehn Jahren den mutigen Entschluß, aus dem geistlichen Orden auszutreten. Er begab sich in die Mark Ancona. Als er dort eines Tages mit mehreren seiner Freunde eine Vergnügungsfahrt auf dem Meer machte, wurden sie sämtlich von einem maurischen Kaperschiff aufgefangen und nach der Berberei gebracht. Man beschwerte sie mit Ketten und hielt sie als Sklaven. Achtzehn Monate hatte Filippo sehr zu seinem Verdruß bereits dort weilen müssen, da kam ihm plötzlich der Gedanke, seinen Herrn, den er oft gesehen hatte, zu zeichnen. Mit einer ausgebrannten Kohle stellte er ihn auf einer weißen Wand in seiner maurischen Kleidung ganz getreu dar. Die übrigen Sklaven berichteten es dem Herrn, weil in jenen Gegenden, wo weder Zeichenkunst noch Malerei verbreitet sind, die Sache als ein Wunder erschien. Dies wurde die Veranlassung, daß man ihn von den Ketten befreite, die er so lange getragen hatte. So gereichte es der herrlichen Kunst sehr zum Ruhm, daß sie da, wo Macht war zu strafen und zu verdammen, das Gegenteil bewirkte und anstatt zu Verfolgung und Tod zu Liebenswürdigkeit und zu dem Geschenk der Freiheit führte. Denn nachdem Filippo seinem Herrn einige farbige Bilder gemalt hatte, wurde er sicher nach Neapel zurückgeleitet. Dort verfertigte er im Auftrag des Königs Alfons, damaligen Herzogs von Kalabrien, ein Temperagemälde auf Holz für die Schloßkapelle.Bald danach jedoch bekam er Sehnsucht, nach Florenz zurückzukehren. Dort blieb er einige Monate und malte für die Nonnen von Sant' Ambrogio eine schöne Altartafel,wodurch er dem Cosimo von Medici bekannt wurde, der ihn sehr liebgewann. Für den Kapitelsaal von Santa Croce verfertigte er eine Tafelund eine andere, eine Geburt Christi, für die Kapelle im Haus der Medici.Eine Tafel mit der Geburt Christi und dem heiligen Johannes dem Täufer malte er für die Gemahlin Cosimos, die sie nach der Einsiedelei von Camaldoli bringen ließ, damit sie in einer der Zellen der Einsiedler aufgestellt würde, die sie aus Frömmigkeit erbaut und Sankt Johannes dem Täufer geweiht hatte.

Man erzählt, Filippo wäre so sehr zu Zärtlichkeiten geneigt gewesen, daß er für Frauen, die ihm gefielen, sein ganzes Vermögen hingegeben hätte, um sie zu besitzen. Und konnte er dies durch keinerlei Mittel erreichen, so suchte er sie in Gemälden darzustellen und durch Reden die Glut seiner Liebe zu kühlen. In solcher Stimmung pflegte er an seinen begonnenen Werken wenig oder gar nicht zu arbeiten. Als daher Cosimo einst eine Arbeit von ihm ausführen ließ, schloß er ihn in seinem Hause ein, damit er nicht außerhalb seine Zeit verliere. Dies hatte zwei Tage gedauert, als Filippo von Liebesglut, ja von tierischer Begierde getrieben, sich eines Abends an einem Seil von zerschnittenen Bettüchern aus dem Fenster herabließ und mehrere Tage seinem Vergnügen lebte. Cosimo, der ihn nicht fand, befahl, ihn zu suchen, und als er ihn endlich zur Arbeit zurückbrachte, bereute er es, ihn eingeschlossen zu haben – wegen der Tollheit, von der jener besessen war und der Gefahr, in die er hätte geraten können. So suchte er ihn künftig nur durch Freundlichkeit bei der Arbeit festzuhalten und wurde seitdem von ihm stets eifrig bedient. Dabei pflegte er zu sagen, ausgezeichnete und seltene Geister seien himmlische Gebilde und keine Lastesel. Im Palast der Signoria malte er über einer Tür eine Tafel mit der Verkündigung, über einer anderen desselben Palastes einen heiligen Bernhard und in der Sakristei von Santo Spirito zu Florenz auf einer Tafel die Madonna, von Engeln und Heiligen umgeben, ein bedeutendes Werk, das von den Meistern unseres Berufs immer sehr in Ehren gehalten wurde. Für die Kapelle der Kirchenverwalter von San Lorenzo malte er auf Holz eine Verkündigung und für die Cappella della Stufa eine andere in der gleichen Weise, die jedoch unvollendet blieb. In einer der Kapellen von Santi Apostoli derselben Stadt stammt von ihm eine Tafel, welche die Madonna von mehreren Figuren umgeben darstellt, und zu Arezzo, in der Kapelle San Bernardo bei den Mönchen von Monte Oliveto verfertigte er im Auftrag des Herrn Carlo Marsuppini die Altartafel mit der Krönung der Maria und vielen Heiligen umher.Hierbei wurde er von Herrn Carlo erinnert, auf die Hände zu achten, die er male, denn an seinen Arbeiten werde vieles sehr getadelt. Fra Filippo, der solchen Tadel vermeiden wollte, suchte seit jener Zeit seine Gestalten meist durch Gewänder oder sonst durch andere Erfindungen zu verhüllen.

In Prato, nahe bei Florenz, wo Filippo einige Verwandte hatte, verweilte er mehrere Monate in Gesellschaft des Karmeliters Fra Diamante, der sein Gefährte im Noviziat gewesen war, und vollendete in der ganzen Umgegend eine Menge Arbeiten. Dort erhielt er von den Nonnen von Santa Margherita Auftrag, die Tafel für den Hauptaltar zu malen. Während er hiermit beschäftigt war, erblickte er eines Tages die Tochter des Florentiners Francesco Buti, die in jenem Kloster entweder erzogen wurde oder Nonne werden sollte. Fra Filippo betrachtete Lucrezia – dies war der Name des Mädchens –, und da sie schön und anmutig war, wußte er die Nonnen dahin zu bringen, daß er sie zeichnen und dieses Porträt für die Mutter Gottes in dem Altarbild verwenden durfte. Bei dieser Veranlassung verliebte er sich noch mehr und fand schließlich Mittel und Wege, Lucrezia jenen Nonnen gerade an dem Tage zu entführen, an dem sie ausging, den Gürtel der Jungfrau zu sehen, eine heilige Reliquie, die man in Prato aufbewahrt. Die Nonnen waren durch dies Ereignis sehr beschämt, und der Vater Lucrezias wurde nie wieder froh. Er wandte alle Mittel an, sie wiederzubekommen, doch wollte sie nicht zurückkehren, entweder aus Furcht oder aus einem anderen Grunde. Sie blieb bei Filippo, dem sie einen Sohn gebar, der nach dem Vater Filippo genannt und später gleich ihm ein berühmter Maler wurde.

Über dem Brunnen im Hofe des Hospitals Ceppo befindet sich eine kleine Tafel desselben Meisters, worin er Francesco di Marco, den Stifter dieser mildtätigen Anstalt, porträtierte,und in der Pfarrkirche malte er über der Seitentür, wenn man die Treppe hinaufsteigt, eine kleine Tafel vom Tode des heiligen Hieronymus.Die Bauverwalter der Pfarrkirche, die ein Andenken von Filippo zu besitzen wünschten, gaben ihm den Auftrag, die Kapelle ihres Hauptaltars zu malen. Er zeigte dabei all sein Können und künstlerisches Streben, wußte Gewänder und Gestalten aufs schönste auszuführen und gab den Figuren mehr als Lebensgröße, wodurch er den modernen Künstlern die Weise bezeichnete, nach der man in neuer Art große Gestalten darstellen muß. Auf der Wand zur Rechten verteilte er Begebenheiten aus dem Leben des heiligen Stephanus, des Namensheiligen jener Pfarrkirche, und die Disputation, die Steinigung und den Tod dieses ersten Märtyrers. Auf der anderen Seite aber stellte er die Geschichte Sankt Johannes des Täufers dar: seine Geburt, Predigt und Taufe, das Mahl des Herodes und endlich die Enthauptung des Heiligen. Unter den Gestalten, die den heiligen Stephanus betrauern, malte er sich selbst nach dem Spiegelbild in einem schwarzen Prälatenkleide und seinen Schüler Fra Diamante. Dies Werk ist als die trefflichste von allen seinen Arbeiten zu nennen. – Man schätzte diesen Meister um seiner Vorzüge willen so sehr, daß viele tadelnswerte Dinge aus seinem Leben durch sein ausgezeichnetes Kunstgeschick verdeckt wurden.

Im Jahre 1463, als Fra Filippo dies Werk vollendet hatte, malte er eine Tafel in Tempera, eine sehr schöne Verkündigung für die Kirche San Jacopo in Pistoia. War Filippo in allen seinen Gemälden ausgezeichnet, so übertraf er in den kleinen sich selbst. Diese führte er so anmutig und schön aus, daß es nicht besser möglich ist, wie die Malereien auf den Staffeln seiner Altarbilder alle bezeugen. Kurz, er war so ungewöhnlich, daß zu seiner Zeit keiner und in unseren Tagen nur wenige ihn übertroffen haben. Deshalb wurde er von Michelangelo nicht nur ständig durch Lob gefeiert, sondern in vielen Dingen auch nachgeahmt.

Die Gemeinde Spoleto berief durch Verwendung von Cosimo de' Medici Filippo, damit er die Kapelle in der Hauptkirche der Madonna male, die er mit Fra Diamante ziemlich weit vollendete, vom Tode überrascht jedoch nicht ganz zu Ende bringen konnte.Man sagt, seine allzu große Neigung zu Liebesabenteuern sei die Ursache gewesen, daß die Verwandten seiner Geliebten ihn vergiften ließen.

Fra Filippo war ein Freund fröhlicher Menschen und lebte stets vergnügt. Er ließ Fra Diamante die Kunst der Malerei lernen, und dieser vollendete viele Bilder in der Karmeliterkirche zu Prato, gelangte in der Nachahmung des Stils seines Meisters zu großer Vollkommenheit und erwarb sich dadurch viel Ehre. Fra Filippo starb 1469 in seinem dreiundsechzigsten Lebensjahr und übertrug in seinem Testament dem Fra Diamante die Sorge für Filippo, seinen Sohn. Dieses damals zehn Jahre alte Kind lernte von Fra Diamante die Kunst und kehrte mit ihm nach Florenz zurück. Der alte Filippo aber wurde in einem Grabmal von rotem und weißem Marmor beigesetzt, das die Spoletaner in der Kirche errichten ließen, die er mit Gemälden geschmückt hatte. Sein Tod ging vielen seiner Freunde nahe, besonders dem Cosimo de' Medici und dem Papst Eugen, der ihm hatte Dispens geben wollen, damit er die Lucrezia Buti zu seiner rechtmäßigen Frau machen könne. Filippo aber lag nichts daran, weil er nach seiner Lust und Neigung leben wollte.

Zur Zeit Papst Sixtus' IV. nahm Lorenzo de' Medici, der zum Gesandten der Florentiner ernannt war, seinen Weg über Spoleto, um die dortige Gemeinde um den Leichnam des Bruders Filippo zu bitten, der in Santa Maria del Fiore in Florenz beigesetzt werden sollte. Aber man gab ihm zur Antwort, daß sie wenig Ruhm besäßen und es besonders an ausgezeichneten Männern fehle. Darum baten sie ihn, um sich selber zu ehren, um die Gnade, ihnen diesen Mann zu lassen, indem sie hinzufügten, daß ja Florenz eine unendliche Menge berühmter Leute besäße und dieser eine nicht fehlen würde. Um diesen Entschluß auf die bestmögliche Weise zu ehren, schickte er den Sohn Filippino nach Rom zum Kardinal von Neapel, um eine Kapelle zu bauen. Als er durch Spoleto reiste, ließ dieser im Auftrage von Lorenzo ein Marmorgrabmal unter der Orgel und über der Sakristei errichten, für das jener hundert Golddukaten spendete. Diese wurden durch Nofri Tornabuoni, den Vorsteher der mediceischen Bank, ausgezahlt, und Messer Angelo Poliziano verfaßte die Inschrift für das genannte Grabmal.

Jacopo, Giovanni und Gentile Bellini

Jacopo geboren um 1400, gestorben um 1470
Gentile geboren 1427, gestorben am 20. Februar 1507
Giovanni geboren um 1428, gestorben am 29. November 1516
Alle drei waren in Venedig beheimatet

Was auf natürlichen Gaben beruht, mag sein Beginn auch klein und unbedeutend scheinen, steigt allmählich mehr und mehr empor und läßt nicht nach, bis der höchste Gipfel des Ruhmes erreicht ist. Dies kann man deutlich an dem unbedeutenden Anfang der Familie Bellini erkennen und an der Höhe, zu der sie nachmals in der Malerei gelangte.

Jacopo Bellini, Maler zu Venedig und ein Schüler von Gentile da Fabriano,wetteiferte mit Domenico,und obwohl er sich sehr mühte, in der Kunst vorzüglich zu werden, gelangte er doch nicht zu Namen und Ruf, bis Domenico Venedig verlassen hatte. Von der Zeit an hatte er in jener Stadt keinen

Nebenbuhler mehr, der ihm gleich gewesen wäre. Sein Ruf stieg, wie seine Werke sich vervollkommneten, und er galt nicht nur für den berühmtesten und größten Meister seines Berufes, sondern die Ehre des Namens, den er sich in der Malerei erworben hatte, sollte in seiner Familie noch gesteigert werden, da er zwei Söhne besaß, beide mit klarem und richtigem Verstand begabt und mit einer starken Neigung zur Kunst. Der eine hieß Giovanni, der andere Gentile, ein Name, den Jacopo ihm gab, weil er das Andenken seines Lehrers Gentile da Fabriano mit großer Liebe bewahrte, da dieser ihm zugleich wie ein zärtlicher Vater gewesen war. Als die beiden Knaben heranwuchsen, unterrichtete sie Jacopo selbst mit allem Fleiß in den Anfängen der Zeichenkunst. Bald übertrafen sie den Vater weit, und dieser hatte hierüber eine große Freude, ermunterte sie und sagte, er wünsche, sie möchten sich den Ruhm erwerben, der den Toskanern zuteil geworden sei und sich so anstrengen, daß einer den anderen übertreffe.

Die ersten Arbeiten, die dem Jacopo Ruhm erwarben, waren die Bildnisse des Giorgio Cornaro und der Katharina, Königin von Zypern,ferner eine Tafel, die er nach Verona schickte, die Passion Christi mit vielen Figuren darstellend, unter denen er sich selbst nach der Natur abbildete, und ein Gemälde von dem Wunder des heiligen Kreuzes. Alle diese und viele andere Werke unternahm er mit Hilfe seiner Söhne und führte das letztere Bild auf Leinwand aus, ein Verfahren, das in jener Stadt fast immer gebräuchlich war, wo man nur selten auf Tafeln von Pappel- oder Espenholz zu malen pflegte, wie dies in anderen Gegenden üblich ist. Wenn wirklich die Venezianer einmal auf Tafeln arbeiteten, so nahmen sie dazu nur Tannenholz, woran dieses Land durch den Etschfluß großen Reichtum hat, der es in Menge aus Deutschland zuführt. Gentile malte nachher für sich allein zu dem obengenannten Gemälde vom Heiligen Kreuz sieben oder acht kleine Bilder. Er stellte darin das Wunder vom Kreuz Christi, einer heiligen Reliquie jener Bruderschaft, dar, das sich in folgender Weise begab: das Kreuz war durch irgendeinen Zufall von der Brücke della Paglia in den Kanal gefallen, und da viele das Holz vom Kreuze Christi daran verehrten, stürzten sie sich ins Wasser, um es wieder aufzufinden. Gott aber wollte, daß keiner dessen würdig war, als der Vorsteher der Bruderschaft. Gentile, der diese Begebenheit darstellte, zeichnete perspektivisch viele Häuser am Canal Grande, die Brücke della Paglia, den Sankt-Markus-Platz und eine lange Prozession von Männern und Frauen, die der Geistlichkeit nachfolgten. Auf dieses Werk verwandte Gentile unendlichen Fleiß und große Sorgfalt; dies bezeugen die Menge der Figuren, das Zurücktreten der Gestalten im

Hintergrund und die vielen Bildnisse nach der Natur, worunter fast alle damaligen Mitglieder jener Bruderschaft zu erkennen sind. Alle diese Bilder, auf Leinwand gemalt, erwarben Gentile großen Ruhm.Jacopo zog sich im Laufe der Jahre ganz zurück; er und seine Söhne übten jeder für sich ihre Kunst. Aber obgleich jeder der Brüder für sich wohnte, hegten sie dennoch die größte Achtung füreinander und beide für den Vater; sie feierten sich gegenseitig durch Lob, jeder suchte sein Verdienst dem des anderen unterzuordnen, und beide strebten bescheiden danach, einander nicht weniger in Güte und Freundlichkeit als in der Kunst zu übertreffen.

Die ersten Arbeiten Giovannis waren einige Bildnisse nach der Natur, die sehr gut gefielen, besonders eines des Dogen Loredano, das nach anderer Meinung den Giovanni Mocenigo, Bruder des Piero, der lange vor Loredano Doge war, vorstellt.Giovanni malte in der Kirche San Giovanni für den Altar der heiligen Katharina von Siena ein ziemlich großes Bild, die Madonna in sitzender Stellung mit dem Sohn auf dem Arme, umgeben von den Heiligen Dominicus, Hieronymus, Katharina, Ursula und zwei anderen Jungfrauen. Dieses Werk gehört zu den besten, die bis auf jene Zeit in Venedig ausgeführt waren. Diese lobenswerten Arbeiten gaben die Veranlassung, daß einige Edelleute übereinkamen, mit Hilfe so vorzüglicher Meister den Saal des Großen Rates mit Gemälden zu schmücken und darin alle Herrlichkeiten ihrer bewundernswerten Stadt, alles Große, alle Kriegstaten und Unternehmungen samt anderen ähnlichen Dingen darzustellen, die würdig wären, für die Nachgeborenen im Bilde aufbewahrt zu werden. Bei dem Nutzen und Vergnügen, die das Lesen geschichtlicher Begebenheiten bringt, könne auch dem Auge und Verstand Freude bereitet werden, wenn man, von kunstvoller Hand gemalt, die Bildnisse berühmter Männer und die Taten so vieler Edelleute vor sich sähe, die eines ewigen Gedächtnisses wert sind. Giovanni und Gentile, deren Ruf immer höher stieg, erhielten den Auftrag, dieses Werk zu übernehmen und sogleich zu beginnen.

Um dieselbe Zeit wurden durch einen Gesandten mehrere Bildnisse zu dem Großherrn nach der Türkei gebracht und erregten bei diesem viel Staunen und Bewunderung. Er nahm sie gern an, obschon den Mohammedanern nach ihrem Gesetz Bilder verboten sind, und rühmte unaufhörlich die Geschicklichkeit des Künstlers. Ja, was noch mehr sagt, er verlangte, man solle ihm diesen schicken. Der Senat war der Ansicht, Giovanni, früh gealtert, könne nur schwer die Mühseligkeiten der Reise ertragen; zudem wollte er die Stadt Venedig nicht gern seiner berauben, um so weniger, da er gerade die Malereien im Großen Ratssaal unter die Hände genommen hatte. Deshalb wurde der Beschluß gefaßt, seinen Bruder Gentile hinzusenden, der dasselbe leisten werde wie Giovanni. Gentile rüstete sich zur Reise und wurde auf einem venezianischen Schiff wohlbehalten nach Konstantinopel geführt, wo er vom Vertreter der Signoria dem Mohammed vorgestellt wurde. Dieser nahm ihn mit Freuden auf und erwies ihm als einer seltenen Erscheinung viel Freundlichkeiten. Besonders war dies der Fall, nachdem Gentile ein höchst anmutiges Gemälde überreicht hatte, das der Großherr sehr bewunderte. Er konnte fast nicht begreifen, wie ein Sterblicher solche Göttlichkeit in sich trage, daß er die Natur mit solcher Treue nachzuahmen vermöge. Gentile war noch nicht lange in Konstantinopel, als er den Sultan Mohammed sehr gut nach dem Leben darstellte, was dort als ein Wunder erschien.Der Großherr, der viele Proben seiner Geschicklichkeit gesehen hatte, fragte ihn eines Tages, ob er Mut habe, sich selbst zu malen. „Gewiß kann ich das", entgegnete Gentile und malte sich im Verlauf von wenigen Tagen nach dem Spiegelbild so ähnlich, daß er wie lebend erschien. Er brachte dieses Porträt dem Sultan, der sich darüber verwunderte und nichts anderes glaubte, als jener habe einen göttlichen Geist in seiner Begleitung. Ja, wäre nicht, wie schon erwähnt, den Türken diese Kunst verboten, würde der Sultan Gentile niemals entlassen haben. Nun aber gebot er eines Tages, entweder aus Furcht, daß man darüber murren könnte, oder sonst aus einem Grunde, er solle zu ihm kommen, ließ ihm vorerst für alle Freundlichkeiten danken, lobte ihn als einen trefflichen Meister und sagte endlich, er möge sich eine Gnade erbitten, welche er nur wolle, sie werde sicherlich gewährt werden. – Gentile, der bescheiden und rechtschaffen war, verlangte nichts als einen Gnadenbrief, worin er ihn dem erlauchten Senat seiner herrlichen Vaterstadt empfehlen würde. Dies geschah mit soviel Wärme, als es nur möglich war, und er wurde entlassen, reich beschenkt und mit der Ritterwürde bekleidet. Unter den Geschenken, die er vom Großherrn zum Abschied erhielt, war außer vielen Privilegien eine Kette, nach türkischer Weise gearbeitet, an Gewicht zweihundertfünfzig Skudi in Gold, die ihm um den Hals gehängt wurde. Gentile verließ Konstantinopel und kehrte nach einer glücklichen Fahrt in seine Vaterstadt zurück. Dort wurde er nicht nur von seinem Bruder, sondern fast von der ganzen Stadt mit Jubel empfangen, denn alle freuten sich der Ehre, welche Mohammed seinem Talent erwiesen hatte. Er stellte sich dem Dogen und den Senatoren vor, die ihn freundlich aufnahmen und sehr lobten. Da er ihrem Wunsche entsprechend den Sultan höchlich zufriedengestellt hatte, bestimmten sie ihm ein Jahrgehalt von zweihundert Skudi; dieses wurde ihm bis zum Ende seines Lebens ausgezahlt.

Gentile führte nach seiner Rückkehr nur noch wenige Arbeiten aus. Endlich, dem achtzigsten Jahre nahe, ging er zu einem besseren Leben über und wurde 1507 von seinem Bruder Giovanni in Santi Giovanni e Paolo ehrenvoll begraben. Dieser blieb nach dem Tode Gentiles, den er immer zärtlich geliebt hatte, verwaist und einsam in der Welt zurück, und obschon hoch in Jahren, arbeitete er doch noch einiges zum Zeitvertreib. Besonders beschäftigte er sich damit, Bildnisse nach dem Leben zu malen, und führte dadurch in jener Stadt den Brauch ein, daß, wer irgendeinen Rang einnahm, sich von ihm oder irgendeinem anderen malen ließ. Daher hängen in allen venezianischen Häusern eine Menge Bildnisse, und man findet bei vielen adligen Familien ihre Voreltern bis ins vierte Glied, bei manchen noch weiter zurück abgebildet, – eine Sitte, die immer lobenswert ist und auch bei den Alten üblich war. Wem sollte es nicht ein unendliches Vergnügen bereiten, die Bilder seiner Ahnen zu betrachten? Besonders wenn sie sich in den obersten Staatsämtern auszeichneten, durch herrliche Taten im Krieg und Frieden, durch Gelehrsamkeit oder andere besondere und seltene Vorzüge berühmt wurden. Und zu welch anderem Zwecke stellten die Alten die Bildnisse großer Männer mit ehrenvollen Unterschriften an öffentlichen Plätzen auf, als um die Nachgeborenen für Tugend und Ruhm zu begeistern?

Giovanni erreichte fast das neunzigste Jahr und starb endlich an Altersschwäche. Durch die schönen Werke, die er in Venedig, seiner Vaterstadt, und anderen Orten vollführt hatte, hinterließ er ein unsterbliches Andenken seines Namens. Er wurde in derselben Kirche und Gruft, in der er seinen Bruder Gentile begraben hatte, ehrenvoll beigesetzt.

Domenico Ghirlandaio

Geboren 1449 zu Florenz gestorben 21 Januar 1494 daselbst

Domenico di Tommaso del Ghirlandaio, den man wegen der Vorzüge, Trefflichkeit und Menge seiner Werke einen der ersten und besten Meister seiner Zeit nennen kann, war von der Natur zum Maler bestimmt, obgleich die, unter deren Obhut er stand, anderes mit ihm vorhatten. Solch ein entgegengesetztes Streben hindert oft das fruchtbare Gedeihen vorzüglicher

Geister; man beschäftigt sie mit Dingen, für die sie kein Geschick haben und lenkt sie von denen ab, die ihnen naturgemäß sind. Domenico ließ sich jedoch nicht abhalten, der Neigung seines Herzens zu folgen, erwarb dadurch sich und den Seinen viel Ehre, brachte der Kunst großen Gewinn und war die Freude seines Zeitalters.

Sein Vater bestimmte ihn für seine eigene, nämlich die Goldschmiedekunst, in der er ein mehr als vorzüglicher Meister war. Er hat den größten Teil der silbernen Exvotos im Schrank der Nunziata zu Florenz und die silbernen Lampen in der Kapelle gearbeitet, die im Jahre 1529 bei Bestürmung der Stadt eingeschmolzen worden sind. Tommaso hat ferner den Kopfputz der florentinischen Mädchen erfunden, den man „ghirlande“ nennt, und erhielt deshalb den Namen Ghirlandaio nicht nur als Erfinder, sondern weil er davon eine unendliche Menge von so großer Schönheit verfertigt hatte, daß es schien, als wollten nur solche gefallen, die aus seiner Werkstatt kamen. Domenico, der in der Werkstatt arbeiten mußte, hatte aber keine Freude an der Goldschmiedekunst und beschäftigte sich daher dauernd mit Zeichnen. Die Natur hatte ihm einen klaren Verstand geschenkt, viel Geschmack und Urteil für die Malerei. Daher erwarb er sich bald eine große Fertigkeit, Schnelle und Leichtigkeit und brachte es, wie man sagt, schon in frühester Jugend, als er noch Goldarbeiter war, so weit, daß er die Leute, die an seiner Werkstatt vorübergingen, sehr ähnlich nachzeichnete. Von dieser Fähigkeit geben noch jetzt in seinen Werken viele wohlgetroffene Bilder Zeugnis.

Seine ersten Malereien verfertigte er in der Kapelle der Vespucci in Ognissanti. Dort stellte er einen toten Christus mit mehreren Heiligen dar und über einem Bogen eine Beweinung Christi, bei der er das Bildnis von Amerigo Vespucci anbrachte, der gerade seine Fahrt nach Indien antrat.Im Refektorium jenes Klosters sieht man auch von ihm ein Abendmahl in Fresko gemalt und in Santa Croce rechts vom Eingang die Geschichte des heiligen Paulinus. Hierdurch gewann er einen großen Namen und Ruf und erhielt Auftrag, für Francesco Sassetti eine Kapelle in Santa Trinità mit Begebenheiten aus dem Leben des heiligen Franziskus zu verzieren, ein Werk, daß er bewundernswert mit viel Anmut, Zartheit und Liebe ausführte. Für die Brüderschaft der Ingesuati malte er eine Tafel für den Haupteingang mit einigen Heiligen in kniender Stellung.Wegen dieses Werkes verdient er besonders gerühmt zu werden, denn er war der erste, der anfing, goldene Einfassungen und Verzierungen durch Farben nachzuahmen, was bis dahin noch nicht gebräuchlich war. Und er verwandte zum großen Teil jene Schnörkeleien, die man mit Gold auf Beize aufsetzte, ein Verfahren, das sich besser für Wandbehänge als für Bilder guter Meister eignet. In der Kirche di Cestello malte er eine Tafel, die David und Benedetto, seine Brüder, vollendeten, eine Heimsuchung Maria mit einigen sehr anmutigen weiblichen Köpfen.Für die Kirche der Innocenti arbeitete er in Tempera eine Tafel mit der Anbetung der Könige, ein sehr gerühmtes Werk, in dem sich viele jüngere und ältere Gesichter von mannigfaltiger Schönheit des Ausdrucks und der Mienen finden.

Papst Sixtus IV. berief Domenico nach Rom, um in Gesellschaft anderer Meister seine Kapelle auszuschmücken. Dort stellte er den Heiland dar, der den Petrus und Andreas von den Fischernetzen abruft, und die Auferstehung des Herrn.Als Domenico in Rom war, lebte dort ein geehrter und reicher Kaufmann und vertrauter Freund Domenicos, Francesco Tornabuoni. Diesem war seine Frau im Wochenbett gestorben, und er hatte ihrem edlen Stande gemäß zu ihrem ruhmvollen Gedächtnis ein Grabmal in der Minerva setzen lassen. Die Wand, an der dieses Denkmal stand, sollte Domenico verzieren und außerdem noch ein kleines Temperabild malen. Er stellte auf jener Fläche vielerlei Begebenheiten dar, zwei von Johannes dem Täufer und zwei von der Madonna, die damals sehr gerühmt wurden. Auch fand Francesco ein großes Gefallen daran; als der Künstler voll Ehren und mit viel Geld nach Florenz zurückkehrte, empfahl er ihn brieflich seinem Verwandten Giovanni.

Dieser faßte den Gedanken, Ghirlandaio bei irgendeinem großartigen Werk zu beschäftigen, zu seines eigenen Namens ehrenvollem Gedächtnis und zu Domenicos Ruhm und Gewinn. Um das Vorhaben zu begünstigen, wollte es der Zufall, daß die Hauptkapelle in Santa Maria Novella, die früher von Andrea Orcagna ausgemalt worden war, sehr durch Nässe gelitten hatte, weil das Dach der Wölbung schlecht gedeckt gewesen war. Viele Bürger erboten sich, die Kapelle ausbessern oder vielmehr neu machen zu lassen. Sie gehörte jedoch der Familie Ricci, und diese wollte es nicht zugeben. Sie selbst konnte nicht soviel Kosten aufbringen, aber ebensowenig sich entschließen, ihre Ausschmückung einem anderen zu überlassen, weil sie fürchtete, sie möchte des Patronatsrechtes und ihres Wappens daselbst verlustig gehen, das noch von ihren Voreltern herstammte. Giovanni, der großes Verlangen trug, Domenico möchte ihm dort ein Gedenken schaffen, suchte jenen Handel auf verschiedenen Wegen auszugleichen und versprach schließlich der Familie Ricci, er wolle allein alle Kosten tragen, sie auf irgendeine Weise entschädigen und ihr Wappen am ausgezeichnetsten und ehrenvollsten Platz in jener Kapelle anbringen lassen. So kamen sie überein; nachdem ein feierlicher Kontrakt abgeschlossen war, übertrug Giovanni dieses Werk dem Meister Domenico. Dieser sollte dieselben Gegenstände malen, die Orcagna dargestellt hatte. Hierfür versprach er dem Künstler zwölfhundert Dukaten in Gold zu zahlen und, falls dieses Werk ihm gut gefiele, zweihundert hinzuzufügen. Domenico begann und ließ nicht nach, bis er es im Verlauf von vier Jahren vollendet hatte. Dies geschah im Jahre 1485 zur größten Befriedigung Giovannis, der sich für sehr gut bedient erklärte und freimütig gestand, Domenico habe die zweihundert Dukaten über den gedungenen Preis verdient. Lieb jedoch würde es ihm sein, wenn er sich mit dem ersten Preis begnügen wolle. Domenico, der Ruhm und Ehre viel höher als Reichtümer achtete, erließ ihm sogleich alles übrige und versicherte, ihm gelte es weit mehr, seinem Wunsche genügt zu haben, als jene Bezahlung zu verlangen. Diese Kapelle galt für etwas außerordentlich Schönes, Großartiges und Reizendes wegen der frischen Lebendigkeit der Farben und weil die Malerei, bei der Domenico nur wenig trocken nachbesserte, mit Übung und Sauberkeit auf der Mauer ausgeführt ist. Erfindungen und Zusammenstellungen sind aufs beste gelungen, und Domenico verdient sicherlich wegen dieses Werkes in jeder Hinsicht das größte Lob, am meisten jedoch wegen der Lebendigkeit der Köpfe, die nach der Natur gezeichnet sind und viele Florentiner Persönlichkeiten in lebenswahren Bildern zeigen.

Dieser Künstler hatte eine solche Freude an der Arbeit und erwies jedermann gern Gefälligkeiten, so daß er seinen Lehrjungen befahl, jede Arbeit anzunehmen, die in seiner Werkstatt bestellt werde, wenn es auch Ringe zu Damenkörbchen wären. Wenn sie solche nicht malen wollten, so wolle er es tun, damit keiner unzufrieden aus seiner Werkstatt gehe.

Wenn dagegen häusliche Geschäfte zu erledigen waren, beschwerte er sich sehr und übertrug deshalb seinem Bruder David die Besorgungen, indem er sagte: „Überlasse mir die Arbeit und kaufe du ein; jetzt, da ich anfange, mit Art und Wesen meiner Kunst bekannt zu werden, tut es mir leid, daß man mir nicht aufträgt, den ganzen Umkreis der Stadtmauer von Florenz mit Geschichten zu bemalen.“

Man sagt, Domenico habe solche Sicherheit in der Zeichnung gehabt, daß, als er die Altertümer in Rom nachzeichnete – Triumphbogen, Thermenanlagen, Säulen, Obelisken, Amphitheater und Wasserleitungen –, er weder Lineal noch Zirkel und Vermessungen zu Hilfe nahm, sondern nur nach dem Augenmaß arbeitete, und wenn er später die Gebäude maß, war alles so richtig, als ob er es vorher vermessen hätte. Das Colosseum zu Rom zeichnete er in dieser Weise nach Augenmaß und brachte unten eine stehende Figur an, nach der man das Verhältnis des ganzen Gebäudes messen kann. Hierüber stellten nach seinem Tode einige Meister Proben an und fanden, daß alles völlig zutreffe, ober einer Tür des Kirchhofs von Santa Maria Nuova sieht man in Fresko von ihm gemalt einen heiligen Michael in schönem Waffenschmuck mit dem Widerschein auf dem Harnisch, wie vor ihm wenig üblich gewesen war.

Für die Abtei von Passignano, die den Mönchen von Vallombrosa gehört, arbeitete er einiges in Gemeinschaft mit seinem Bruder und mit Bastiano von San Gimignano. Diese beiden wurden, ehe Domenico kam, in jenem Kloster sehr schlecht behandelt und beschwerten sich deshalb beim Abt, den sie baten, ihnen bessere Kost geben zu lassen; es sei nicht anständig, daß er sie wie Handlanger halte. Der Abt versprach, dem nachzukommen und entschuldigte sich; es geschehe mehr aus Unwissenheit des Gastmeisters als aus üblem Willen. Domenico kam, es blieb jedoch beim alten, und David, der den Abt zum zweiten Male traf, sagte, er führe nicht um seinetwillen Beschwerde, sondern wegen der Verdienste und Vorzüge seines Bruders. Der Abt, ein unwissender Mönch, gab dieselbe Antwort wie das erstemal. Sie setzten sich am Abend zum Essen, und wie gewöhnlich kam der Gastmeister mit einem Brett, auf dem Suppe und die abscheulichsten Pastetchen standen. Voll heftigen Zornes stieß David dem Mönch die Suppe um, warf das Brot vom Tisch nach ihm und behandelte ihn so schlimm, daß er halb tot in seine Zelle gebracht wurde. Dadurch entstand, wie sich denken läßt, ein arger Lärm. Der Abt, der schon zu Bett lag, glaubte, das Kloster stürze ein, sprang auf und fand den Mönch sehr übel zugerichtet. Er fing an, mit David zu zanken, doch jener geriet in Wut. „Gehe mir aus den Augen, Domenicos Geschicklichkeit ist mehr wert als alle Schweine von Äbten deiner Art, die je in diesem Kloster gewesen sind!“ – Der Abt fühlte sich getroffen und bemühte sich von nun an, sie als ehrenvolle Männer zu behandeln, wie sie es ja auch waren. Nach Vollendung dieses Werkes kehrte Domenico nach Florenz zurück. Dort malte er eine Tafel für Herrn Carpi, und eine andere schickte er nach Rimini an Carlo Malatesta, der sie in seiner Kapelle in San Domenico aufstellen ließ.

Durch Vermittlung von Lorenzo de' Medici, der bei der Dombauverwaltung von Siena mit einer Bürgschaft von zwanzigtausend Dukaten eingetragen war, wurde Domenico dorthin berufen und fing an, an der Fassade des Domes in

Mosaik zu arbeiten. Er begann das Unternehmen mit gutem Mut und nach besserer Methode, als früher üblich gewesen. Jedoch mußte er es, vom Tode überrascht, unvollendet lassen. Ebenso blieb durch das Hinscheiden des Lorenzo de' Medici die Kapelle des heiligen Zenobius zu Florenz unvollendet, die Domenico und der Miniaturmaler Gherardo angefangen hatten, in Mosaik zu verzieren, über der Seitentür von Santa Maria del Fiore sieht man eine Verkündigung von Domenico so schön in Mosaik gearbeitet, daß von neueren Meistern nichts Besseres in dieser Art gemacht worden ist. Dieser Künstler pflegte zu sagen: Malerei sei Zeichnung, Mosaik aber die wahre Malerei für die Ewigkeit.

Mit ihm trat, um die Kunst zu erlernen, Bastiano Mainardi von San Gimignano in Gemeinschaft und wurde ein sehr geübter Freskomaler. Beide Meister gingen zusammen nach Gimignano und malten dort die Kapelle der heiligen Fina, ein wohlgelungenes Werk.Domenico, durch die Hilfeleistungen und das freundliche Betragen Bastianos zufriedengestellt und erfreut, schätzte ihn so hoch, daß er ihm eine seiner Schwestern zur Frau gab. So belohnte ein liebender Lehrer freigebig die Vorzüge seines Schülers, die mit Fleiß und Anstrengung in der Kunst errungen waren, und Freundschaft verwandelte sich in Verwandtschaft.

Aber eben, als sie in Pisa und Siena mehrere große Werke beginnen wollten, erkrankte Domenico an einem schweren pestartigen Fieber, das ihn nach fünf Tagen des Lebens beraubte. Domenico lebte vierundvierzig Jahre und wurde mit vielen Tränen und kummervollem Herzen von seinen Brüdern David und Benedetto und seinem Sohn Ridolfo unter feierlichem Leichengepränge in Santa Maria Novella beigesetzt. Sein Verlust bereitete allen seinen Freunden großen Schmerz, und viele treffliche ausländische Meister schrieben an seine Hinterbliebenen, um seinen frühzeitigen Tod zu beklagen. Domenico bereicherte die neue Kunst der Mosaikmalerei mehr als irgendein anderer Toskaner von unzähligen, die sich darum bemüht haben. Dies beweisen seine Arbeiten, so wenige es auch sein mögen. Daher gebührt ihm wegen seiner Vielseitigkeit und der zahlreichen hinterlassenen Kunstwerke Dank und Ehre, und darum soll auch nach seinem Tode sein außerordentliches Lob verkündet werden.

Sandor Botticelli

Geboren um 1445 zu Florenz, gestorben am 17. Mai 1510 daselbst

In der Zeit des älteren Lorenzo Magnifico de' Medici, die für Menschen von Geist wirklich ein goldenes Zeitalter gewesen ist, lebte Alessandro, nach allgemeinem Brauch Sandro di Botticelli genannt.Sein Vater Mariano Filipepi, ein florentinischer Bürger, erzog ihn mit Sorgfalt und ließ ihn in allen Dingen unterrichten, die man Kinder lernen läßt, ehe sie zu einem Berufe bestimmt werden. Obwohl nun der Knabe alles, was er wollte, leicht begriff, war er doch stets unzufrieden und fand an keinem Unterricht Gefallen, weder am Lesen noch am Schreiben oder am Rechnen, so daß der Vater, ungeduldig über den absonderlichen Sinn, ihn aus Verzweiflung für das Goldarbeiterhandwerk bestimmte und ihn zu seinem Paten Botticello, einem ziemlich guten Meister dieser Zunft, gab.

In jener Zeit herrschten gute Beziehungen, ja ein beständiger Verkehr zwischen Goldarbeitern und Malern. Sandro, der viel Geschick besaß und sich ausschließlich mit Zeichnen beschäftigte, wurde durch jenen Umgang von Liebe zur Malerei erfüllt und faßte den Entschluß, sich ihr ganz zu widmen. Er bekannte seinem Vater freimütig dieses Verlangen und wurde zu dem damals trefflichen Meister, dem Karmelitermönch Fra Filippo, in die Lehre gegeben, wie es Sandro selbst gewünscht hatte. Von dieser Zeit an widmete er sich ganz dem Berufe und ahmte seinen Meister sehr getreu nach. Dieser faßte deshalb eine große Liebe zu ihm, unterrichtete ihn mit aller Sorgfalt und brachte ihn bald dahin, daß er eine Stufe in der Kunst erreichte, die ihm niemand zugetraut hätte.

Im Handelsgericht von Florenz, zwischen den Tafeln, auf denen Antonio und Piero Pollaiuolo einige Tugenden dargestellt hatten, malte Sandro in früher Jugend eine Figur der Stärkeund in Santo Spirito in Florenz eine Tafel für die Kapelle der Bardi. Er führte sie mit Sorgfalt gut zu Ende und brachte dabei einige Ölbäume und Palmen an, die ausgezeichnet gearbeitet sind.Eine andere Tafel verfertigte er für die Nonnen der Konvertiten und eine für die Nonnen von Santa Barnaba.Im Querschiff der Kirche von Ognissanti neben der Tür, die nach dem Chor führt, wurde im Auftrag der Vespucci ein heiliger Augustin in Fresko von ihm gemalt. Dabei strengte er sich nach Kräften an, um alle Meister seiner Zeit, besonders den Domenico Ghirlandaio zu übertreffen, der auf der gegenüberliegenden Seite den heiligen Hieronymus dargestellt hatte. Seine Arbeit erwarb ihm großes Lob; man erkennt in dem Angesicht des heiligen

Augustin das tiefe Nachdenken und den feinen Scharfsinn, der Menschen eigen ist, die immer der Erkenntnis hoher und schwieriger Dinge nachforschen. Sandro kam dadurch in Ruf und erhielt Auftrag, für die Werkmeisterschaft von Porta Santa Maria eine Tafel in San Marco zu malen, eine Krönung der Madonna und einen Engelchor.Das alles wurde von ihm sehr gut gezeichnet und ausgeführt. Im Hause der Medici übernahm er viele Arbeiten für den älteren Lorenzo, darunter eine Pallas in Lebensgröße auf einem Schild von Baumästen, die in Flammen stehen, und einen heiligen Sebastian.In Santa Maria Maggiore zu Florenz sieht man von seiner Hand eine sehr schöne Beweinung Christi mit kleinen Figuren. In den Häusern der Stadt malte er verschiedene Rundbilder und eine größere Anzahl nackter weiblicher Gestalten, von denen sich noch heute zu Castello, der Villa des Herzogs Cosimo, zwei Bilder befinden: das eine die Geburt der Venus und die Lüfte und Winde, die sie im Geleit der Liebesgötter der Erde zuführen; das andere Venus, von den Grazien mit Blumen bekränzt, die den Frühling verkünden – alles sehr anmutig dargestellt.Im Hause des Giovanni Vespucci wurden in einem Zimmer, in der Wandverkleidung von Nußholzrahmen eingeschlossen, viele Tafeln mit einer Menge schöner und sehr lebendiger Gestalten von ihm gemalt; im Hause der Pucci stellte er in kleinen Figuren Boccaccios Novelle von Nastagio degli Onesti in vier sehr anmutigen und schönen Bildern darund in einem Rundbild die Anbetung der Könige.Bei den Mönchen von Cestello malte er für eine der Kapellen eine Tafel mit der Verkündigungund in San Pietro Maggiore neben der Seitentür eine andere mit einer unendlichen Zahl von Figuren. Diese wurde im Auftrag von Matteo Palmieri gearbeitet und stellt die Himmelfahrt der Madonna mit den verschiedenen Himmelszonen dar. Sandro malte dies Werk mit Meisterschaft und höchster Sorgfalt und zeichnete unten kniend den Matteo und seine Frau nach dem Leben. Diese Arbeit, so schön, daß sie jede Mißgunst hätte besiegen sollen, gab aber einigen Neidern und Verleumdern Anlaß zu Kritteleien, und da sie sonst nichts daran finden konnten, behaupteten sie, Matteo und Sandro hätten sich dabei arger Ketzerei schuldig gemacht. Ob dies wahr ist oder nicht, darüber erwarte niemand von mir ein Urteil; es genügt, daß Sandro wirklich Lob verdient wegen der Figuren, die er darin darstellte und wegen des Fleißes, den er dafür aufwandte.

Sandro erhielt in jener Zeit den Auftrag, eine kleine Tafel zu malen, die zwischen den zwei Türen an der Vorderseite von Santa Maria Novella aufgestellt wurde. Sie enthält die Anbetung der Weisen aus dem Morgenland. Man sieht darin sehr viel Gemütsbewegung bei dem ältesten König, der voll Andacht und Zärtlichkeit den Fuß des Heilandes küßt und von Freude erfüllt ist, das Ziel seiner langen Reise gefunden zu haben. In dieser Gestalt ist Cosimo der Ältere dargestellt: von allen Bildnissen, die es von ihm gibt, das treueste und lebendigste. Der zweite König weiht in Demut dem heiligen Kinde Verehrung und reicht ihm seine Gaben dar. Dies ist Giuliano de' Medici, der Vater des Papstes Clemens VII. In dem dritten ist Cosimos Sohn Giovanni abgebildet; auch er kniet vor dem Kinde, scheint ihm anbetend Dank zu zollen und es als den wahren Messias zu begrüßen. Es läßt sich nicht schildern, welche Schönheit Sandro den Köpfen dieses Bildes verlieh. Es ist bewundernswert in Zeichnung, Malerei und Zusammenstellung und so schön, daß es noch heute jeden Künstler in Staunen versetzt und seinem Verfertiger damals in Florenz wie an anderen Orten einen großen Namen erwarb.

Als daher Papst Sixtus die Kapelle in seinem Palast zu Rom erbaut hatte und sie mit Malereien geschmückt sehen wollte, ernannte er Sandro zum obersten Aufseher über diese Arbeiten. Er malte dort mehrere Bilder: eins, wie Christus vom Teufel versucht wird, ein anderes, wie Moses den Ägypter tötet und von den Töchtern Jethros in Midian zu trinken bekommt, endlich wie Feuer vom Himmel fällt, als die Söhne Aarons opfern wollen. In den Nischen über diesen Bildern stellte er einige heilige Päpste dar. Hierdurch erlangte Sandro großen Namen und Ruf vor vielen Florentinern und anderen Meistern, die mit ihm um die Wette arbeiteten. Papst Sixtus belohnte ihn durch eine bedeutende Summe Geldes, die aber Sandro während seines Aufenthaltes in Rom ganz und gar verbrauchte, wo er seiner Gewohnheit gemäß nach Laune lebte.

Sobald er seinen Auftrag beendet und die Enthüllung stattgefunden hatte, kehrte er schnell nach Florenz zurück. Dort beschäftigte er sich als ein Mann von grübelndem Verstände damit, Dantes Dichtungen teilweise zu erklären, stellte die Hölle dar und arbeitete davon einen Kupferstich, eine Beschäftigung, bei der ihm viel Zeit verlorenging, denn da er keine anderen Arbeiten vornahm, brachte sie große Unordnung in sein Leben. Er mühte sich auch sonst noch, einige seiner Zeichnungen in Kupfer zu stechen, jedoch nach einer schlechten Art, denn der Stich war nicht gut gemacht, und das Beste, das man von seiner Hand sieht, ist der Triumph des Glaubens des Fra Girolamo Savonarola aus Ferrara, dessen Sekte er dermaßen anhing, daß er das Malen ganz vernachlässigte,, und weil er dadurch alles Einkommen verlor, sich in die größte Verlegenheit stürzte. Ja, indem er sich jener Partei völlig anschloß und ein sogenannter Klagebruder wurde, entfremdete er sich aller Arbeit und war im Alter so völlig verarmt, daß er fast Hungers gestorben wäre, hätte nicht Lorenzo de' Medici, für den er außer vielen anderen Dingen auch einiges im kleinen Hospital von Volterra arbeitete, ihm, solange er lebte, Unterstützung zukommen lassen. Dies wurde später von seinen Freunden und wohlhabenden Leuten, die seine Kunst verehrten, fortgesetzt.

Sandro hatte in San Francesco vor dem Tore von San Miniato ein schönes Rundbild gemalt: die Madonna, umgeben von mehreren Engeln in Lebensgröße.Diesem Werk sehr ähnlich verfertigte Biagio: einer seiner Schüler, ein rundes Bild und wollte es gern verkaufen. Sandro, der dieses wußte, verkaufte es an einen Bürger für den Preis von sechs Goldgulden. Und da er von Natur fröhlich war und mit seinen Schülern und Freunden gern scherzte, sagte er zu Biagio: „Endlich habe ich doch dein Bild verkauft, wir müssen es heute abend hoch aufhängen, weil es dadurch ein besseres Ansehen gewinnt. Morgen früh gehe ich zu dem Hause des Bürgers und hole ihn hierher, damit er dein Bild an günstigem Ort betrachte und du das Geld bekommst." – „O Meister", rief Biagio, „wie wohl habt Ihr getan!" – lief nach der Werkstatt, befestigte sein Bild an einer hohen Stelle und ging von dannen. Unterdessen verfertigte Sandro mit Jacopo, einem anderen seiner Schüler, acht Mützen aus Papier in der Form, wie sie die florentinischen Bürger zu tragen pflegen, und befestigte sie mit weißem Wachs auf den Häuptern der acht Engel, die in jenem Rundbild die Madonna umgaben. Der Morgen kam, mit ihm Biagio in Begleitung des Bürgers, der das Bild gekauft hatte und von dem Scherz wußte. Biagio wendete seine Augen nach oben und erblickte seine Madonna nicht mehr im Kreis der Engel thronend, sondern inmitten florentinischer Senatoren mit den seltsamen Kapuzen. Schon wollte er anfangen zu schelten und sich bei dem Käufer entschuldigen, doch er merkte, daß jener nichts erwähnte, sondern das Bild sehr lobte, und blieb deshalb still, ging dann mit dem Bürger zu dessen Wohnung zurück, erhielt die Bezahlung der sechs Gulden, wie mit seinem Meister ausgemacht worden war, und kehrte nach der Werkstatt zurück. Unterdes hatten Sandro und Jacopo die Papiermützen weggenommen, und nun erschienen ihm seine Engel wieder als Engel und nicht als bemützte Bürger. Er staunte, wußte nicht, was er vorbringen sollte und sagte endlich zu Sandro: „Meister, ich weiß nicht, ob ich träume oder wache. Als ich vorhin kam, hatten diese Engel rote Mützen auf, und jetzt ist nichts davon zu sehen. Wie geht das zu?" – „Du bist nicht recht bei Tröste, Biagi", antwortete Sandro, „das Geld hat dir den Kopf verdreht, glaubst du, wenn dem so wäre, würde der Bürger noch dein Werk gekauft haben?" – „Daß er nichts darüber sagte", entgegnete Biagio, „ist freilich wahr. Aber bei alledem scheint es mir doch ein seltsam Ding." Bald standen all die anderen Malerjungen um ihn her und redeten so lange, bis er endlich selbst glaubte, es sei eine Einbildung gewesen.

Sandro wohnte einstmals neben einem Tuchweber, der acht Stühle aufgerichtet hatte. Wenn diese alle in Gang waren, entstand durch das Treten der Arbeiter und das Zurückschlagen der Aufzüge ein Geräusch, das nicht nur den armen Sandro fast taub machte, sondern auch das ganze Haus, das nicht mehr allzu fest war, in solchem Maß erschütterte, daß er aus dem einen wie aus dem anderen Grunde weder arbeiten noch es in seiner Wohnung aushalten konnte. Mehrmals bat er den Nachbar, er solle dieser Beschwerde ein Ende machen. Jener aber entgegnete, er wolle und könne in seinem Hause tun und lassen, was ihm gefalle. Hierüber aufgebracht, ließ Sandro auf seine Mauer, die höher als die des Nachbarn und nicht sehr stark gebaut war, im Gleichgewicht einen großen, mehr als eine Fuhre schweren Stein legen, der bei der schwächsten Bewegung der Mauer zu fallen und Dach, Gebälk, Weberei und Arbeiter des Nachbarn zu zerschmettern drohte. Erschreckt durch die Gefahr kam dieser eiligst zu Sandro, mußte jedoch als Antwort seine eigene Rede hören: er könne und wolle in seinem Hause tun, was ihm gefalle. Ein anderer Entscheid war nicht zu erlangen, und es blieb dem Weber nichts weiter übrig, als sich mit Sandro billig zu vergleichen und gute Nachbarschaft zu halten.

Sandro hatte eine große Liebe zu allen, die sich im Studium der Kunst eifrig zeigten. Auch verdiente er ziemlich viel Geld. Weil er jedoch schlecht wirtschaftete, ging durch seine Unachtsamkeit alles zugrunde. Endlich alt, zur Arbeit untauglich und so unbehilflich geworden, daß er an zwei Stöcken gehen mußte, starb er, nachdem er länger schon krank und elend gewesen war, und wurde 1515 in Ognissanti zu Florenz begraben.

Sandro zeichnete überaus schön und sehr viel, deshalb suchten die Künstler, die nach ihm kamen, lange Zeit sich Zeichnungen von seiner Hand zu verschaffen. In seinen Kompositionen war er reich an Gestalten, das bezeugen die Stickereien am Schmuck des Kreuzes, das die Mönche von Santa Maria Novella bei Prozessionen umhertragen und die ganz nach seiner Zeichnung gearbeitet sind. Kurz, dieser Künstler verdient großes Lob wegen aller seiner Arbeiten, die er mit Fleiß ausführte.

Andrea del Verocchio

Geboren 1435 zu Florenz, gestorben 1488 zu Venedig

Holzschneider, Bildhauer, Goldarbeiter, Perspektivzeichner, Maler und Musiker in einer Person war der Florentiner Andrea del Verrocchio.Er hatte jedoch in der Bildhauer- und Malkunst eine etwas harte und schroffe Methode, wie jemand, der sie mehr durch unendliches Studium erwirbt als von Natur aus besitzt. Hätte ihm von dieser Gabe nicht mehr gefehlt, als er durch außergewöhnlichen Fleiß und seltenes Studium ersetzte, würde er in diesen Künsten vortrefflich geworden sein. Zu größter Vollendung aber fordern sie Studium und Naturanlage vereint. Wo eins von beiden fehlt, wird selten ihr höchster Grad erreicht, wenn auch Studium und Fleiß zu höherer Stufe führen. Diese waren bei Andrea größer als bei irgendeinem anderen, und er wird deshalb unter die bedeutenden und ausgezeichneten Meister der Kunst gezählt. In seiner Jugend beschäftigte er sich mit den Wissenschaften, besonders mit Geometrie. Zur Zeit, als er die Goldschmiedekunst übte, verfertigte er außer vielen anderen Dingen einige Knöpfe zu Pluvialen, die sich in Santa Maria del Fiore befinden. An Grosseriearbeiten besitzen wir von ihm eine Schale, ringsum mit Laubwerk, Tieren und mancherlei Seltsamkeiten verziert, die so schön ist, daß alle Künstler sie kennen. Von demselben Meister ist ein anderes Becken, auf dem man einen sehr anmutigen Kindertanz sieht. Durch diese Dinge gab er einen Beweis seiner Geschicklichkeit, und die Zunft der Kaufleute übertrug ihm zwei Reliefkompositionen in Silber für die Ecken des Altars von San Giovanni, die ihm, als sie vollendet waren, großes Lob erwarben.

Zu jener Zeit fehlten in Rom einige der großen silbernen Apostel, die gewöhnlich in der Kapelle des Papstes auf dem Altar stehen, gleich anderem Silberzeug, das man eingeschmolzen hatte. Es wurde Andrea geholt und ihm vom Papst Sixtus IV. der Auftrag gegeben, alles dort Nötige anzufertigen, und er führte alles mit viel Einsicht und Fleiß zu Ende. Während seines Aufenthaltes in Rom erkannte Andrea, in wie hohem Wert die vielen Statuen und anderen Altertümer jener Stadt standen. Er sah, daß der Papst das Bronzepferd bei San Giovanni in Laterano aufstellen ließ,und daß man nicht nur vollständige Werke, sondern auch Bruchstücke, wie sie jeden Tag gefunden wurden, in Ehren hielt. Deshalb beschloß er, sich der Bildhauerkunst zu widmen, gab die Goldschmiedekunst völlig auf und versuchte, einige kleine Figuren in Bronze zu gießen, die sehr gerühmt wurden. Nun wuchs ihm der Mut, und bald fing er an, auch in Marmor zu arbeiten. In jener Zeit war die Gattin des Francesco Tornabuoni im Wochenbett gestorben. Ihr Gemahl, der sie sehr geliebt hatte, wollte ihr im Tode jede mögliche Ehre erweisen und gab Andrea den Auftrag, ihr Grabmal zu verfertigen. Dieser stellte auf einer Platte über dem Marmorsarkophag die Verstorbene dar, ferner Geburt und Tod, daneben drei Gestalten, welche die drei Tugenden bezeichnen, und dieses Werk, als seine erste Marmorarbeit sehr gerühmt, wurde in der Minerva errichtet.

Mit viel Geld und Ruhm und Ehren kehrte er nach Florenz zurück und erhielt dort den Auftrag, einen David in Bronze zu arbeiten, den man nach seiner Vollendung unter großem Lob des Meisters oben an der Treppe des Palastes aufstellte, wo sich die Kette befand.Durch alle diese Arbeiten erlangte Andrea den Namen eines trefflichen Künstlers, besonders durch Ausführung von Metallwerken, an denen er viel Freude fand. Er schuf in San Lorenzo das Grabmal von Giovanni und Piero, Söhnen des Cosimo de' Medici, freistehend aus Erz. Der Porphyrsarg dieses Grabmals wird von vier bronzenen Eckverzierungen getragen, deren Laubwerk sehr schön und mit großer Sorgfalt gearbeitet ist. Andrea zeigte bei dieser Veranlassung sein Verständnis für die Baukunst, denn er stellte das Grabmal in die Öffnung eines Fensters auf ein Postament, das die Kapelle des Sakramentes von der alten Sakristei trennt. Zur Ausfüllung des Raumes über dem Sarkophag bis zur Fensterwölbung brachte er ein Mandorlengitter von Bronzestricken an, die ein sehr natürliches Aussehen haben und an einigen Stellen mit Gewinden und anderen schönen Phantasien geziert sind.

Der Bildhauer Donatello hatte für den Magistrat der Sechs von der Kaufmannschaft das Marmortabernakel gearbeitet, das am Oratorium von Or San Michele dem heiligen Michael gegenüber aufgestellt ist. Dabei sollte ein heiliger Thomas von Bronze angebracht werden, der die Hand in Jesu Wunde legt. Diese Figuren wurden jedoch damals nicht ausgeführt, weil die Auftraggeber sich nicht einigen konnten. Die einen waren der Meinung, die Ausführung sollte dem Donatello übertragen werden, die anderen, dem Lorenzo Ghiberti. Solange diese beiden lebten, war die Sache auf demselben Punkt geblieben. Nun endlich wurde dem Andrea die Ausführung jener beiden Statuen übertragen. Er arbeitete Modelle und Formen, nahm den Guß vor, und sie kamen so wohlbehalten, vollständig und schön zum Vorschein, daß er sehr zu rühmen ist.

Der Ruf Andreas konnte nunmehr in dieser Kunst nicht weiter steigen, und da er zu den Menschen gehörte, denen es nicht genügt, in einer Sache vollkommen zu sein, beschloß er, sich dem Studium der Malerei zuzuwenden. Er zeichnete den Karton zu einer Schlacht von lauter nackten Gestalten sehr gut mit der Feder, um ihn in Farben auf der Mauer auszuführen, und entwarf noch einige andere Kartons zu historischen Bildern, die er zu malen anfing, dann aber aus irgendeinem Grunde liegen ließ.

Im Auftrage Lorenzos de' Medici arbeitete er für den Brunnen der Villa Careggi ein Kind in Bronze, das einen Fisch würgt. Dieses wahrhaft bewundernswerte Werk hat Herzog Cosimo auf den Brunnen im Hof seines Palastes setzen lassen.Zur Zeit des Andrea wurde endlich die Kuppel von Santa Maria del Fiore fertig gemauert, und man beschloß nach langer Beratung, es solle die kupferne Kugel verfertigt werden, die gemäß der Bestimmung Brunelleschis auf die oberste Höhe des Gebäudes kommen mußte. Die Sorge dafür wurde dem Andrea übertragen. Er arbeitete sie vier Ellen hoch und befestigte sie sodann auf einem Knopf mit einer Kette in solcher Weise, daß das Kreuz darauf sicher gesetzt werden konnte. Als das Werk vollendet war, wurde es zu großem Vergnügen und Ergötzen der Menge an seinen Platz gebracht, und gewiß tat es not, bei der Ausführung viel Fleiß und Verstand aufzubieten, damit man, wie es auch der Fall ist, von unten hineinkommen kann und die Kugel mit dem Kreuz so wohl befestigt ist, daß weder Sturm noch Winde ihnen Schaden bringen können.

Andrea hatte niemals Ruhe. Er führte immer Maler- und Bildhauerwerke aus, bisweilen zweierlei Werke auf einmal. Er glaubte dadurch zu verhindern, daß ihm eine einzelne Sache zum Überdruß wurde, wie dieses vielen geschieht. Und obschon er die obengenannten Kartons nicht zur Ausführung brachte, übernahm er doch einige andere Malereien, darunter eine Tafel für die Nonnen von San Domenico zu Florenz, wobei er glaubte, ziemlich Gutes geleistet zu haben. Dies war die Ursache, daß er bald nachher in San Salvi für die Mönche von Vallombrosa eine andere malte, die Taufe Christi durch Johannes. Hierbei half ihm Leonardo da Vinci, der damals noch sehr jung und sein Schüler war. Von ihm ist in jenem Gemälde ein Engel, der besser gelang als alles übrige. Deshalb beschloß Andrea, der dies erkannte, keinen Pinsel mehr anzurühren, da der noch so junge Leonardo in dieser Kunst Größeres geleistet hatte.Unterdessen wollten die Venezianer die großen Verdienste des Bartolommeo aus Bergamo, der ihnen viele Siege errungen hatte, durch ein Denkmal ehren. Sie glaubten, dadurch den Mut vieler anderer zu stärken, und da der Ruf des Andrea zu ihnen gedrungen war, beriefen sie ihn und beauftragten ihn, die Reiterstatue jenes Feldhauptmanns in Bronze zu verfertigen, die auf dem Platz San Giovanni e Paolo errichtet werden sollte. Schon hatte Andrea das Modell zum Pferd vollendet und angefangen, es mit Rüstzeug zu versehen, um es in Bronze zu gießen, als unter Begünstigung einiger Edelleute der Beschluß gefaßt wurde, Vellano aus Padua solle die Figur, Andrea nur das Pferd arbeiten. Kaum war dieser hiervon unterrichtet, so zerbrach er Kopf und Beine seines Modells und kehrte ganz erbittert und ohne ein Wort zu sagen nach Florenz zurück. Hierauf teilte ihm die Signoria von Venedig mit, er solle nie mehr wagen, in ihre Stadt zu kommen, wenn er nicht seinen Kopf verlieren wolle. Auf diese Drohung entgegnete Andrea in einem Brief, er werde sich wohl davor hüten, denn es stehe nicht in ihrer Macht, den Menschen für abgeschnittene Köpfe neue aufzusetzen. Nicht einmal seinem Pferd, dem er einen schöneren statt des zerbrochenen wiedergeben könne. – Diese Antwort kränkte die Herren nicht; vielmehr riefen sie Andrea mit doppeltem Gehalt nach Venedig zurück. Er kam, stellte sein Modell wieder her und goß es in Bronze, konnte es jedoch nicht ganz zu Ende bringen, denn er erkältete sich bei der Arbeit des Gießens sehr heftig und starb nach wenigen Tagen in jener Stadt. Bei diesem Werk war nur noch wenig auszuputzen, und es kam an seinen bezeichneten Platz.Außerdem blieb durch den Tod Andreas auch zu Pistoia eine seiner Arbeiten unvollendet: das Grabmal des Kardinals Forteguerra mit den drei theologischen Tugenden und einem Gottvater darüber, das der Florentiner Bildhauer Lorenzetto vollendete.

Andrea war, als er starb, dreiundfünfzig Jahre alt, und sein Tod tat seinen Freunden und Schülern, deren er viele besaß, sehr leid. Der Künstler fand viel Vergnügen daran, in Gips zu formen und Abgüsse zu machen. Man pflegte diesen Gips aus einem sehr weichen Stein zu bereiten, den man in Volterra, Siena und vielen anderen Gegenden Italiens gräbt. Am Feuer gebrannt, fein gestoßen und mit lauem Wasser geknetet wird er so weich, daß man damit abformen kann, was man will, verhärtet und verdichtet sich dann aber so, daß man ganze Figuren darin ausgießen kann. Mit solchen Formen pflegte Andrea natürliche Gegenstände abzuformen, um sie mit größerer Bequemlichkeit vor Augen zu haben und nachzuahmen: Hände, Füße, Knie, Beine, Arme und Rümpfe. Nachher fing man zu seiner Zeit auch an, mit wenig Kostenaufwand in dieser Art die Gesichter von Verstorbenen abzunehmen, und es sind deshalb in allen Häusern von Florenz über Kaminen, Türen, Fenstergesimsen und anderen Vorsprüngen eine unendliche Menge solcher Bildnisse zu sehen, so gut ausgeführt, daß sie der Natur gleich erscheinen. Sicherlich müssen wir der Kunst Andreas großen Dank zollen, der dieses Verfahren zuerst in Anwendung brachte. Von da an wurden besser gearbeitete Bilder nicht nur in Florenz, sondern an allen Andachts- und Pilgerorten verfertigt, zu denen die Menschen strömen, um für irgendeine empfangene Gnade Votivbilder oder, wie man sagt: Wunderbilder zu spenden. Früher hatte man dazu kleine Silberfiguren oder bloße Schildereien oder auch sehr ungeschickt gearbeitete Wachsbildchen gebraucht. Nun aber fing man an, sie nach besserer Methode anzufertigen, und da Andrea mit dem Wachsarbeiter Orsino gut befreundet war, der auch in seiner Kunst ein geschickter Meister war, unterrichtete er ihn, wie er darin vollkommen werden könne. Diese Kunst hat sich bis auf unsere Tage erhalten, ist jedoch eher im Abnehmen als im Zunehmen, entweder weil weniger Frömmigkeit herrscht oder aus einem sonstigen Grund.

Andrea Mantegna

Geboren 1431 zu Isola di Carturo bei Padua, gestorben am 13. September 1506 zu Mantua

Talente brauchen zu ihrer Förderung Anerkennung, das weiß jeder, der aus angeborener Gabe etwas schafft und dabei einige Belohnung erntet. Denn wer Ehre und Lohn zu erhoffen hat, empfindet weder Last noch Beschwerden, ja er fühlt sich stets mutiger und stärker, da seine Kunst täglich mehr hervortritt und strahlender wird. Sicher ist jedoch, daß Verdienste nur selten in dem Maße erkannt, gewürdigt und belohnt werden, wie es bei Andrea Mantegna geschah.

Von niederem Stande, in der Gegend von Padua geboren, hütete er als Knabe die Herden und wurde später vom Schicksal und seinem Talent so hoch erhoben, daß ihm der Adel erteilt wurde. Er kam schon ziemlich herangewachsen in die Stadt und lernte die Kunst der Malerei unter dem paduanischen Maler Francesco Squarcione.Dieser wußte, daß er nicht der vorzüglichste Maler der Welt sei, und da er wünschte, Andrea möchte mehr lernen, als er selbst konnte, ließ er ihn fleißig an Gipsabdrücken studieren, die nach Antiken gemacht waren und nach Gemälden, die er aus verschiedenen Orten, besonders aus Toskana und Rom kommen ließ. Durch diese und andere gute Anweisungen lernte Andrea in seiner Jugend ziemlich viel. Noch nicht siebzehn Jahre alt, malte er die Tafel für den Hauptaltar von Santa Sofia zu Padua. Sie ist so schön, daß sie von einem alten geübten Meister, nicht aber von einem Jüngling herzurühren scheint. Squarcione, der den Auftrag erhielt, die Kapelle des heiligen Christophorus in der Kirche der Augustiner-Eremiten in Padua mit Malereien zu verzieren, übergab diese Arbeit seinen beiden Schülern Andrea Mantegna und Niccolò Pizzolo. Der letztere stellte dort einen Gottvater dar, zwischen den Kirchenvätern thronend, ein Werk, das später für ebensogut galt wie die Bilder Andreas in derselben Kapelle. Niccolò, der nur wenige, aber lauter gute Arbeiten vollführte, würde sicher trefflich geworden sein, wenn er an der Malerei soviel Gefallen gefunden hätte wie an Waffenübungen, und würde vielleicht auch länger gelebt haben. So aber hatte er stets das Schwert in Händen, machte sich viel Feinde und wurde einstmals, als er von der Arbeit ging, angefallen und meuchlings getötet. Andrea, der nun allein blieb, malte in der genannten Kapelle die vier Evangelisten, die für sehr schön galten, und hierdurch und durch andere Arbeiten erweckte er große Erwartungen, so daß man Hoffnung hegte, er werde das Ziel erreichen, zu dem er später gelangte.

Er schloß sich dem Venezianer Bellini, Vater von Giovanni und Gentile und Nebenbuhler Squarciones, an, indem er eine seiner Töchter, eine Schwester Gentiles, zur Frau nahm. Als Squarcione dies hörte, erzürnte er sich so sehr mit Andrea, daß sie von nun an dauernd Feinde waren, und in demselben Maße, wie Squarcione früher die Arbeiten Andreas gerühmt hatte, tadelte er sie jetzt ganz öffentlich. Vor allem schalt er rücksichtslos die Malereien in der Christophoruskapelle. Er sagte, dieses Werk tauge gar nichts, denn Andrea habe dabei die antiken Marmorarbeiten nachgeahmt, an denen man die Kunst der Malerei nicht vollkommen erlernen könne. Der Stein habe immer Härte und nicht die zarte Weichheit des Fleisches und der Gegenstände der Natur, die sich biegen und verschieden bewegen. Viel besser hätte Andrea getan und jene Figuren würden weit vollkommener geworden sein, wenn er ihnen die Farbe des Marmors anstatt jener bunten Naturfarben gegeben hätte, da sie nicht lebenden Gestalten, sondern antiken Marmorstatuen oder ähnlichen Dingen glichen. Solcher Tadel verletzte Andrea, anderseits war er ihm von nicht geringem Nutzen. Er sah ein, daß Squarcione in vieler Hinsicht die Wahrheit redete, und fing jetzt an, lebende Personen darzustellen. Dies verschaffte ihm viel Belehrung; bei einem Bild, das er noch in jener Kapelle zu malen hatte, bekundete er deutlich, er verstehe das Gute nicht minder aus der Natur zu schöpfen als aus den Werken der Kunst. Bei alledem blieb er stets der Meinung, die guten antiken Statuen seien vollkommener und in ihren Teilen schöner als die Natur. Er glaubte an jenen Statuen zu erkennen, ihre trefflichen Meister hätten aus vielen lebenden Gestalten alle Vollkommenheiten der Natur, die selten einer einzigen die ganze Schönheit verleihe, zusammengenommen. Deshalb hielt er es für nötig, einen Teil dieser, den anderen jener Person nachzubilden. Davon aber abgesehen, schienen ihm auch die Statuen bestimmter und deutlicher in den Muskeln, Adern, Nerven und anderen Einzelheiten, welche die Natur bisweilen mit der zarten Weichheit des Fleisches so überdeckt, daß sie gewisse Härten weniger zeigt, außer an alten oder sehr mageren Körpern, die aus anderen Rücksichten von Künstlern vermieden werden. Daß Andrea dieser Meinung sehr fest anhing, erkennt man an seinen Werken, die wirklich nach etwas harter Manier gearbeitet und zuweilen mehr einem Steinbild als einem lebenden Körper ähnlich sind.

In der Zeit, als Andrea diese Kapelle ausschmückte, verfertigte er eine Tafel für den Altar des heiligen Lukas in Santa Justinaund malte in Fresko das Bogenfeld über der Tür von Sant' Antonio, und darunter setzte er seinen Namen. In Verona arbeitete er eine Tafel für den Altar der Heiligen Christophorus und Antonius. In Santa Maria in Organo für die Mönche von Monte Oliveto malte er die sehr schöne Tafel für den Hauptaltar, ebenso eine andere Altartafel für die Kirche San Zeno. Andere seiner Werke, die er in Verona arbeitete, wurden nach verschiedenen Orten gesandt.

Zu der Zeit, da er in Mantua war, hatte Andrea in den Diensten des Markgrafen Ludovico Gonzaga gestanden. Dieser begünstigte und verehrte die Tüchtigkeit Mantegnas sehr und ließ ihn im Schloß von Mantua eine kleine Tafel für die Kapelle malen, historische Begebenheiten in nicht sehr großen, aber schönen Figuren. An demselben Ort malte er viele Figuren, die sich von unten gesehen verkürzen und sehr gerühmt werden, denn obwohl er im Wurf der Gewänder ein wenig hart und kleinlich war und seine Manier etwas Trockenes hat, ist doch jeder Gegenstand mit viel Kunst und Fleiß vollendet. Im Auftrag desselben Markgrafen wurde zu Mantua in einem Saale des Palastes San Sebastiano der Triumphzug Cäsars von Andrea dargestellt, das beste Werk, das er je zur Ausführung brachte. Hier sieht man in schönster Ausführung den herrlich verzierten Wagen, den Verspotter des Triumphators, Verwandte, Weihrauch, Wohlgerüche und Opfergeräte, Priester und zum Opfer bekränzte Stiere, Gefangene, von den Soldaten erbeutete Schätze, den geordneten Heereszug, Elefanten, eroberte Feldzeichen, Kunstwerke und Viktorien und auf verschiedenen Wagen nachgebildete Städte und Festungen, unzählige Trophäen auf Spießen und Stangen und auch mancherlei Schutzwaffen für Haupt und Rumpf, Geräte, Zieraten und zahllose Gefäße.Andrea hat bei dieser Darstellung mit großem Urteil etwas beachtet, das ich schon früher hätte erwähnen können: den Boden, auf dem die Figuren stehen, hatte er höher als den Augenpunkt angenommen und stellte daher die vordersten Füße auf die erste Linie der Fläche, die folgenden allmählich tiefer nach innen und ließ Füße und Beine dem Auge verschwinden, wie es der Standpunkt erfordert, von dem aus man sie erblickt. Bei der Beute, den Vasen, Instrumenten und Schmuckstücken ist deshalb nur der untere Teil sichtbar und der obere verschwindet, wie es nach den Regeln der Perspektive geschehen muß.

Das Werk Andreas könnte, um es kurz zu sagen, nicht schöner noch auf bessere Art ausgeführt sein. Wenn daher der Markgraf ihn vorher schon schätzte, so liebte und ehrte er ihn von da an noch weit mehr. Ja, Andreas Ruf verbreitete sich in dem Maße, daß Papst Innocenz VIII., als er seine Trefflichkeit in der Kunst neben den anderen vorzüglichen Eigenschaften, mit denen er reich begabt war, rühmen hörte, nach ihm sandte, damit Andrea gleich vielen anderen Meistern durch seine Malereien die Wände des Belvedere zieren möchte, dessen Bau eben vollendet war. Weitgehend vom Markgrafen empfohlen, der ihn zu größerer Ehre in den Adelsstand erhob, begab Mantegna sich nach Rom und wurde vom Papst aufs huldvollste empfangen. Dieser befahl ihm alsbald, eine kleine Kapelle des genannten Palastes auszuschmücken, und Andrea malte diese mit Fleiß und Liebe so, daß Wölbung und Wände eher mit Miniaturen als mit Freskomalerei geziert zu sein scheinen. Man erzählt, der Papst habe, durch seine vielen Geschäfte gehindert, Mantegna nicht so oft Geld gegeben, wie er dessen bedurfte. Als er in jenem Werke einige Tugenden in grüner Erde malte, brachte er dabei die Bescheidenheit an. Wenige Tage danach kam Innocenz, um die Arbeit zu betrachten, und fragte, was diese Figur vorstelle. „Es ist die Bescheidenheit", sagte ihm Mantegna. – „Willst du", entgegnete der Papst, „ihr eine gute Begleitung geben, so male ihr die Geduld zur Seite." – Der Maler verstand, was der Heilige Vater damit sagen wollte, und dachte gar nicht mehr an die Sache. Als er aber sein Werk vollendet hatte, schickte ihn der Papst reich beschenkt und mit Ehren zum Herzog zurück.

In der Zeit seines römischen Aufenthaltes malte er außer der genannten Kapelle ein kleines Bild der Madonna, die das schlafende Christuskind auf dem Arm hält. Im Hintergrund sind ein Gebirge und darin in einigen Grotten Steinmetzen zu sehen, die zu verschiedenen Zwecken Felsen brechen, so fein und mit so großer Geduld ausgeführt, daß es nur möglich scheint, mit der Spitze des Pinsels solches zu leisten.

Dieser Künstler fand gleich Pollaiuolo Vergnügen daran, Kupferstiche zu arbeiten, und unter anderem stach er seine Triumphzüge, von denen damals Großes gehalten wurde, weil man Besseres nicht kannte.

Unter seinen letzten Werken war eine Tafel für Santa Maria della Vittoria, eine Kirche, die Markgraf Francesco nach einer Zeichnung Andreas zum Andenken an seinen Sieg über die Franzosen am Fluß Taro erbaute. Diese Tafel ist in Tempera gemalt und wurde auf dem Hauptaltar aufgestellt. Auf einem Sockel sitzt die Madonna mit dem Kinde, zu ihren Füßen sieht man die Heiligen Michael, Anna und Joachim, die den Markgrafen empfehlen, und die Madonna reicht ihm die Hand.Dies Werk wurde damals und wird noch jetzt von jedem mit Wohlgefallen betrachtet und stellte den Markgrafen außerordentlich zufrieden, der die Mühe und die Tüchtigkeit Andreas aufs freigebigste belohnte. Er durfte als Anerkennung und höchste Ehrung der Fürsten den Titel eines Ritters führen.

Andrea baute sich in Mantua ein schönes Haus, das er nach seinem Geschmack mit Malereien verzierte und bis an sein Ende bewohnte.Im Jahre 1506, in seinem sechsundsiebzigsten Jahre, ging er zu einem anderen Leben über und wurde in Sant' Andrea mit einem prunkvollen Begräbnis beigesetzt. Auf seinem Grabmal steht seine Büste aus Bronze.

Dieser Künstler war anmutig in seinem Betragen und rühmenswert in allen seinen Handlungen, deshalb wird ihm nicht nur in seinem Vaterland, sondern in der ganzen Welt immer ein ehrenvolles Gedächtnis bleiben. Und er verdiente nicht weniger wegen seiner liebenswerten Sitten, als wegen seiner Trefflichkeit in der Kunst von Ariost gerühmt zu werden, der am Anfang des dreiunddreißigsten Gesanges ihn unter die vorzüglichsten Maler seines Jahrhunderts zählt mit den Worten: „Leonardo, Andrea Mantegna, Gian Bellino."

Filippino Lippi

Geboren 1457 in Prato, gestorben am 18. April 1504 in Florenz

In derselben Zeit lebte in Florenz ein Maler von seltenem Geist und einer außergewöhnlichen Phantasie: Filippo, der Sohn des Fra Filippo aus der Carmine. Er folgte in der Kunst den Spuren seines Vaters und wurde in seiner Jugend von Sandro Botticelli unterrichtet und erzogen, obwohl der Vater ihn auf seinem Sterbebette seinem Freunde, ja beinahe Bruder Fra Diamante empfohlen hatte. Filippo besaß so reiche Anlagen, eine so starke Erfindungsgabe und so viel Phantasie für Dekorationen, daß man ihn als den ersten bezeichnen kann, der den modernen Malern die neuartige Methode zeigte, den Kleidungen Mannigfaltigkeit zu geben und die Gestalten durch antik geschürzte Gewänder gefällig zu verschönen. Außerdem war er der erste, der die den antiken ähnlichen Grotesken aufbrachte und sie in Friesen, in Grundfarbe oder bunt, nach besserer Zeichnung und mit mehr Anmut als je vorher ausführte.

Dieser Künstler vollendete in frühester Jugend die Kapelle der Brancacci in der Kirche del Carmine zu Florenz, die vorher von Masolino angefangen und dann von Masaccio, der darüber starb, nicht ganz beendet worden war. Filippo legte nun die letzte Hand an ihre Vollendung und fertigte den Rest eines unvollständigen Bildes, auf dem die Heiligen Petrus und Paulus den Neffen des Kaisers vom Tod erwecken. In der Kapelle des Francesco del Pugliese in dem Kirchlein alle Campora, das außerhalb von Florenz den Mönchen der Badia gehört, malte Filippo auf eine Temperatafel einen heiligen Bernhard, dem, während er in einem Walde streift, die Madonna erscheint, umgeben von einigen Engeln. Dieses Bild galt in vieler Hinsicht als bewundernswert, namentlich im Gestein, Büchern, Kräutern und anderen Gegenständen, die er darin anbrachte. Auch ist der heilige Bernhard darin so gut nach dem Leben dargestellt, daß ihm nur die Sprache zu fehlen scheint.In Prato im Audienzsaal der Prioren stellte er auf einer kleinen Tafel, die sehr gerühmt wird, die Madonna dar samt dem heiligen Stephanus und Johannes dem Täufer und malte in Fresko ein schönes Tabernakel an der Ecke am Marktplatz zu Prato.Auf leuchtendem Grunde sieht man die Madonna von einem Seraphimchor umgeben, und Filippo zeigt hier unter anderem viel Kunst und Überlegung bei einem Drachen, der sich unter den Füßen der heiligen Margherita krümmt, so seltsam und schrecklich, daß man deutlich erkennt, wo sein Körper Gift, Feuer und Tod beherbergt.

Einige seiner Arbeiten schickte er nach Genua und malte für die Kirche San Domenico in Bologna eine Tafel mit dem heiligen Sebastian, die allen Lobes wert ist. Nach Vollendung dieses Werkes unternahm er auf Wunsch Lorenzos des Älteren de' Medici in Rom ein großes Werk für dessen vertrauten Freund Oliviero Caraffa, den Kardinal von Neapel. Auf dem Wege nach jener Stadt reiste er auf den Wunsch Lorenzos über Spoleto und traf Anordnungen auf Kosten seines Herrn, ein Marmorgrabmal für Fra Filippo, seinen Vater, zu errichten, dessen Leichnam Lorenzo von den Spoletinern nicht hatte erlangen können, um ihn nach Florenz bringen zu lassen. Filippo machte einen sehr hübschen Entwurf für dieses Grabmal, und Lorenzo ließ es nach dieser Zeichnung reich und prächtig ausführen.

In Rom verzierte Filippo für den genannten Kardinal Caraffa eine Kapelle in der Kirche der Minerva. Er stellte darin Begebenheiten aus dem Leben des heiligen Thomas von Aquino dar und einige sehr schöne poetische Gegenstände, sinnreich von ihm erfunden, denn hierfür hatte er immer ein glückliches Talent. Man sieht, wie der Glaube den Unglauben und alle Ketzer und Ungläubigen gefangennimmt, wie die Verzweiflung von der Hoffnung besiegt wird und wie viele andere Tugenden das Laster unterjochen, das ihnen entgegensteht. Das ganze Werk galt damals und gilt noch heute für eine vollkommene Freskoarbeit.Filippo brachte darin das Bild des Kardinals Caraffa, Bischofs von Ostia, an, den man 1551 in jener Kapelle beisetzte, später aber in den bischöflichen Palast zu Neapel überführte.

Nach seiner Rückkehr nach Florenz übernahm und begann Filippo mit Gemächlichkeit die Kapelle des alten Filippo Strozzi in Santa Maria Novella. Kaum jedoch hatte er das Gewölbe beendet, mußte er abermals nach Rom gehen, um wieder in der Kirche der Minerva in einer Kapelle neben der vorigen ein Grabmal aus Stuck und noch drei andere Figuren aus Gips für den genannten Kardinal zu arbeiten, von denen sein Schüler Raffaelino del Garbo einige verfertigte. Diese Kapelle wurde von zwei der besten damaligen Meister in Rom, von Lanzilago aus Padua und Antonio, den man Antoniazzo Romano nannte, auf zweitausend Dukaten geschätzt, ungerechnet die Kosten für Ultramarin und die Hilfe seiner Malerjungen. Filippo nahm diese Summe in Empfang, kehrte damit nach Florenz zurück und vollendete die Kapelle der Strozzi mit so viel Kunst und nach so guter Zeichnung, daß, wer sie sah, in Staunen geriet über die Neuheit und Mannigfaltigkeit der hier dargestellten Dinge. Es ist ganz unmöglich, weder in Erfindung noch in Zeichnung, noch irgend durch Fleiß oder Kunstfertigkeit

Besseres in dieser Art zu leisten. Außerdem sind in dem ganzen Werke viel Grotesken und andere ähnliche Dinge, in Hell und Dunkel dem Marmor ähnlich und eigentümlich gearbeitet, in schönster Erfindung und vortrefflicher Zeichnung ausgeführt. In San Donato, außerhalb von Florenz, „Scopeto“ genannt, jetzt aber zusammengestürzt, malte Filippo für die Frati Scopetini mit vielem Fleiß auf eine Tafel die Könige, die kommen, um den Heiland anzubeten.Man sieht darin einen Astrologen mit dem Quadranten in den Händen, ein Porträt des alten Pier Francesco de' Medici, des Sohnes des Lorenzo di Bicci. In demselben Bilde hat Filippo den Giovanni, Vater des Herrn Giovanni de' Medici, und Pier Francesco, den Bruder des Herrn Giovanni, und sonst noch einige berühmte Personen abgebildet. Auch brachte er darin Mohren an, Inder, seltsam geschmückte Kleider und eine ganz merkwürdige Hütte. In Poggio a Caiano begann er für Lorenzo de' Medici in einer Loggia ein Opfer als Fresko zu malen, das aber unvollendet blieb.

Für die Kirche der Badia von Florenz, malte er einen schönen heiligen Hieronymusund für den Hauptaltar bei den Mönchen der Nunziata eine Kreuzabnahme.Er vollendete bei diesem letzteren Bild jedoch nur die Figuren von der Mitte an aufwärts, denn von einem heftigen Fieber ergriffen und von dem Halsübel befallen, das man Bräune nennt, starb er nach wenigen Tagen im siebenundvierzigsten Jahr seines Lebens. Er wurde von seinen Söhnen in San Michele Bisdomini begraben, und während man ihn zur Gruft trug, waren alle Werkstätten und Läden in der Via de' Servi geschlossen, was nur bei Leichenbegängnissen von hervorragenden Männern manchmal zu geschehen pflegt.

Pietro Perugino

Geboren um 1450 in Castel della Pieve gestorben 1523 in Castello di Fontignano bei Perugia

Daß es Menschen gibt, denen Armut Gewinn schafft und eine mächtige Triebfeder ist und sie vollkommen und hervorragend werden läßt, welchen Beruf sie auch ergreifen mögen, kann man deutlich genug an dem Schicksal des Pietro Perugino sehen. Er entfloh dem äußersten Elend, das ihn in Perugia umgab, und ging nach Florenz, voll Verlangen, durch Tüchtigkeit einen ehrenvollen Platz zu erreichen. Dort war er viele Monate, ohne nur ein Bett zu haben, schlief in einem

Kasten, verwandelte die Nacht zum Tag und lebte unausgesetzt dem Studium seines Berufs. Dies wurde ihm zur Gewohnheit; er kannte kein anderes Vergnügen mehr, als sich immer in seiner Kunst zu mühen und stets zu malen. Weil ihm außerdem die Schrecknisse der Armut beständig vorschwebten, trug er kein Bedenken, sich um des Verdienstes willen Arbeiten zu unterziehen, die er sonst nicht beachtet haben würde, wenn er seinen Unterhalt gehabt hätte. Vielleicht würde der Reichtum ihm die Bahn zur Trefflichkeit in der Kunst ebensosehr verschlossen haben, wie die Armut sie ihm öffnete und die Not ihn trieb, da er wünschte, vom niederen und armseligen Stand wenn nicht zum höchsten, so wenigstens zu einem gemächlichen Auskommen zu gelangen. Er achtete nicht Kälte, Hunger, Beschwerden, Mühen und Unbequemlichkeiten, und wie er sich keiner Arbeit schämte, um eines Tages gemächlich und ruhig leben zu können, so pflegte er auch sprichwörtlich zu sagen: „Nach bösem Wetter muß gutes kommen, und wenn gutes Wetter ist, baut man Häuser, um, wenn es nötig ist, unter Dach zu kommen."

Allgemeiner Ansicht nach wurde dem Christofano, einem sehr armen Mann aus Castello della Pieve, ein Sohn geboren, den er bei der Taufe Pietro nannte.Der Knabe wuchs auf, umgeben von Not und Elend, und wurde von seinem Vater als Lehrling zu einem Maler nach Perugia gegeben, der in diesem Gewerbe nicht gerade hervorragend war, die Kunst aber und ihre trefflichen Meister hoch verehrte. Von ihm vernahm Pietro stets, wieviel Ehre und Gewinn die Malerei denen bringe, die sie wohl auszuüben verständen, und welche Belohnungen die alten und neuen Meister erhalten hätten. Dies stärkte in Pietro den Mut zur Malerei, und er begeisterte sich so sehr, daß er den übermütigen Gedanken faßte, er wolle, wenn das Glück ihm beistehe, dereinst ein solcher Meister werden. Oftmals fragte er deshalb Leute, von denen er wußte, daß sie die Welt gesehen hatten, und besonders seinen Lehrer, an welchem Ort die Männer seines Berufes gebildet würden, und erhielt immer dieselbe Antwort, nämlich, mehr als irgendwo sonst erlangten die Menschen in Florenz Vollkommenheit in allen Künsten, besonders in der Malerei. Denn in dieser Stadt werden sie von drei Dingen angespornt und getrieben: zuerst vom Tadel, der in vielfacher Weise von einer großen Zahl Menschen vorgebracht wird, weil die Luft hier freie Geister von Natur aus erzeugt, die sich im allgemeinen nicht mit mittelmäßigen Werken begnügen und sie mehr zu Ehren des Guten und Schönen als mit Rücksicht auf den betrachten, der sie schafft. Das zweite ist, daß man, um hier zu leben, fleißig sein muß, aber das heißt nichts anderes, als seinen

Verstand und sein Urteil anzuwenden, in seinem Tun schlau und schnell zu sein und endlich zu wissen, wie man Geld gewinne. Denn diese Stadt hat kein weites und reiches Gebiet, daher kann sie denen, welche dort leben, nicht für geringen Preis ihren Unterhalt bieten, wie es überall der Fall ist, wo viel Reichtum sich vorfindet. Das dritte, was vielleicht nicht geringere Macht ausübt als die beiden anderen, ist die Begierde nach Ruhm und Ehre, die jene Luft in höchstem Maße bei allen Berufen erzeugt. Ja, oftmals pflegt dies ein solches Streben nach eigener Größe zu erwecken, daß, wer nicht von Natur gut und verständig ist, dadurch verleumderisch und undankbar wird und sich für empfangene Wohltaten nicht erkenntlich zeigt. Anderseits muß, wer in Florenz genügend gelernt hat und nicht Tag für Tag wie ein Tier leben will, sondern reich zu werden verlangt, von dort fortgehen und für die Güte seiner Werke und den Ruhm, den jene Stadt verleiht, an anderen Orten Käufer finden, wie es die Gelehrten mit ihrer Wissenschaft machen. Denn die Stadt Florenz handelt an ihren Künstlern wie die Zeit mit dem, was ihr angehört; was sie bildet, zerstört sie wieder oder verbraucht es allmählich.

So kam Pietro mit dem Vorsatz nach Florenz, berühmt zu werden. Dies gelang ihm wohl, da die Werke seines Stils zu jener Zeit in außerordentlich hohem Wert standen. Er lernte unter der Zucht des Andrea Verrochio und malte seine ersten Figuren für die Nonnen von San Martino vor der Porta al Prato. Nach wenigen Jahren gelangte Pietro zu solchem Ruhm, daß seine Werke sich nicht nur in Florenz und Italien verbreiteten, sondern auch nach Spanien, Frankreich und vielen anderen Ländern gesandt wurden. Sie standen in sehr hohem Wert und Preis, deshalb suchten die Kaufleute sie aufzukaufen und schickten sie mit großem Gewinn und Vorteil nach den verschiedensten Gegenden. Für die Nonnen von Santa Chiara malte Pietro auf einer Tafel den toten Christus mit einer so schönen und neuartigen Farbgebung, daß er in den Künstlern den Glauben erweckte, er werde eine ausgezeichnete und wunderbare Art entwickeln.Durch diese und andere Arbeiten gelangte Pietro zu großem Ruhm, daß er sich fast gezwungen sah, nach Siena zu gehen. Dort malte er in San Francesco eine sehr große, als sehr schön beurteilte Tafel und machte in Sant' Agostino eine andere, einen Kruzifixus mit einigen Heiligen.Bald darauf verfertigte er zu Florenz in der Kirche San Gallo ein Bild des heiligen Hieronymus, der Buße tut. In Santa Croce malte er eine trauernde Maria mit dem toten Christus im Schoß und zwei Figuren, die man mit Bewunderung betrachtet, nicht nur um ihrer Vorzüglichkeit willen, sondern wegen der Frische und Lebendigkeit, in der die Freskofarben sich erhalten haben. Bernardino de' Rossi, ein Florentiner Bürger, beauftragte ihn, einen heiligen Sebastian zu malen, den er nach Frankreich schicken wollte.Sie kamen überein, daß Pietro als Preis hundert Goldgulden erhalten sollte. Von dem König von Frankreich dagegen ließ Rossi sich vierhundert Dukaten dafür zahlen. – In Vallombrosa malte er eine Tafel für den Hauptaltar,eine andere in der Certosa von Pavia für dieselben Mönche. Der Kardinal Caraffa von Neapel ließ ihn für den Hauptaltar der bischöflichen Kirche daselbst eine Himmelfahrt der Madonna malen mit Aposteln, betend an ihrem Grabe.

Weil sich der Ruf Pietros in Italien wie in anderen Ländern verbreitete, berief Papst Sixtus IV. ihn ehrenvoll nach Rom, damit er in Gesellschaft anderer trefflicher Künstler die Kapelle ausschmücke. Dort malte er mit Bartolommeo della Gatta, dem Abt von San Clemente aus Arezzo, das Bild, auf dem Christus dem Petrus die Schlüssel übergibt, weiterhin die Geburt und die Taufe Jesu, dann die Geburt des Moses und seine Auffindung durch die Tochter des Pharao. Auf derselben Wand, wo der Altar ist, malte er das Altarbild auf die Mauer: die Himmelfahrt der Madonna und unten Papst Sixtus in kniender Stellung. Dieses Gemälde aber wurde zur Zeit Pauls III. abgekratzt, damit dort der göttliche Michelangelo das Weltgericht malen könne. In der Torre Borgia im Palast des Papstes arbeitete er an einem Gewölbe mehrere Geschichten von Christus, mit Laubwerk umgeben, die zu jener Zeit als vortrefflich anerkannt und berühmt waren.Im Palast von Santi Apostoli verzierte er für Sciarra Colonna einen Bogengang nebst anderen Zimmern. Alle diese Arbeiten brachten ihm eine große Menge Geld ein.

Dann beschloß er, nicht länger in Rom zu bleiben, schied von dort unter Gunstbezeigungen des ganzen Hofes und kehrte nach Perugia, seiner Vaterstadt, zurück. Dort schuf er an vielen Stellen Bilder und Freskomalereien, besonders in der Kapelle des Palastes der Signoren eine Tafel in Öl, worauf er die Mutter Gottes und andere Heilige darstellte.In San Francesco del Monte schmückte er zwei Kapellen in Fresko aus. In San Lorenzo, dem Dom jener Stadt, sieht man von Pietro ein Gemälde, das die Madonna, Johannes, die anderen Marien, Laurentius und Jakobus mit noch einigen anderen Heiligen enthält.An dem Altar des Sakramentes, wo der Ehering der Madonna aufbewahrt wurde, stammt ein Bild mit der Vermählung der Madonna von ihm.Hierauf malte er den ganzen Versammlungssaal des Hauses der Wechsler in Fresko aus. Hier stellte er in den Feldern der Wölbung die sieben Planeten dar, von verschiedenen Tieren auf

Wagen gezogen, wie man sie in alter Zeit abzubilden pflegte; auf der Wand, der Tür gegenüber, die Geburt und die Auferstehung Christi und auf einer Tafel Johannes den Täufer zwischen mehreren Heiligen. Auf den Seitenwänden sind einzelne Figuren in seinem gewöhnlichen Stil ausgeführt. Unter jeder dieser Gestalten liest man als Motto einige Worte aus ihren Schriften oder Reden, für den Ort passend, an dem sie dargestellt sind. Außerdem brachte er dort in einem Ornament sein eigenes Bildnis an, das sehr lebendig erscheint. Dies, Werk, schöner und berühmter als irgend sonst eine der Arbeiten Pietros in Perugia, wird heutigen Tages von den Bewohnern jener Stadt als Andenken eines so anerkannten Künstlers sehr wert gehalten.

Pietro hatte so viel gearbeitet und erhielt so zahlreiche Aufträge, daß er ein und dieselben Dinge zu wiederholten Malen in seinen Werken anbrachte. Dadurch sank die Art seiner Kunst so zur Manier herab, daß alle seine Gestalten dieselben Züge erhielten. Als daher Michelangelo Buonarroti mit seinen Werken hervortrat, wünschte Pietro sehr, seine Leistungen zu sehen, die von den Künstlern außerordentlich gerühmt wurden. Da er durch sie die Würde seines Namens verdunkelt sah, den er sich in jeder Beziehung durch seine Leistungen erworben hatte, suchte er durch beißende Reden die Werke derer, die nun arbeiteten, herunterzusetzen. So verdiente er es, daß ihm einige Grobheiten von Künstlern widerfuhren und Michelangelo ihm öffentlich sagte, er sei ein Kunsttölpel. Pietro konnte einen so großen Schimpf nicht ertragen, und beide standen vor dem Magistrat der Acht. Doch kam Pietro mit wenig Ehren davon. Unterdes trugen die Servitenmönche zu Florenz Verlangen, das Bild für ihren Hauptaltar von einem berühmten Meister malen zu lassen. Und da Leonardo da Vinci nach Frankreich gegangen war, hatten sie dem Filippino den Auftrag dazu gegeben. Dieser aber hatte nur die Hälfte von dem einen der beiden Bilder, die dazu gehörten, vollendet, als er in ein anderes Leben überging, und die Mönche, die zu Pietro viel Zutrauen hatten, trugen nun diesem das ganze Werk auf. Filippino hatte die ganze Kreuzabnahme angefangen und den oberen Teil vollendet, wo Nikodemus den Heiland herunternehmen soll. Pietro malte unten die Madonna, die ohnmächtig niedersinkt, und dabei einige andere Gestalten. Dies Werk bestand aus zwei Bildern: das eine gegen den Chor der Mönche, das andere gegen das Schiff der Kirche zu. Nach dem Chor sollte die Kreuzabnahme kommen, nach vorn eine Himmelfahrt der Madonna. Pietro aber malte diese so gewöhnlich, daß man die Kreuzabnahme nach vorn und die Himmelfahrt gegen den Chor setzte.. Man erzählt, daß diese Arbeit, als sie aufgedeckt wurde, von allen neuen Künstlern Tadel genug erfuhr, besonders weil Pietro darin Figuren angebracht hatte, die man schon aus seinen früheren Werken kannte. Seine Freunde suchten ihn auf und sagten, er habe sich nicht sehr angestrengt und sei, entweder aus Gewinnsucht oder um schnell zu arbeiten, von der guten Art seiner früheren Arbeiten abgewichen. „Ich habe dieselben Figuren dargestellt", entgegnete Pietro, „die sonst Lob und großes Gefallen bei Euch erweckten. Was kann ich dafür, wenn Ihr sie jetzt nicht mögt." Dies hinderte nicht, daß jene ihn mit beißenden Sonetten und öffentlichen Schmähungen verfolgten. Pietro, der schon alt war, schied deshalb von Florenz und ging nach Perugia zurück.

Dort fertigte er einige Freskoarbeiten in der Kirche San Severo an. In der Kirche von San Piero, der Abtei der Schwarzen Brüder in Perugia, malte er auf einer großen Tafel für den Hauptaltar die Himmelfahrt Christi und die Apostel, die nach oben schauen. Auf der Staffel des Bildes sind drei Begebenheiten in kleinen Figuren mit großer Sorgfalt ausgeführt: die Anbetung der Könige, die Taufe und die Auferstehung Christi. Dies ganze Werk, von Pietro mit großer und lobenswerter Sorgfalt gearbeitet, ist seine beste Ölmalerei in der Stadt Perugia.Außerdem fing er zu Castello della Pieve ein nicht unbedeutendes Freskogemälde an, beendete es jedoch nicht.

Pietro gehörte zu den Menschen, die anderen nicht trauen, und wenn er von Perugia nach Castello ging, pflegte er alles Geld, das er besaß, mitzunehmen. Dies war die Ursache, daß er einmal von einigen Leuten an einem Übergang angefallen wurde. Er bat sehr um Schonung, und sie ließen ihm das Leben. Durch Vermittlung von Freunden, deren er trotz alledem viele hatte, erhielt er einen großen Teil des entwendeten Geldes zurück, wäre jedoch aus Kummer über dieses Mißgeschick fast gestorben.

Pietro besaß wenig Religion und konnte nie zu dem Glauben an die Unsterblichkeit der Seele gebracht werden. Ja, er wies mit Worten so hart, wie seine felsige Stirn selbst war, jede gute Belehrung aufs hartnäckigste zurück. Er setzte alle seine Hoffnung auf die Güter des Glücks und würde um Geld jeden schlimmen Vertrag geschlossen haben. Er gewann große Reichtümer, baute und kaufte in Florenz Häuser und erwarb sich zu Perugia und Castello della Pieve viele Liegenschaften. Er nahm sich ein sehr schönes Mädchen zur Frau, von der er Kinder hatte, und es machte ihm ein solches Vergnügen, wenn sie in und außer dem Hause zierlichen Kopfputz trug, daß man sagt, er habe sie bisweilen selbst geschmückt. Endlich, als er das Alter von dreiundsiebzig Jahren erreicht hatte, starb er zu Castello di Fontignano und wurde im Jahre 1523 in seiner Vaterstadt ehrenvoll begraben.

Luca Signorelli

Geboren um 1441 in Cortona, gestorben am 16. Oktober 1523 daselbst.

Luca Signorelli,ein vortrefflicher Maler, war zu seiner Zeit in Italien so sehr berühmt und seine Arbeiten wurden so hoch bewertet, wie dies bei keinem anderen Meister in irgendeiner Periode der Fall gewesen. Denn er zeigte in seinen Werken, wie man nackte Gestalten darstellen müsse und wie man es besonders mit Kunst und Schwierigkeiten dahin bringen könne, daß sie gleich Lebenden erscheinen. Als Zögling und Schüler von Piero aus Borgo San Sepolcrostrengte er sich in seiner Jugend sehr an, diesen Meister nachzuahmen und sogar zu übertreffen. Er arbeitete mit ihm in Arezzo, wo er in das Haus seines Oheims Lazzaro Vasari aufgenommen worden war, und ahmte Pieros Manier so nach, daß man ihre Werke fast nicht unterscheiden konnte. Luca machte seine ersten Arbeiten in San Lorenzo in Arezzo, wo er die Kapelle der heiligen Barbara mit Freskobildern verzierte. Für die Bruderschaft der heiligen Katharina malte er auf Leinwand in Öl die Fahne, die bei Prozessionen umhergetragen wird. In der Kirche San Francesco verfertigte er im Auftrag des Francesco Accolti, Doktors der Rechte, eine Tafel für die Familienkapelle und porträtierte ihn mit einigen seiner Verwandten. Dieses Werk zeigt einen bewundernswert schönen Sankt Michael, der die Seelen der Toten wägt. In ihm erkennt man das Verständnis und Wissen Lucas an dem strahlenden Glanz der Rüstung, an den Reflexlichtern und überhaupt am ganzen Werk. In Perugia befinden sich viele Arbeiten von ihm, unter anderem im Dom ein Bild, das er im Auftrag des Bischofs Jacopo Vannucci von Cortona fertigte. Er stellte darin die Madonna mit Heiligen dar und einen sehr schönen Engel, der die Laute stimmt.Zu Monte Santa Maria malte er eine Tafel mit dem toten Heiland, in San Francesco zu Città di Castello eine Geburt Christiund auf einer anderen Tafel in San Domenico den heiligen Sebastian.In Santa Margherita, in seiner Vaterstadt Cortona, schuf er für die Barfüßermönche einen toten Christus, eins seiner besten Werke.Drei Tafeln verfertigte er in derselben Stadt für die Gesellschaft Jesu, von denen das Gemälde für den Hauptaltar bewundernswert ist: Christus reicht den Jüngern das Abendmahl, und Judas steckt die Hostie in den Geldbeutel.In der Pfarrkirche, die jetzt bischöfliche Kirche ist, malte er in Fresko für die Sakramentskapelle mehrere Propheten in natürlicher Größe. Um das Tabernakel schweben einige Engel, die ein Zelt öffnen, zu Seiten der Heiligen Hieronymus und Thomas von Aquino. Für den Hauptaltar jener Kirche stellte er auf einer Tafel eine sehr schöne Himmelfahrt der Maria dar und zeichnete die Kartons zu den Malereien des Hauptrundfensters der Kirche. In Castiglione Aretino malte er über der Kapelle des Sakraments einen toten Christus mit den Marien,und in Sant' Agostino zu Siena verfertigte er für die Kapelle des heiligen Christophorus ein Bild mit einigen Heiligen, in deren Mitte Sankt Christophorus in Relief gearbeitet ist.

Von Siena ging Luca nach Florenz, um die Werke längst verstorbener wie auch lebender Meister zu sehen. Dort malte er auf Leinwand für Lorenzo de' Medici einige nackte Göttergestalten, die man sehr rühmte,und ein Bild der Madonna mit zwei kleinen Propheten, in Grundierungsfarbe ausgeführt.Beide Werke schenkte er dem Lorenzo, der sich von keinem je an Freigebigkeit und Großmut übertreffen ließ. In der Kirche der Madonna von Orvieto, der Hauptkirche jener Stadt, vollendete er eine Kapelle, die früher von Fra Giovanni da Fiesole angefangen worden war; er malte dort das Weltgericht mit seltsamer und wunderlicher Phantasie: Engel und Teufelsgestalten, Zerstörung, Erdbeben, Feuer, Wunder des Antichrist und viele andere ähnliche Dinge, darin nackte Gestalten, Verkürzungen und eine Menge schöner Figuren, indem er sich die Schrecknisse vorstellte, die an diesem angstvollen Tage herrschen werden.Hierdurch stärkte er den Mut aller, die nach ihm kamen, so daß die Schwierigkeiten dieser Darstellungsweise ihnen leicht wurden. Deshalb wundere ich mich nicht, daß Michelangelo die Werke von Luca immerdar aufs höchste pries, noch daß er bei seinem göttlichen Weltgericht in der Sixtinischen Kapelle die Erfindungen dieses Meisters zum Teil fleißig benutzte, bei den Engeln und Dämonen, der Einteilung der Himmel und anderen ähnlichen Dingen, wie jeder sehr wohl sehen kann. Luca stellte in diesem Werke viele seiner Freunde und sich selbst dar. In der Sakristei von Santa Maria zu Loreto malte er in Fresko die sehr schönen Evangelisten, die vier Kirchenväter und andere Heilige im Auftrag von Papst Sixtus, der ihn freigebig dafür belohnte.

Man erzählt, daß Luca, als ihm in Cortona ein Sohn getötet wurde, der schönen Angesichts und Körpers war und den er sehr liebte, in seiner tiefen Betrübnis ihn entkleiden ließ und mit größter Seelenstärke, ohne eine Träne zu vergießen, abmalte, damit er, so oft er wolle, durch seiner eigenen Hände Arbeit das schauen könne, was die Natur ihm gegeben, ein feindliches Schicksal aber geraubt hatte.

Luca wurde von dem genannten Papst Sixtus nach Rom berufen, um im Wettbewerb mit vielen anderen Malern in der Kapelle des Palastes zu arbeiten. Er führte dort zwei Bilder aus, die unter den vielen als die besten anerkannt sind. Das eine ist das Testament des Moses an die Hebräer, als er das Land der Verheißung gesehen hat, das zweite sein Tod.

Nachdem Luca für fast alle Fürsten Italiens Werke geschaffen hatte und schon sehr alt war, kehrte er nach Cortona zurück. Dort arbeitete er in seinen letzten Jahren mehr um des Vergnügens willen, als sonst aus einem Grunde, wie einer, der, an Mühen gewöhnt, nicht untätig bleiben konnte noch wollte. In jener Zeit malte er eine Tafel für die Nonnen von Santa Margherita in Arezzo und eine für die Bruderschaft des heiligen Hieronymus. Dieses Werk trugen die Mitglieder dieser Bruderschaft auf den Schultern von Cortona nach Arezzo, und Luca, obgleich hoch an Jahren, wollte noch selbst nach jener Stadt gehen, damit er es an seinem Platz aufstelle und wohl auch, damit er seine Freunde und Verwandten wiedersehe.

Er wohnte in Arezzo im Hause der Vasari, wo ich als Kind von acht Jahren war, und ich entsinne mich sehr wohl des guten Alten. Der Lehrer, der mich in den ersten Anfängen der Wissenschaft unterrichtete, sagte zu jenem liebenswürdigen und ehrlichen alten Herrn, ich täte in der Schule nichts als Figuren zeichnen. Ich gestehe, ich erinnere mich gut, wie sich darauf Luca an meinen Vater Antonio wandte und sagte: „Antonio, laß den kleinen Giorgio auf jeden Fall zeichnen lernen, damit er nicht aus der Art schlage, denn wenn er sich auch den Wissenschaften widmen sollte, kann ihm, wie allen gebildeten Menschen, Zeichnen nur zu Nutzen, Ehre und Vorteil gereichen." Darauf wandte er sich gegen mich, der ich unmittelbar vor ihm stand, und sagte: „Lerne brav, mein kleiner Anverwandter." Und er sagte noch viele Dinge, die ich verschweige, weil ich wohl weiß, daß ich die Erwartungen bei weitem nicht erfüllt habe, die der gute Alte von mir hegte. Als er hörte, daß ich in jenem Alter sehr stark an Nasenbluten litt und bisweilen dadurch ohnmächtig wurde, band er mir höchst liebevoll mit eigener Hand einen Jaspis um den Hals. Alle diese Erinnerungen an Luca werden mir ewig fest in der Seele bleiben. Nachdem das genannte Bild an seinem Orte aufgestellt war, kehrte Luca nach Cortona zurück und wurde ein großes Stück Weges von vielen Bürgern, Freunden und Verwandten geleitet, –

eine Ehre, die den Vorzügen dieses Meisters sehr wohl zukam, der stets mehr das Leben eines ausgezeichneten Edelmannes als das eines Künstlers führte.

In dieser Zeit hatte der Maler Benedetto Caporali aus Perugia, der sich mit der Baukunst beschäftigte und kurz vorher den Vitruv kommentiert hatte, für den Kardinal von Cortona, Silvio Passerini, einen Palast eine halbe Meile vor der Stadt erbaut. Der Kardinal wollte das Gebäude völlig ausgemalt sehen und wünschte auch irgendein Gemälde von der Hand des Luca. Dieser, obgleich alt und durch ständiges Händezittern behindert, malte in Fresko auf der Vorderseite des Altars der Palastkapelle die Taufe Christi durch Johannes. Er konnte sie aber nicht vollenden, da er mitten in der Arbeit im Alter von zweiundachtzig Jahren starb. Luca war von trefflichen Sitten, offen und liebevoll gegen seine Freunde, mild und freundlich in der Unterhaltung mit jedermann, vor allem aber bereitwillig gegen solche, die Werke von ihm begehrten, und geschickt im Unterricht seiner Schüler. Er führte ein glänzendes Leben, fand Freude daran, sich gut zu kleiden und wurde wegen seiner guten Eigenschaften in der Heimat wie in der Fremde immerdar hoch verehrt. Im Jahre 1523 ging er zu einem anderen Dasein über.

Leonardo da Vinci

Geboren am 15. April 1452 in Vinci bei Empoli. Gestorben am 2. Mai 1519 auf Schloß Cloux bei Amboise

Reiche und manchmal übernatürliche Gaben sehen wir oft von der Natur mit Hilfe der himmlischen Einflüsse über einzelne Menschen ausgebreitet. Bisweilen aber vereinigen sich wie ein ungeheures Geschenk in einer einzigen Persönlichkeit Schönheit, Liebenswürdigkeit und Kunstbegabung so herrlich, daß jede ihrer Handlungen glücklich erscheint, alle anderen Sterblichen hinter ihr zurückbleiben und sich deutlich offenbart: ihre Leistung ist von Gott gespendet, nicht aber durch menschliche Kunst erworben. Dies erkannte man bei Leonardo da Vinci. Sein Körper war mit nie genügend gepriesener Schönheit geschmückt, in allen seinen Handlungen zeigte er die größte Anmut, und er besaß so vollkommene Fähigkeiten, daß er auch das Schwierigste, was er unternahm, mit Leichtigkeit löste. Seltene Kraft verband sich in ihm mit Gewandtheit, sein Mut und seine Kühnheit waren erhaben und groß, und der

Ruf seines Namens verbreitete sich so weit, daß er nicht nur von der Mitwelt, sondern noch viel mehr von der Nachwelt gepriesen wurde.

Wirklich wunderbar und gottbegnadet war Leonardo, der Sohn des Ser Piero da Vinci. Er würde als Gelehrter in den Wissenschaften Großes geleistet haben, wenn er weniger unbeständig und wandelbar gewesen wäre. Doch unternahm er viele Dinge und ließ die begonnenen sehr bald wieder liegen. So machte er in der Rechenkunst in wenigen Monaten unglaubliche Fortschritte und trug seinem Meister dauernd Zweifel und Einwände vor, die diesen oft in Verwirrung setzten. Auch die Musik begann er zu studieren und entschloß sich dann bald, das Lautenspiel zu lernen. Und da sein Sinn aufs Höchste gerichtet und voll der schönsten Gedanken war, improvisierte er zu diesem Instrument wundervolle Gesänge. Wenn er so auch vielerlei Dinge trieb, unterließ er es doch nicht, zu zeichnen und Reliefs zu verfertigen, eine Beschäftigung, die mehr als andere seinem Sinn entsprach. Sein Vater Piero, der dieses sah und die Hoheit seines Geistes erkannte, nahm eines Tages eine Anzahl seiner Zeichnungen und brachte sie seinem Freunde Andrea del Verrochio mit der dringenden Bitte, ihm zu sagen, ob Leonardo, wenn er sich der Zeichenkunst widme, es darin zu etwas bringen könne.

Andrea erstaunte über die außerordentlichen Anfänge des Knaben und ermunterte Piero, ihn diesen Beruf wählen zu lassen, worauf jener den Leonardo in die Werkstatt des Andrea sandte. Der Knabe trat hier mit großer Begeisterung ein und übte nun nicht nur einen Beruf, sondern alle, die in das Gebiet der Zeichenkunst gehören. Er hatte einen so glücklichen und wunderbaren Verstand, daß er ein trefflicher Geometer wurde, der nicht nur als Bildhauer arbeitete, sehr jung schon einige lachende weibliche Köpfe aus Ton formte, die in Gips vervielfältigt wurden, und ebenso einige Kinderköpfe, die von Meisterhand gebildet zu sein schienen, sondern auch in der Baukunst viele Zeichnungen zu Grundrissen und Gebäuden entwarf. Trotz seiner Jugend war er der erste, der Vorschläge machte, um den Arnofluß in einen Kanal von Florenz bis Pisa zu fassen. Ebenso fertigte er Zeichnungen zu Mühlen, Walkmühlen und anderen Maschinen an, die durch Wasser getrieben werden, und da er die Malerei zu seinem eigentlichen Beruf wählte, übte er sich viel im Zeichnen nach der Natur. Bisweilen formte er Modelle verschiedener Figuren in Erde, legte darüber weiche Lappen, in Gips getaucht, und bemühte sich mit äußerster Geduld, sie auf ganz feine oder schon gebrauchte Leinwand nachzuzeichnen, indem er sie schwarz und weiß mit der Spitze des Pinsels bewunderungswürdig ausführte. Auf Papier zeichnete er so fleißig und sauber, daß keiner ihn hierin je an Zartheit erreicht hat. – Gott hatte über diesen Geist eine solche Anmut ausgegossen, verbunden mit einer außerordentlichen Darstellungsgabe und einem klaren Verstand, dem sein stets zuverlässiges Gedächtnis überall zu Hilfe kam. Er konnte in Zeichnungen seine Gedanken so deutlich ausdrücken, daß er imstande war, jeden noch so starken Geist durch seine Reden zu besiegen und durch seine Gründe zu verwirren.

Täglich verfertigte er Modelle und Zeichnungen, um zu zeigen, wie man mit Leichtigkeit Berge abtragen und durchbohren könne, um von einer Ebene zur anderen zu gelangen; wie mit Hebebäumen, Haspen und Schrauben große Lasten zu heben und zu ziehen seien, in welcher Weise man Seehäfen ausräumen und durch Pumpen Wasser aus den Tiefen heraufholen könne. Solche schwierigen Dinge erdachte sein Geist ohne Unterlaß, und es gibt von diesen Gedanken und Bemühungen eine Menge Zeichnungen.Außerdem verlor er viel Zeit damit, daß er geordnete Schnurgeflechte zeichnete, worin man den Faden von einem Ende bis zum andern verfolgen konnte, bis er eine völlig kreisförmige Figur beschrieb. Unter diesen Zeichnungen und Modellen war eins, mit dem er mehrfach den zahlreichen sachverständigen Bürgern, die damals Florenz regierten, zeigte, daß er den Tempel San Giovanni hochheben und die Freitreppen unterschieben könne, ohne ihn zu beschädigen. In der Unterhaltung war Leonardo so angenehm, daß alle Menschen sich zu ihm hingezogen fühlten. Obgleich er eigentlich fast nichts besaß und wenig arbeitete, hielt er sich doch immer Diener und Pferde, an denen er eine große Freude hatte. Ebenso behandelte er alle anderen Tiere mit großer Liebe und Geduld. Oftmals, wenn er an einen Platz kam, wo man Vögel verkaufte, nahm er sie eigenhändig aus ihrem Käfig, zahlte den verlangten Preis und ließ sie dann fliegen, um ihnen die verlorene Freiheit wiederzugeben. Deshalb war die Natur ihm so freundlich, daß bei allem, worauf er Herz und Sinn auch wandte, ihm kein anderer an Bestimmtheit, Lebendigkeit, Güte, Lieblichkeit und Anmut gleichkam.

Leonardo begann viel aus Liebe zur Kunst, beendete aber fast nie etwas, denn es schien ihm, die Hand könne nie zu der Vollkommenheit in der Kunst gelangen, die seinem Geist vorschwebte. Seine Einfälle waren so vielfältig, daß er auch über Naturvorgänge nachdachte, sich bemühte, die Beschaffenheit der Pflanzen kennenzulernen, und die Bewegung des Himmels, den Lauf des Mondes und der Sonne beobachtete. Er kam, wie gesagt, in seiner Kindheit zu Andrea del Verrochio in die Lehre. Dieser arbeitete an einer Tafel der Taufe

Christi, und Leonardo malte darin einen Engel, der einige Gewänder hält. Trotz seiner Jugend führte er diese Gestalt so vollendet aus, daß sein Engel die Figuren des Andrea bei weitem übertraf. Dies war der Grund dafür, daß der Meister keine Farben mehr anrühren wollte, voll Zorn, daß ein Kind mehr verstehe als er.

Man erzählt: eines Tages besuchte den Ser Piero da Vinci in seinem Landhaus einer seiner Bauern, brachte ihm einen von ihm selbst aus einem Feigenbaum des Gütchens gearbeiteten runden Schild und bat ihn, in Florenz irgend etwas darauf malen zu lassen. Piero tat es gerne, weil der Bauer im Vogel- und Fischfang viel Übung hatte und er sich oftmals in diesen Dingen seiner Hilfe bediente. Er ließ den Schild nach Florenz bringen, gab ihn Leonardo, ohne zu sagen, wem er gehörte, damit er etwas darauf male. Dieser nahm den Schild eines Tages vor, sah, daß er krumm, schlecht und plump gearbeitet war, bog ihn am Feuer zurecht und ließ endlich durch einen Drechsler aus diesem ungeschickten Werk ein feines und gleichmäßiges formen. Darauf grundierte er ihn mit Gips, bereitete ihn nach seiner Weise zu und fing an, darüber nachzudenken, was er wohl darauf malen könne, um den, der sich ihm entgegenstellte, zu erschrecken und dieselbe Wirkung hervorzubringen wie einst das Haupt der Medusa. Zu diesem Zweck brachte er in sein Zimmer, das er allein betrat, Eidechsen, Grillen, Schlangen, Schmetterlinge, Heuschrecken, Fledermäuse und andere seltsame Tiere dieser Art und schuf aus diesem wunderlichen Haufen durch verschiedenartige Zusammenstellungen ein gräßliches und erschreckliches Untier. Aus dem geöffneten Rachen sprühte giftiger Atem, Feuer aus den Augen und Rauch aus den Nüstern, während es aus einem dunkeln, zerborstenen Felsen hervorkam, so daß es wirklich ungeheuerlich und schrecklich erschien. Bei seinem übergroßen Eifer für die Arbeit hatte er gar nicht bemerkt, welchen unerträglichen Gestank die inzwischen verstorbenen Tiere im Zimmer verbreiteten. Als das Werk vollendet war, um das sich weder der Bauer noch der Vater mehr gekümmert hatten, forderte Leonardo diesen auf, den Schild gelegentlich abholen zu lassen, er seinerseits sei damit fertig. Ser Piero begab sich deshalb eines Morgens zu der Wohnung des Sohnes und klopfte an die Tür. Leonardo öffnete und bat ihn, ein wenig zu warten. Er eilte ins Zimmer zurück, stellte den Schild auf die Staffelei in rechtes Licht, ließ durch das Fenster nur einen matten Schein hereinfallen und rief den Vater, um das Werk zu besichtigen. Ser Piero dachte im ersten Augenblick nicht an Derartiges, und da er nicht glaubte, den Schild, sondern ein gemaltes Untier vor Augen zu haben, fuhr er unwillkürlich zurück. Leonardo aber hielt ihn und sagte: „Das Werk ist brauchbar für den Zweck, für den es gearbeitet wurde. Nehmt es und tragt es fort, das ist die Wirkung, die man von einem Kunstwerk erwartet." Dem Vater erschien die Sache mehr als wunderbar, er lobte den launigen Einfall, kaufte, ohne etwas zu sagen, einen anderen Schild, worauf ein von einem Pfeil durchbohrtes Herz gemalt war, und gab ihn dem Bauern, der sich ihm dafür zeitlebens verpflichtet fühlte. Den Schild Leonardos dagegen verkaufte er für hundert Dukaten an Kaufleute in Florenz, durch die dieser bald in den Besitz des Herzogs von Mailand gelangte, der dreihundert Dukaten dafür bezahlte.

Auch kam Leonardo der phantastische Gedanke, als Ölbild den Kopf der Medusa mit einer Frisur von ineinander geschlungenen Schlangen zu malen, die seltsamste und wunderlichste Erfindung, die man sich nur denken kann. Da das Werk aber Zeit erforderte, ließ er es, wie so viele andere Dinge, unvollendet liegen. Wunderbar ist, wie dieses Genie, das das Bestreben hatte, die Gegenstände, die es schuf, plastisch hervortreten zu lassen, so mit den dunklen Schatten ging, um den Grundton der noch dunkleren herauszufinden, wie er nach einem Schwarz suchte, das schwärzer war als die übrigen und zu deren Schattierung geeignet wäre und durch das die Lichter noch glänzender erschienen. Endlich entdeckte er jene ganz dunklen Tinten, in denen gar kein Licht mehr ist, besser geeignet, die Nacht als den schwächsten Schein des Tageslichtes nachzubilden. Dies alles aber geschah, um den Gegenständen mehr Rundung zu geben und die Kunst zur Grenze und Vollendung zu führen.

Ein besonderes Vergnügen machte es ihm, wenn er Menschen mit ungewöhnlichen Gesichtszügen, Bärten oder Haarschmuck begegnete. Er hätte solchen den ganzen Tag nachgehen können, und ihre Gestalt prägte sich ihm so ein, daß er sie zu Hause zeichnete, als ob sie vor ihm ständen. In dieser Weise hatte er viele männliche und weibliche Köpfe ausgeführt. – Eine Tafel mit der Anbetung der Könige wurde von ihm angefangen; sie enthält viel Schönes, besonders an Köpfen, blieb aber unvollendet, wie seine anderen Arbeiten auch.

Im Jahre 1494 war Giovan Galeazzo, Herzog von Mailand, gestorben, und Lodovico Sforza wurde zum Nachfolger gewählt. Dieser fand großes Vergnügen am Lautenspiel, und Leonardo wurde deshalb ehrenvoll berufen. Er nahm ein Instrument mit, das er selbst fast ganz aus Silber in Form eines Pferdekopfes verfertigt hatte, eine seltsame und neue Gestalt, berechnet, dem Klang mehr Stärke und Wohllaut zu geben. Dadurch übertraf er alle Musiker, die nach Mailand gekommen waren, um dort zu spielen. Außerdem war er zu seiner Zeit der beste Improvisator im Reimen. Der Herzog, durch die wunderbaren Gaben

Leonardos entzückt, verliebte sich in seine Talente so sehr, daß es fast unglaublich war. Er bat ihn, eine Altartafel zu malen, eine Geburt Christi, die als Geschenk Lodovicos an den Kaiser gesandt wurde.

Für die Dominikanermönche in Santa Maria delle Grazie in Mailand schuf er noch ein Abendmahl von seltener und wunderbarer Trefflichkeit. Den Köpfen der Apostel gab er so viel Majestät und Schönheit, daß er das Haupt des Heilandes unausgeführt ließ, überzeugt, er vermöge ihm nicht jene himmlische Göttlichkeit zu verleihen, die für ein Bild Christi erforderlich sei. Das Werk verblieb so, als ob es vollendet wäre, und ist immerdar von den Mailändern wie von den Fremden hochgepriesen worden. Leonardo war darin aufs beste gelungen, den Argwohn auszudrücken, der die Herzen der Apostel erfaßt hat, die wissen möchten, wer ihren Meister verraten hat. Aus den Gesichtern aller spricht Liebe, Furcht und Zorn, aber auch der Schmerz, daß sie die Seele Christi nicht verstehen, und dies ist ebenso wunderbar wie der Trotz, Haß und Verrat, den man an Judas erkennt, überdies sind die geringsten Einzelheiten des ganzen Werkes mit unglaublicher Sorgfalt gearbeitet, sogar das Gewebe des Tischtuches ist so wiedergegeben, wie man es in feinstem Leinenzeug nicht besser sehen könnte.

Man erzählt, der Prior des Klosters habe Leonardo sehr ungestüm gedrängt, das Werk zu vollenden. Ihm schien es seltsam, den Künstler bisweilen einen halben Tag in Betrachtung verloren zu sehen. Ihm wäre es lieber gewesen, wenn er gleich Arbeitern, die den Garten umhacken, den Pinsel niemals aus der Hand gelegt hätte. Dies aber genügte ihm nicht. Er beschwerte sich auch bei dem Herzog und drängte ihn so lange, bis dieser sich gezwungen sah, Leonardo rufen zu lassen und ihn freundlichst zur Arbeit anzuspornen, wobei er ihm würdig versicherte, er tue dies nur auf die Zudringlichkeit des Priors. Leonardo kannte den klaren Verstand und den Takt des Fürsten, deshalb entschloß er sich, mit ihm ausführlich über die Sache zu sprechen, was er bei dem Prior nie getan hätte. Er äußerte sich weitläufig über die Kunst und machte ihm verständlich, daß erhabene Geister bisweilen am meisten schaffen, wenn sie am wenigsten arbeiten, nämlich in der Zeit, wo sie erfinden und vollkommene Ideen ausbilden, die dann der Verstand erfaßt und die Hände ausdrücken und formen. Zwei Köpfe, fügte er hinzu, fehlten ihm noch: der des Erlösers, nach dem er auf Erden nicht suchen wolle und der, wie er glaube, seiner Phantasie niemals in jener Schönheit und himmlischen Anmut vorschweben könne, die der Mensch gewordenen Gottheit entspreche; der andere, über den er nachdenke, sei der des

Judas. Ihm scheine unmöglich, passende Gesichtszüge für jenen Jünger zu finden, dessen trotziger Geist nach so zahlreichen empfangenen Wohltaten zu dem Entschluß fähig gewesen wäre, seinen Meister, den Schöpfer der Welt, zu verraten. Nach diesem jedoch wolle er suchen, und wenn er keinen anderen finde, so bliebe ihm immer noch der lästige und zudringliche Prior. Dies brachte den Herzog sehr zum Lachen, und er gab Leonardo tausendmal recht. Der arme Prior aber, in Verwirrung geraten, beschäftigte sich fortan mit seinen Gartenarbeiten und ließ den Künstler in Frieden; dieser führte den Kopf des Judas so trefflich zu Ende, daß er das wahre Bild des Verrats und der Unmenschlichkeit ist; das Haupt Christi dagegen blieb unvollendet. Die Herrlichkeit dieses Gemäldes, die Zusammenstellung wie die fleißige Ausführung erweckten beim König von Frankreich den Wunsch, es in sein Reich bringen zu lassen. Er suchte auf alle Weise nach Baumeistern, die es mit Holzbalken und Eisen fest genug zu binden vermöchten, damit man es unbeschädigt fortbringen könne, der möglichen Kosten achtete er nicht, so groß war sein Verlangen danach. Weil es jedoch auf die Mauer gemalt war, verging schließlich seiner Majestät die Lust dazu, und es blieb in Mailand.

Während er an diesem Werk arbeitete, machte Leonardo dem Herzog den Vorschlag, ein Pferd in Bronze von staunenerregender Größe zu verfertigen und darauf den verstorbenen Herzog zum Andenken darstellen zu lassen.Er begann und vollendete das Modell, aber in solcher Größe, daß es niemals ausgeführt werden konnte. Und wie oftmals. Neid die Menschen zu boshaftem Urteil bewegt, gab es verschiedene, die meinten, Leonardo habe es gleich anderen seiner Arbeiten begonnen, damit es nicht vollendet werde. Seine Größe war Ursache, daß unglaubliche Schwierigkeiten entstanden, als es in einem Stück gegossen werden sollte, und man könnte wohl glauben, der Ausgang habe einigen Menschen jenen Gedanken eingegeben, weil sehr viele seiner Arbeiten nicht zum Schluß kamen. Doch wahrscheinlich wurde sein erhabener, herrlicher Geist durch allzu großes Streben gehindert, so daß sein Trachten, Trefflichkeit über Trefflichkeit und Vollkommenheit über Vollkommenheit zu erringen, die Schuld daran trug und, wie Petrarca sagt, „Verlangen das Werk hemmte". Wer das von Leonardo in Ton ausgeführte Modell jenes Denkmals betrachtete, gestand, nie etwas Schöneres und Stolzeres gesehen zu haben. Es erhielt sich, bis die Franzosen mit ihrem König Ludwig nach Mailand kamen und es zerstörten. Auch ein kleines, sehr vollkommenes Wachsmodell desselben Werkes ist verlorengegangen, zugleich mit einem Buch über die Anatomie der Pferde, das Leonardo zu eigenem Studium gearbeitet hatte.

Mit noch größerer Sorgfalt beschäftigte er sich mit der Anatomie des Menschen, ein Studium, bei dem er und Marcantonio della Torre sich gegenseitig unterstützten.Dieser Marcantonio, ein ausgezeichneter Philosoph, der damals in Pavia Vorlesungen hielt und darüber schrieb, war einer der ersten, der mit der Lehre des Galen die medizinischen Fragen zu erläutern begann. Hierbei bediente er sich des Geistes, des Werkes und der Hand Leonardos. Dieser füllte ein ganzes Buch mit Rötel- und Federzeichnungen nach menschlichen Körpern, die er zum Teil eigenhändig sezierte, und zu jedem Blatt schrieb er Erläuterungen in schlechter Schrift, die verkehrt mit der linken Hand geschrieben ist und die niemand, der keine Übung hat, versteht, weil sie nur im Spiegel gelesen wird. Wer jene Schriften aber liest, dem scheint es unglaublich, daß dieser göttliche Geist so trefflich zugleich über die Kunst und über Muskeln, Nerven, Adern und alles andere mit solcher Sachkenntnis sprechen konnte. Einige andere Schriften Leonardos, wiederum mit der linken Hand verkehrt geschrieben, handeln von der Malerei und den verschiedenen Arten der Zeichnung und der Farbgebung.Zu dieser Zeit kam der König von Frankreich nach Mailand, und auf seine Bitten, irgend etwas Wunderbares zu machen, schuf er einen Löwen, der einige Schritte gehen konnte und dann und wann die Brust öffnete, die voller Lilien war.

Leonardo kehrte nach Florenz zurück. Dort erfuhr er, die Servitenbrüder hätten dem Filippino das Bild für den Hauptaltar der Nunziata übertragen, und äußerte: solch ein Werk würde er auch gern übernommen haben. Als Filippino dies hörte, zog dieser liebenswürdige Mensch sich von der Sache zurück, und die Mönche übertrugen Leonardo das Bild. Sie nahmen ihn ins Haus, gaben ihm den Unterhalt für sich und alle seine Angehörigen, was er lange Zeit geschehen ließ, ohne etwas anzufangen. Endlich aber verfertigte er einen Karton, worauf die Madonna, die heilige Anna und das Christuskind so schön abgebildet waren, daß nicht nur alle Künstler, sondern jeder sich zur Bewunderung verpflichtet fühlte, der sie anschaute. Zwei Tage lang sah man Männer und Frauen, jung und alt wie zu einem glänzenden Fest nach dem Zimmer wallfahren, um das Wunderwerk Leonardos zu sehen.

Auch begann Leonardo für Francesco del Giocondo das Bildnis der Mona Lisa, seiner Frau, zu malen. Vier Jahre Mühe wandte er dabei auf, dann ließ er es unvollendet, und es befindet sich jetzt zu Fontainebleau im Besitz des Königs

Franz von Frankreich. Wer sehen wollte, wie weit es der Kunst möglich ist, die Natur nachzuahmen, der erkannte es an diesem schönen Kopfe. Alle kleinen Einzelheiten waren darin aufs feinste abgebildet, die Augen hatten Glanz und Feuchtigkeit, wie wir es im Leben sehen, ringsumher bemerkte man die rötlichblauen Kreise und das Geäder, das man nur mit der größten Zartheit ausführen kann. Bei den Brauen sah man, wo sie am vollsten, wo sie am spärlichsten sind, wie sie aus den Poren der Haut hervorkommen und sich wölben, so natürlich, als es nur zu denken ist. An der Nase waren die feinen Öffnungen rosig und zart aufs treuste nachgebildet. Der Mund hatte, wo die Lippen sich schließen und das Rot mit der Farbe des Gesichts sich vereint, eine Vollkommenheit, daß er nicht wie gemalt, sondern wirklich wie Fleisch und Blut erschien. Wer die Halsgrube aufmerksam betrachtete, glaubte das Schlagen der Pulse zu sehen. Kurz, man kann sagen, dieses Bild war in einer Weise ausgeführt, die jeden vorzüglichen Künstler und jeden, der es sah, erbeben machte. Mona Lisa war sehr schön, und Leonardo brauchte noch die Vorsicht, daß, während er malte, immer jemand zugegen sein mußte, der sang, spielte und Scherze trieb, damit sie fröhlich bleiben und nicht ein trauriges Aussehen bekommen möchte, wie es häufig der Fall ist, wenn man sitzt, um sein Bildnis malen zu lassen. Über diesem Angesicht dagegen schwebt ein so liebliches Lächeln, daß es eher von himmlischer als von menschlicher Hand zu sein schien; und es galt für bewundernswert, weil es dem Leben völlig gleich war.

Durch die herrlichen Werke dieses göttlichen Meisters war sein Ruhm so gewachsen, daß jeder, der an der Kunst Freude hatte, ja ganz Florenz Verlangen trug, daß er daselbst irgend etwas zu seinem Gedenken hinterlassen möchte. Man sprach davon, ihm ein bedeutendes Werk zu übertragen, damit der Geist und die Anmut, die alle seine Arbeiten zeigten, der Stadt zur Zierde gereichen möchten. Die Gonfalonieri und ersten Bürger verhandelten untereinander, da in jener Zeit der große Ratssaal neu erbaut worden war. Man hatte ihn mit großer Schnelligkeit beendet und bestimmte nunmehr durch ein öffentliches Dekret, Leonardo solle daselbst ein schönes Bild malen. Piero Soderini, der damalige Gonfaloniere der Justiz, übergab ihm die Arbeit. Um sie auszuführen, begann Leonardo in Santa Maria Novella, im Saal des Papstes, einen Karton, worin er die Geschichte von Niccolò Piccinino, Feldhauptmann des Herzogs Filippo von Mailand, darstellte. Er zeichnete darin einen Trupp Reiter, die um eine Fahne kämpfen, und dieses Werk wurde als meisterhaft anerkannt wegen der bewundernswerten Überlegung, mit der Leonardo diese stürmische Szene ordnete. Wut, Zorn und Rachsucht erkennt man in den Menschen ebenso wie in den Pferden. Zwei dieser Tiere sind mit den Vorderfüßen ineinander verschränkt und fallen sich mit den Zähnen an, wütend wie die um die Fahne kämpfenden Reiter. Einer der Soldaten hat mit beiden Händen das Ende der Standarte gefaßt, treibt das Pferd zur Flucht, wirft mit den kraftvollen Schultern den Körper zurück, umklammert den Schaft der Fahne und sucht sie so gewaltsam den Händen von vier Kriegern zu entreißen, die sie verteidigen. Jeder hält sie mit einer Hand, in der anderen schwingen sie die Schwerter, um den Schaft abzuhauen, während ein alter Krieger mit rotem Barett mit einer Hand ebenfalls den Schaft ergriffen hat. Mit der anderen hebt er einen krummen Säbel in die Höhe und führt schreiend vor Wut den Streich, um den Soldaten die Hände abzuhauen, die zähnebleckend in wilder Stellung ihre Fahne zu verteidigen suchen. Außerdem sind auf der Erde zwischen den Füßen der Pferde noch zwei andere Krieger verkürzt gezeichnet: der eine liegt auf dem Boden, der andere hat sich über ihn geworfen, hebt den Arm hoch empor und setzt ihm mit gewaltiger Kraft den Dolch an die Kehle. Jener dagegen verteidigt sich mit Armen und Beinen, um dem Tod zu entgehen. Es läßt sich kaum sagen, wie schön Leonardo die verschiedene Kleidung der Soldaten, den Helmschmuck und andere Zieraten gezeichnet und welche Meisterschaft er bei den Umrissen und der Gestaltung der Pferde gezeigt hat, denn besser als irgend sonst ein Meister wußte er diesen Tieren Wildheit, richtiges Muskelspiel und anmutige Schönheit zu verleihen. Zur Ausführung seines Kartons hatte sich Leonardo ein ungemein kunstvolles Gerüst verfertigen lassen, das sich hob, wenn man es zusammenzog, und sich senkte, wenn man es auseinanderzog. Da er das Bild in Öl auf die Mauer malen wollte, machte er eine so dicke Mischung, um die Mauer damit zu leimen, daß sie im weiteren Verlauf beim Malen in diesem Saal derartig durchzuschlagen begann, daß er die Arbeit nach kurzer Zeit aufgab, weil er erkannte, daß sie zugrunde gehen würde.

Leonardo ging mit Giuliano de' Medici nach Rom zur Zeit der Wahl Papst Leos, der sich viel mit Philosophie und mehr noch mit Alchimie beschäftigte. Dort verfertigte er einen Teig von Wachs und formte daraus, wenn er flüssig war, sehr zarte Tiere, die er mit Luft füllte; blies er hinein, so flogen sie, war die Luft heraus, so fielen sie zur Erde. Einer seltsamen Eidechse, die der Winzer von Belvedere fand, machte er Flügel aus der abgezogenen Haut anderer Eidechsen, die er mit Quecksilber füllte, so daß sie sich bewegten und zitterten, wenn sie lief. Dann machte er ihr Augen, Bart und Hörner, zähmte sie, tat sie in eine Schachtel und jagte damit alle seine Freunde in Furcht und in die Flucht. Oftmals ließ er die Därme eines Hammels so fein ausputzen, daß man sie in der hohlen Hand hätte halten können. Diese trug er in ein großes Zimmer, brachte in eine anstoßende Stube ein paar Schmiedeblasebälge, befestigte daran die Därme und blies sie auf, bis sie das ganze Zimmer einnahmen und man in eine Ecke flüchten mußte. So zeigte er, wie sie allmählich durchsichtig und mit Luft erfüllt wurden, und während sie, anfangs auf einen kleinen Platz beschränkt, sich mehr und mehr im Raum ausbreiteten, verglich er sie mit dem Genie. Dergleichen Torheiten trieb er unzählige, beschäftigte sich mit Spiegeln und versuchte auf, die sonderbarste Weise Öle zum Malen und Firnisse zu finden, um die vollendeten Werke zu erhalten.

Zwischen Leonardo und Michelangelo herrschte große Abneigung, und der Wettbewerb zwischen beiden war schuld, daß Michelangelo Florenz verließ, wobei ihn der Herzog Giuliano entschuldigte, da er vom Papst wegen der Fassade von San Lorenzo berufen worden war. Als Leonardo dies hörte, ging er auch von dannen und begab sich nach Frankreich, wo der König mehrere Werke von ihm besaß und ihm sehr gewogen war.Der König wünschte, Leonardo möchte den Karton von der heiligen Anna malen.Dieser hielt ihn wie gewöhnlich lange mit Worten hin. Endlich, alt geworden, lag er viele Monate krank, und als der Tod ihm nahte, wollte er sich mit allem Fleiß in dem katholischen Ritus und der richtigen Lehre der heiligen christlichen Religion unterweisen lassen. Er beichtete reuevoll unter vielen Tränen, und obwohl er nicht mehr auf den Füßen stehen konnte, ließ er sich doch, von den Armen seiner Freunde und Diener unterstützt, das heilige Sakrament außerhalb des Bettes reichen. Der König, der ihn oft und liebevoll besuchte, kam bald nachher zu ihm. Leonardo richtete sich ehrfurchtsvoll empor, um im Bett zu sitzen, schilderte ihm sein Übel mit allen Umständen und klagte, daß er gegen Gott und Menschen gefehlt habe, da er in der Kunst nichts getan hätte, wie seine Pflicht gewesen wäre. Diese Anstrengung rief einen stärkeren Anfall hervor, der der Vorbote des Todes war. Der König erhob sich und hielt ihm das Haupt, um ihm eine Hilfe und Gunst zur Erleichterung seines Übels zu erweisen. Da erkannte Leonardos göttlicher Geist, es könne ihm größere Ehre nicht widerfahren, und er verschied in den Armen des Königs im siebenundsechzigsten Jahre seines Lebens.

Sein Tod verursachte allen, die ihn gekannt hatten, größte Betrübnis. Nie war der Malerei von einem Künstler mehr Ehre gemacht worden. Der Glanz seines schönen Angesichtes erheiterte jedes traurige Gemüt, und seine Rede konnte die hartnäckigste Meinung zu Ja und Nein bewegen. Jedes heftige Ungestüm wußte er durch die Kraft zurückzuhalten, die in ihm wohnte. Mit seiner Rechten bog er das Eisen eines Mauerrings oder eines Pferdehufs, als ob sie Blei wären. Mit natürlicher Freigebigkeit bot er seinen Freunden Aufnahme und Bewirtung, gleichviel ob sie arm oder reich waren, wenn nur Geist und Tugend sie zierten. Das unbedeutendste, schmuckloseste Zimmer verschönte und verherrlichte er durch jede seiner Handlungen. Und wie die Stadt Florenz durch die Geburt dieses Künstlers eine große Gabe empfing, erlitt sie durch seinen Tod einen mehr als herben Verlust. In der Kunst der Ölmalerei wurde von ihm eine gewisse Schattierung erfunden, durch die die neueren Künstler ihren Gestalten große Kraft und Rundung geben. Was er in der Bildhauerei vermochte, zeigte er an den drei Bronzefiguren über der nördlichen Tür von San Giovanni. Sie wurden von Giovan Francesco Rustici gegossen, aber nach Angabe Leonardos entworfen und sind in Zeichnung und Ausführung das schönste Gußwerk, das in neuerer Zeit gesehen wurde. Leonardo danken wir die Anatomie der Pferde und die noch viel vollkommenere des menschlichen Körpers. Und obgleich er mehr durch Worte als durch Taten gewirkt hat, wird um seiner vielen göttlichen Vorzüge willen sein Name und sein Ruf niemals verlöschen.

Giorgione von Castelfranco

Geboren um 1477 zu Castelfranco, gestorben 1511 zu Venedig

Venedig wurde in der Zeit, da die Werke Leonardos der Stadt Florenz hohen Ruf erwarben, durch die Kunst und Trefflichkeit eines Mitbürgers verherrlicht, der die hochgepriesenen Bellini sowie alle anderen Meister, die bis dahin in jener Stadt gearbeitet hatten, weit übertraf. Dies war Giorgio, im Jahre 1477 zu Castelfranco im Gebiet von Treviso geboren, in der Zeit, als das Amt des Dogen von Giovan Mocenigo bekleidet wurde. Man nannte ihn später Giorgione, seiner körperlichen Gestalt wie seines großen Geistes wegen. Obwohl von niedriger Abkunft, zeigte er sich stets liebenswert und von edlen Sitten. In Venedig erzogen, fand er immer Gefallen an Liebesabenteuern, vergnügte sich gern auf der Laute und spielte und sang so wunderbar, daß er von vornehmen Leuten oft und gern zu Musikfesten und Vergnügungen gebeten wurde. Er widmete sich mit großer Liebe der Zeichenkunst, und die Natur war ihm hierbei sehr günstig. Aus Begeisterung zu ihrer Schönheit wollte er nichts in seine Werke aufnehmen, das er ihr nicht nachgebildet hatte, und er unterwarf sich ihr so und ahmte sie so eifrig nach, daß er nicht nur höher als die Bellini, sondern mit den Meistern gleichgestellt wurde, die in Toskana Schöpfer des neuen Stils waren.

Giorgione hatte einige Arbeiten Leonardos gesehen, aufs duftigste gemalt und mit Hilfe dunkler Schatten hervortretend. Diese Manier gefiel ihm ausnehmend gut. Deshalb eiferte er ihr nach, solange er lebte, ganz besonders in der Ölmalerei. Da er gern gut arbeiten mochte, wählte er zu seinen Darstellungen immer das Schönste und Mannigfaltigste, das er finden konnte. Die Natur gab ihm einen glücklichen Geist, und er bereicherte die Kunst der Öl- wie der Freskomalerei durch Lebhaftigkeit, Weichheit, Einheit und zarte Übergänge in den Schatten. Viele treffliche Meister jener Zeit erklärten deshalb: er sei geboren, den Gestalten Geist einzuhauchen und die Frische des lebendigen Fleisches treuer nachzuahmen als die venezianischen Maler, ja als die Meister dieses Berufs an allen Orten.

In seiner Jugend verfertigte er in Venedig viele Madonnenbilder und andere Gemälde nach der Natur, sehr lebendig und schön. Viele andere herrliche Bildnisse dieses Meisters sind an verschiedenen Orten Italiens verstreut. Zu ihnen gehört eins von Lionardo Loredano, in der Zeit gemalt, als er Doge war.

Im Jahre 1505 brach in Venedig im Kaufhaus der Deutschen am Ponte del Rialto ein furchtbares Feuer aus. Es wurde dadurch ganz zerstört, und alle Waren gingen in Flammen auf, zum großen Schaden der Kaufleute. Die Signoria von Venedig gab den Befehl, es neu zu erbauen, und es wurde mit bequemeren Wohnungen reich, schön und prächtig schnell errichtet.Giorgione, dessen Ruf immer mehr gestiegen war, wurde dabei zu Rate gezogen, und er erhielt den Auftrag, dies Gebäude mit bunten Farben in Fresko zu bemalen, ganz nach eigenem Belieben, wenn er nur seine Geschicklichkeit dabei zeige und an diesem meistbesuchten und schönsten Ort der Stadt ein treffliches Werk vollführe. Er übernahm die Arbeit und malte als Beweis seiner Kunst lauter Phantasiegestalten. Man findet keine Folgereihe von Bildern oder einzelne Begebenheiten aus dem Leben berühmter Personen des Altertums oder der neueren Zeit. Ich für meinen Teil habe nie den Sinn des Ganzen verstehen können und auch niemanden gefunden, der ihn mir erklären konnte. Hier ist ein Mann, dort eine Frau in verschiedenartigen Stellungen, neben dem einen sieht man ein Löwenhaupt, neben dem anderen einen Engel, dem Cupido ähnlich, so daß man nicht weiß, wer es sein soll. Über der Tür, die auf die Merceria führt, ist eine Frau sitzend abgebildet, zu ihren Füßen ein Riesenhaupt, so daß man sie fast für eine Judith halten könnte, aber sie hebt den Kopf mit dem Schwerte empor und spricht zu einem Deutschen, der weiter unten steht. Weshalb diese Figur hier dargestellt ist, konnte ich nicht erfahren, falls es nicht eine Germania sein soll. Im ganzen erkennt man sehr wohl, daß die Figuren gut beisammen sind und Giorgione immer bedeutender wurde. Köpfe und einzelne Glieder der Gestalten sind gut gezeichnet und sehr lebendig gemalt; auch mühte er sich überall, die Natur getreu nachzubilden, und man findet nirgends irgendwelche Nachahmung einer Manier. Dieses Gebäude ist in Venedig berühmt ebenso wegen der Malereien Giorgiones wie wegen der Bequemlichkeit des Warenlagers und wegen seines öffentlichen Nutzens.

Giorgione arbeitete an verschiedenen Orten, unter anderem in Castelfrancound im Gebiet von Treviso, und verfertigte eine Menge Bildnisse für verschiedene Fürsten Italiens. Viele seiner Gemälde wurden ins Ausland verschickt als wahrhaft würdige Werke, um zu bezeugen, daß, wenn auch Toskana zu allen Zeiten übergroßen Reichtum an Künstlern hatte, die Gegend jenseits des Apennin nahe den Alpen auch nicht verlassen und nicht immer vom Himmel vergessen war. Man erzählt, als Andrea Verrochio in Venedig das Bronzepferd arbeitete, habe Giorgione sich mit einigen Bildhauern unterhalten, die meinten, ihre Kunst übertreffe die Malerei, denn wenn man um eine einzige Figur herumgehe, könne man verschiedene Stellungen und Ansichten sehen, während die Malerei nur eine einzige Seite zeige. Dieser Meinung widersprach Giorgione und behauptete, in einem Bild könnten, ohne daß man nötig habe, den Standpunkt zu verändern, auf einen einzigen Blick alle möglichen Ansichten und Bewegungen menschlicher Gestalten vor Augen geführt werden; dies könnte die Bildhauerei nicht, ohne den Betrachtenden seinen Platz wechseln zu lassen, um nicht nur eine, sondern verschiedene Ansichten zu haben. Ja, er erklärte sich sogar bereit, eine Figur zu malen, bei der man die Vorder- und Rückseite und beide Profile sehen sollte – ein Vorschlag, der jene außer sich brachte. Dies tat er in folgender Weise: er malte die nackte Gestalt eines Mannes, mit dem Rücken dem Beschauer zugewendet, ihm zu Füßen einen klaren Quell, in dessen Wasser sich die vordere Seite abspiegelte; ein goldener Brustharnisch, den er abgelegt hatte, stand an einer Seite, auf seiner glänzend polierten Fläche erkannte man deutlich das linke Profil, das rechte zeigte ein auf der anderen Seite hingestellter Spiegel. Durch diesen seltsamen, lustigen und schönen Einfall wollte er mit der Tat beweisen, die Malerei sei kunstvoller und schwieriger und lasse auf einen Blick von der Natur mehr überschauen als die Bildhauerei. Sein Werk wurde sehr gerühmt und als sinnreich und schön bewundert.

Während Giorgione danach trachtete, sich und seinem Vaterland Ehre zu machen, war er viel in Gesellschaft und unterhielt seine Freunde durch Musik. Hierbei verliebte er sich in eine Frau, und beide genossen reichlich ihre Liebesfreuden. Im Jahre 1511 wurde die Geliebte von der Pest ergriffen, und Giorgione, der es nicht wußte und wie gewöhnlich zu ihr ging, bekam diese Krankheit in so heftigem Grad, daß er nach kurzer Zeit im vierunddreißigsten Jahr seines Lebens in ein anderes Leben überging, seinen Freunden, die ihn um seiner vortrefflichen Eigenschaften willen liebten, zum wahren Kummer und der Welt zu großem Verlust.

Antonio da Correggio

Geboren um 1494 zu Coreggion, gestorben den 5. März 1534 daselbst

Parteiisch kann die Natur nicht sein, und so hat sie auch in dem Land, in dem wir eben verweilten, der Welt herrliche Menschen von der gleichen Art geschenkt, wie sie in Toskana seit langen Jahren schon viele geschaffen hat. Unter den Meistern jener Gegend war Antonio aus Correggiodurch seltene Gaben ausgezeichnet. Er drang in die neue Malweise mit solcher Vollkommenheit ein, daß er, von der Natur begünstigt wie durch das Studium gefördert, nach wenigen Jahren ein bewundernswerter Künstler wurde. Sein Wesen war schüchtern, und voll Beschwerde und Mühseligkeit übte er die Kunst für seine Familie, deren Erhaltung ihm schwerfiel. Von Natur zum Guten geneigt, fühlte er sich mehr als billig durch die Leidenschaften, die meist auf den Menschen lasten, bedrückt. Er war in Ausübung seiner Kunst schwermütig und den Mühen seines Berufes hingegeben, und er forschte besonders eifrig nach allen möglichen Schwierigkeiten. Davon zeugen eine Menge Figuren, die an der Kuppel im Dom von Parma in Fresko gemalt, sehr gut vollendet und in der Ansicht von unten herrlich verkürzt dargestellt sind. Correggio war der erste, der in der Lombardei Werke nach neuem Stil vollendete. Hätte er seine Heimat überschritten und Rom gesehen, so würde er Wunder getan und denen viel Verdruß gemacht haben, die zu seiner Zeit für groß galten. Seine Arbeiten waren herrlich, obgleich er weder Altertümer noch die guten neueren Werke kannte. Deshalb ist wohl zu behaupten, daß er durch ihre Anschauung noch viel größere Vollkommenheit erlangt, nach dem Guten das Bessere geleistet und das höchste Ziel erreicht haben würde. Sicher jedenfalls ist, daß kein Künstler die Farben besser behandelte, keiner mit mehr Reiz und Rundung gemalt hat als er, so groß war die Weichheit, die er dem Fleische gab, so selten die Anmut, mit der er seine Werke vollendete.

Im Dom von Parma sieht man außer den genannten Figuren zwei große Ölbilder von demselben Meister, auf dem einen die Gestalt des toten Christus, die sehr gerühmt wird. In San Giovanni derselben Stadt malte er die Kuppel in Fresko und stellte darin die Himmelfahrt der Madonna dar mit einer Menge von Heiligen.Es scheint fast unglaublich, daß seine Phantasie dieses Werk erschaffen konnte mehr noch, als daß seine Hände es auszuführen vermochten, denn von ganz seltener Schönheit ist der Fall der Gewänder wie der Ausdruck der Gestalten.

Hätte Antonio seine Arbeiten nicht so vollkommen ausgeführt, wie sie nunmehr vor uns stehen, so würden seine Zeichnungen, obwohl sie auch in gutem Stil mit Reiz und großer Übung gemacht sind, ihm doch unter Künstlern nicht den Namen erworben haben, den seine Werke nunmehr behaupten. Die Kunst ist schwer und hat viele Hauptaufgaben, daher geschieht es häufig, daß ein Meister nicht alle mit Vollkommenheit lösen kann. Viele haben göttlich gezeichnet, ihre Malerei aber war mangelhaft. Andere haben bewunderswert gemalt, doch nicht halb so gut gezeichnet. Alles dies ist durch die Veranlagung und durch die Übung bedingt, die in der Jugend auf Zeichnung und Farbgebung verwendet wird. In der Barfüßerkirche von San Francesco derselben Stadt malte er in Fresko eine wunderbar schöne Verkündigung. Als an jenem Ort notwendigerweise, einige Ausbesserungen vorgenommen werden mußten, bei denen das Werk Correggios zugrunde gegangen wäre, ließen die Mönche jene Mauer mit Holz und Eisen binden, das Bild vorsichtig herausschneiden und, auf diese Weise gerettet, an einem anderen sicheren Ort des Klosters einmauern. In Sant' Antonio in Parma malte er ein Bild der Madonna mit Maria Magdalena. Darauf sieht man ein Engelchen, das ein Buch in der Hand hält und lacht. Dieses Lachen ist so natürlich, daß es auch den Beschauer zum Lachen anregt, und nur ein von Natur aus melancholischer Mensch würde dadurch nicht erheitert werden.Dort befindet sich auch ein heiliger Hieronymus, der in einer so wunderbaren und überraschenden Weise gemalt ist, daß alle Künstler dieses herrliche, unübertreffliche Kolorit bewundern.

Antonio verfertigte zahlreiche Bilder und andere Malereien für verschiedene Herren der Lombardei, darunter in Mantua zwei Gemälde für den Herzog Friedrich II., die dieser dem Kaiser schickte ein Geschenk, solches Fürsten würdig. Giulio Romano, der sie sah, versichert, er habe nie ein so zart verarbeitetes Kolorit gesehen. Das eine war die nackte Gestalt der Leda,das andere eine Venus, mit einer Weichheit gemalt und in den Schatten so schön, daß es nicht Farbe, sondern Fleisch zu sein schien. Auf dem einen Bild erblickte man eine köstliche Landschaft, denn darin wurde Correggio von keinem Lombarden übertroffen. Auch malte er die Haare in schönster Färbung und einer Sauberkeit und Vollkommenheit, daß man es besser nicht sehen konnte.

Über die Arbeiten dieses Künstlers ließe sich noch viel sagen, weil aber die vorzüglichsten Meister unseres Berufes alles als göttlich anerkennen, was wir von ihm besitzen, so will ich mich nicht weiter darüber verbreiten. Er selbst hatte keine große Meinung von sich, noch bildete er sich ein, die Kunst, deren Schwierigkeiten er kannte, mit der Vollkommenheit zu üben, die er gerne erreichen wollte. Er begnügte sich mit wenigem und lebte als ein guter Christ. Seine Familie machte ihm, wie erwähnt, viel Sorge. Deshalb suchte er immer zu sparen und wurde zuletzt ganz geizig. Man erzählt sich, es seien ihm einst in Parma sechzig Skudi in Kupfermünze ausgezahlt worden, und da er sie einiger Zahlungen wegen nach Correggio bringen wollte, habe er sich, mit der ganzen Last beladen, zu Fuß dorthin auf den Weg gemacht. Die Hitze war groß, und von der Sonne durchgebrannt, suchte er sich mit einem Trunk Wasser zu erfrischen, wodurch er erkrankte. Von einem heftigen Fieber befallen, mußte er sich zu Bett legen und stand nicht wieder auf. Im vierzigsten Jahre endete sein Leben. Die Kunst empfing von ihm ein großes Geschenk, denn er behandelte die Farben wie ein wahrhafter Meister und öffnete zuerst den Lombarden die Augen, worauf dann viele treffliche Meister ihres Landes rühmliche, des Gedächtnisses würdige Werke vollführten. Antonio, der die schwierige Aufgabe löste, schöne Haare mit Leichtigkeit zu malen, hat gelehrt, wie man dabei verfahren müsse. Hierfür sind die Meister unseres Berufes ihm dauernden Dank schuldig.

Fra Bartolommeo di San Marco

Geboren am 18. März 1475 zu Savignano, gestorben am 13. Oktober 1517 zu Florenz

In der Nähe von Prato, zehn Meilen von Florenz, in einem Ort namens Savignano wurde Bartolommeo, nach toskanischem Sprachgebrauch Baccio genannt, geboren.Er zeigte in seiner Kindheit ebensoviel Neigung als Geschick für die Zeichenkunst. Deshalb verschaffte Benedetto da Maianoihm Gelegenheit, daß er zu Cosimo Rosselliin die Lehre und zu einigen Verwandten vor dem Tore von San Pier Gattolini ins Haus kam, wo er viele Jahre wohnte, weshalb man ihn nicht anders als Baccio della Porta nannte. Nachdem er sich von Cosimo Rosselli getrennt hatte, begann er mit großem Eifer die Werke des Leonardo da Vinci zu studieren und machte so rasche Fortschritte, daß er bald in Zeichnung und Malerei für einen der besten jungen Künstler galt. Baccio genoß wegen seiner Vorzüge in Florenz große Liebe. Er war emsig bei der Arbeit, friedlich, gut und gottesfürchtig, hatte Gefallen an einem ruhigen Leben, vermied lasterhaften Umgang, hörte gern das Wort Gottes und suchte immer die Gesellschaft ernster und gelehrter Leute. Selten erschafft die Natur einen vorzüglichen Geist und geduldigen Künstler, ohne ihm nach einiger Zeit ruhiges Leben und Besitz zu verleihen. Es verbreitete sich der Ruf, er sei ebenso gut wie geschickt, und sein Name wurde so gerühmt, daß Gerozzo di Mona Venna Dini ihm Auftrag gab, eine Begräbniskapelle auf dem Friedhof des Spitals von Santa Maria Nuova in Fresko zu malen. Dort begann er das Weltgericht darzustellen mit so viel Fleiß und in so schönem Stil, daß sein Name immer mehr Glanz erhielt. Besonders rühmte man die sinnreiche Anordnung der Herrlichkeit des Paradieses, wo Christus mit den zwölf Aposteln über die zwölf Stämme Gericht hält: lauter Gestalten in schönen Gewändern, aufs zarteste koloriert.

Im Kloster von San Marco befand sich zu jener Zeit der Bruder Girolamo Savonarola aus Ferrara vom Predigerorden, ein sehr gerühmter Theologe. Baccio wohnte aus andächtiger Verehrung seinen Predigten bei. Er stand in häufigem Verkehr mit ihm, schloß auch mit den anderen Mönchen Freundschaft und hielt sich fast ständig im Kloster auf. Unterdessen fuhr Fra Girolamo fort zu predigen und ereiferte sich jeden Tag auf der Kanzel darüber, daß wollüstige Gemälde, Musik und Liebesbücher die Gemüter zum Unrecht verleiten, weshalb es nicht gut sei, in Häusern, wo Mädchen sind, Bilder von nackten männlichen und weiblichen Gestalten aufzubewahren. Die Bewohner der Stadt gerieten durch seine Reden in Eifer. Da in Florenz der alte Brauch herrschte, zum Karneval auf dem Markt ein paar Hütten von Reisig und Holz zu bauen, die man am Fastnachtsabend verbrannte, während Männer und Frauen einander bei den Händen faßten, Liebestänze und Gesänge aufführten, wußte Fra Girolamo es dahin zu bringen, daß an jenem Tag eine große Zahl Malereien und Bildwerke, die nackte Gestalten enthielten und zum Teil von trefflichen Meistern ausgeführt waren, samt einer Menge Bücher, Lauten und Lieder nach dem Markt gebracht und zu großem Schaden besonders für die Malerei verbrannt wurden.

Hierzu trug Baccio alle Studien herbei, die er von nackten Gestalten gezeichnet hatte, und seinem Beispiel folgten Lorenzo di Credi und viele andere, die den Namen „Klagebrüder" führten. Baccio aber verfertigte infolge der großen Liebe, die er für Fra Girolamo hegte, das sehr schöne Bildnis jenes Mönches.Nach einiger Zeit erhob sich die Gegenpartei Girolamos, in der Absicht, ihn gefangenzunehmen und ihn wegen des vielfachen Aufruhrs, den er in jener Stadt erregt hatte, der Justiz zu übergeben. Auf die Nachricht davon vereinigten sich die Freunde des Mönches, fünfhundert an der Zahl, und schlossen sich im Kloster San Marco ein, mit ihnen Baccio, wegen der absonderlichen Liebe, die er für jene Partei empfand.

Sein Mut jedoch war nicht groß. Zu schüchtern für solche Lage, verlor er das Selbstvertrauen, als bald nachher das Kloster belagert und mehrere der Eingeschlossenen getötet oder verwundet wurden. Deshalb tat er das Gelübde, wenn er aus dieser Bedrängnis erlöst werde, wolle er sogleich in den Dominikanerorden eintreten. Dies Gelübde erfüllte er später genau, denn als der Aufstand vorüber, der Mönch gefangen und zum Tode verdammt war, begab sich Baccio nach Prato und wurde Mönch in San Domenico. Man ersieht dies genau aus den Chroniken des Klosters, wo er sich am 26. Juli 1500 einkleiden ließ, zum großen Mißvergnügen aller seiner Freunde, denen es sehr naheging, ihn zu verlieren, um so mehr, als sie hörten, er habe die Absicht, sich nicht mehr mit der Malerei zu beschäftigen. Nachdem Fra Bartolommeo viele Monate in Prato gewesen war, schickten ihn seine Oberen als Mönch in das Kloster San Marco in Florenz, wo er um seiner Vorzüge willen von den Brüdern sehr freundlich aufgenommen wurde.

Bernardo del Bianco hatte in jener Zeit in der Badia von Florenz eine Kapelle aus Sandstein mit sehr reichen und schönen Skulpturverzierungen erbauen lassen. Verschiedene runde Figuren und Engel in Nischen sowie mehrere Friese mit Cherubim und Wappenschilder der Familie Bianco waren daselbst zu größerer Zierde von Benedetto Buglioni in gebranntem glasiertem Ton gearbeitet. Da Bernardo ein der Umgebung würdiges Gemälde in jener Kapelle stiften wollte, bot er alle erdenkliche Freundlichkeit auf, um Fra Bartolommeo für seinen Zweck zu gewinnen. Dieser lebte im Kloster einzig mit gottesdienstlichen Übungen und Erfüllung der Gebote seines Ordens beschäftigt, obwohl der Prior und seine vertrautesten Freunde ihn dringend baten, er solle irgendein Bild ausführen. Schon war ein Zeitraum von vier Jahren verflossen, ohne daß er irgend etwas gearbeitet hätte, als er endlich, von

Bernardo del Bianco gedrängt, das Bild des heiligen Bernhard zu malen begann. Der Heilige schreibt, und ihm erscheint die Madonna mit dem Sohne auf dem Arm, von vielen schön kolorierten Engeln und Kindern getragen.Mit gleicher Liebe und gleicher Sorgfalt malte er in Fresko einen Bogen über diesem Bild. Andere Gemälde verfertigte er bald nachher für den Kardinal Giovanni de' Medici, und für Angelo Doni ein Madonnenbild von seltener Schönheit. Zu dieser Zeit kam Raffael von Urbino nach Florenz, um die Kunst zu erlernen. Er lehrte den Fra Bartolommeo die Regeln richtiger Perspektive und war beständig bei ihm, weil er den Wunsch hatte, in dem Stil des Mönches zu malen, dessen Behandlung und Verschmelzung der Farben ihm wohlgefiel.

Fra Bartolommeo hörte später oftmals die trefflichen Werke rühmen, die Michelangelo und der anmutige Raffael in Rom hervorbrachten, und schließlich bewog ihn der Ruf von den Wundern jener beiden göttlichen Meister, mit Bewilligung des Priors nach Rom zu gehen. Dort wurde er von dem Frate del Piombo, Mariano Petti, aufgenommen und malte für ihn im Kloster San Silvestro auf Monte Cavallo, dem er angehörte, zwei Bilder mit den Heiligen Petrus und Paulus. Was er unternahm, wollte ihm jedoch in jener Luft nicht so gut gelingen wie in Florenz. Die übergroße Menge der verschiedenen alten und neuen Werke jener Stadt erschreckte ihn, und die Kunst und Trefflichkeit, die er zu besitzen glaubte, schien ihm sehr gering. Deshalb beschloß er von dannen zu gehen und überließ es dem Raffael, das Bild des heiligen Petrus zu vollenden, das jener bewunderungswürdige Künstler ganz überarbeitet an Fra Mariano übergab.

So kehrte Fra Bartolommeo nach Florenz zurück, und weil man ihm dort öfter den Vorwurf gemacht hatte, er könne keine nackten Gestalten malen, wollte er zeigen, daß er gleich anderen Meistern jene treffliche Arbeit in seiner Kunst ausführen könne. In dieser Absicht stellte er in einem Bild den heiligen Sebastian unbekleidet dar, mit einer Farbe, die dem lebendigen Fleische ähnlich sah, mit angenehmen, der Schönheit des Körpers entsprechenden Gesichtszügen, wodurch er sich bei den Künstlern das größte Lob erwarb. Als aber dies Werk in der Kirche aufgestellt war, fanden die Mönche in den Beichten, daß die Frauen bei seinem Anblick durch die reizende und sinnliche Darstellung des Lebens, die Fra Bartolommeos Talent hier erreicht hatte, zu sündhaften Gedanken erregt worden waren. Deshalb wurde es von den Mönchen aus der Kirche weggenommen und in das Kapitel gebracht. Dort kaufte es bald nachher Giovan Battista della Palla und schickte es dem König von Frankreich.

Fra Bartolommeo hatte sich mit den Tischlern erzürnt, die die Verzierungen um seine Tafeln und Leinwandbilder arbeiteten, weil sie damals – wie noch heute – mit den Vorsprüngen der Rahmen ein Achtel der Figuren zu bedecken pflegten. Er beschloß, eine Erfindung zu machen, durch die sie diese Zieraten entbehren könnten, und ließ zu dem Bilde des heiligen Sebastian eine Tafel im Halbkreis arbeiten, zog darauf in Perspektive eine Nische, so daß sie auf der Tafel im Relief vertieft scheint, und malte so einen Rahmen umher, der der Gestalt in der Mitte als Verzierung dient. Man hatte Fra Bartolommeo vorgeworfen, er habe eine kleine Art, daher kam ihm der Einfall, zu zeigen, daß er auch große Figuren zeichnen könne. Er malte für die Wand, wo die Tür des Chores ist, die Gestalt des Evangelisten Markus, fünf Ellen hoch, auf einer Tafel mit guter Zeichnung und großer Meisterschaft.Fra Bartolommeo pflegte alle Gegenstände nach der Natur zu zeichnen, selbst Gewänder und Waffen wollte er nicht ohne Vorbild malen. Deshalb ließ er sich eine Holzfigur in Lebensgröße arbeiten mit biegsamen Gliedern, umgab sie mit Kleidern und vollführte hiernach treffliche Arbeiten, da er bis zum Schluß ruhig festhalten konnte, was er darzustellen gedachte.

Piero Soderini gab ihm Auftrag, eine Tafel für den Ratssaal zu malen, und er legte sie in Hell-Dunkel an, so schön, daß er sich große Ehre erworben hätte, wenn er sie vollendet haben würde. Unvollendet wie er sie ließ, wird sie jetzt in San Lorenzo aufbewahrt, und man sieht darauf alle Beschützer der Stadt Florenz und alle Heiligen, an deren Tagen von der Republik Siege erkämpft worden sind. Unter vielen verschiedenen Gestalten befindet sich auch Fra Bartolommeo selbst, der sich nach dem Spiegelbild zeichnete. Er hatte dieses Werk angefangen und ganz entworfen, als durch beständiges Arbeiten unter einem Fenster, durch das das Licht ihm in den Rücken schien, eine Seite seines Körpers ganz steif wurde und er sich nicht regen konnte. Die Ärzte gaben ihm den Rat, nach dem Bade San Filippo zu gehen. Er blieb lange dort, doch es wurde nur um weniges besser. Fra Bartolommeo war ein großer Freund von Früchten, sie schmeckten seinem Gaumen so wohl, daß er seiner Gesundheit sehr dadurch schadete. Eines Morgens aß er unter anderem viele Feigen und zog sich dadurch neben dem Übel, das er schon hatte, ein heftiges Fieber zu. Er starb nach vier Tagen bei vollem Bewußtsein im dreiundvierzigsten Jahre seines Lebens. Seinen Freunden, besonders den Klosterbrüdern, tat sein Tod sehr weh, und sie gaben ihm in San Marco ein ehrenvolles Begräbnis. Die Mönche hatten ihn von allen Chordiensten entbunden, dagegen fiel der Gewinn seiner Arbeiten dem Kloster zu, und er behielt nur so wenig Geld in Händen, um Farben und anderes Nötige zum Malen zu kaufen. Fra Bartolommeo gab seinen Gemälden ein so herrliches Kolorit und verlieh ihnen so viel neue Schönheit, daß er zu, den Meistern gezählt werden muß, die der Kunst zum Segen gereichen.

Bramante von Urbino

Geboren 1444 in Monte Asdruvaldo bei Urbino, gestorben am 11. März 1514 in Rom

Die neue Arbeitsweise des Filippo Brunelleschi brachte wirklich der Baukunst allergrößten Nutzen, weil er nach langem Zeitraum die vortrefflichsten Werke der gelehrtesten und bewundernswerten Meister der Antike wieder ans Licht brachte und nachahmte. Aber nicht geringeren Vorteil fand unser Jahrhundert durch Bramante. Denn dieser schritt über Filippo hinaus, voll Mut, Kraft, Geist und Wissenschaft und nicht nur als Theoretiker, sondern als Praktiker mit der besten Erfahrung. So zeigte er allen, die nach ihm kamen, den richtigen Weg in der Baukunst. Die Natur hätte keinen entschlosseneren Geist bilden können, der ein Kunstwerk mit reicherer Erfahrung, richtigerem Maß und auf so guter Grundlage ausführte, als er es tat. Aber ebenso war nötig, daß in jener Zeit Julius II. zum Papst gewählt wurde – ein Fürst voll kühnen Mutes und höchst begierig, Denkmale zu hinterlassen. Daß Bramante einen solchen Fürsten fand, war für uns wie für ihn ein Glück, das nur selten großen Geistern begegnet. Denn auf dessen Kosten wurde es Bramante möglich, die Macht seines Verstandes und alle reizvollen Schwierigkeiten der Baukunst zu beweisen. Seine Geschicklichkeit erstreckte sich sowohl auf die ganze Anlage seiner Bauten wie auf das Einzelne: auf die Abmessungen der Gesimse, die Säulenschäfte, die Schönheit der Kapitelle und Basen, der Tragsteine, Winkel, Wölbungen, Treppen und Vorsprünge sowie auf jede bauliche Anordnung, die nach seinem Rat und seinem Modell angefertigt wurde. Waren die Griechen die Erfinder der Baukunst und die Römer ihre Nachahmer, so folgte Bramante nicht nur ihrem Vorbild, sondern vermehrte auch die Schönheit und die Schwierigkeiten in dieser Kunst, die wir durch ihn verherrlicht finden.

Bramante wurde 1444 in einem Dorf im Gebiet von Urbino geboren; seine Eltern waren arm, aber aus gutem Stande. In seiner Kindheit lernte er lesen und schreiben und übte sich sehr im Rechnen. Weil er aber zeitig Geld verdienen mußte, bestimmte ihn der Vater, der eine starke Neigung zum Zeichnen in ihm erkannte, schon als Knaben zur Malerei. Er studierte eifrig die Werke Fra Bartolommeos, sonst auch Fra Carnavale da Urbino genannt,der in jener Stadt das Bild in Santa Maria della Bella malte. Das meiste Vergnügen jedoch fand Bramante an der Baukunst und Perspektive, und so verließ er die Heimat, um sich nach der Lombardei zu begeben, wo er bald in dieser, bald in jener Stadt arbeitete. Es waren aber keine kostbaren und hervorragenden Werke, denn er besaß damals weder Namen noch Ruf, und damit er wenigstens etwas Bemerkenswertes sähe, beschloß er, nach Mailand zu gehen und den Dom zu betrachten. Dort lebte damals ein gewisser Cesare Cesariano, ein guter Geometer und Baumeister, der einen Kommentar zum Vitruv schrieb; als dieser den zugesagten Lohn dafür nicht erhielt, geriet er in solche Verzweiflung, daß er sehr wunderlich wurde, nicht mehr arbeiten mochte und völlig verwildert mehr als ein Tier denn als ein Mensch starb. Gleichzeitig war daselbst der Mailänder Bernardino da Trevio, Ingenieur und Baumeister des Domes. Er war ein sehr guter Zeichner, und Leonardo da Vinci rühmte ihn als einen seltenen Meister, obgleich seine Manier in der Malerei etwas hart und trocken war.

Bramante, der den Bau des Domes betrachtete und die beiden Ingenieure kennenlernte, geriet in solche Begeisterung, daß er beschloß, sich ganz der Baukunst zu widmen.. Er verließ hierauf Mailand, ging nach Rom – noch vor Beginn des heiligen Jahres 1500 – und erhielt durch einige Freunde, Landsleute und Lombarden den Auftrag, über der heiligen Tür von San Giovanni in Laterno, die beim Jubelfest geöffnet wird, das Wappen von Papst Alexander VI. in Fresko zu malen, mit Engeln und anderen Figuren, die es halten. Hierdurch und durch andere Arbeiten in der Lombardei wie in Rom hatte Bramante sich etwas Geld verdient und gab es sehr sparsam aus, weil er wünschte, aus eigenen Mitteln zu leben und, ohne durch neue Bestellungen gestört zu werden, die Bauwerke des Altertums in Rom mit Gemächlichkeit vermessen zu können. Einsam und in Nachdenken versunken begann er diese Beschäftigung und hatte in kurzer Zeit alle bedeutenden Gebäude der Stadt und der Umgebung vermessen. Ebenso ging er nach Neapel und nach anderen Orten, wo nach seiner Kenntnis Altertümer vorhanden waren. Auch in Tivoli und in der Villa des Hadrian machte er Vermessungen und wußte diese Studien sehr gut zu nutzen. Als der Kardinal von Neapel die Neigung Bramantes erkannte, begann er ihn zu begünstigen. Er wollte für die Mönche des Klosters della Pace einen Kreuzgang aus Travertin wiederherstellen lassen und übergab Bramante diese Arbeit.Voll Verlangen, Geld zu verdienen und sich dem Kardinal erkenntlich zu zeigen, begann er sie mit großem Eifer und aller Sorgfalt und führte in sehr kurzer Zeit sein Werk erfolgreich zu Ende. Wenn es ihm auch noch an vollendeter Schönheit fehlte, so erwarb es ihm doch einen großen Namen, weil in Rom nur wenige mit soviel Liebe, Studium und Eifer die Baukunst übten wie Bramante.

Am Anfang seiner Laufbahn half er als Unterbaumeister des Papstes Alexander VI. bei der Errichtung des Brunnens in Trastevere und bei einem anderen auf dem Sankt-Peter-Platz. Sein Ruf stieg, und er wurde mit anderen trefflichen Architekten zu der Beratung hinzugezogen, die man über einen großen Teil des Palastes von San Giorgio und der Kirche San Lorenzo in Damaso hielt, die Raffael Riario, Kardinal von San Giorgio, nahe bei dem Campo di Fiore erbauen ließ.Auch als die Kirche San Jacopo degli Spagnuoli auf der Piazza Navona vergrößert werden sollte, war Bramante bei den Beratungen zugegen und ebenso bei der Beschlußfassung über den Bau von Santa Maria dell' Anima, den man nachher von einem Deutschen ausführen ließ. Nach seiner Zeichnung vergrößerte man die Hauptkapelle von Santa Maria del Popolo, und alle diese Arbeiten erwarben ihm in Rom einen solchen Ruf, daß er als der erste Architekt galt. Als Papst Julius II. 1503 erwählt wurde, begann er sich auch seiner Hilfe zu bedienen. Dieser Papst hatte den Plan, dem Raum zwischen Belvedere und dem Palast die Form eines viereckigen Theaters zu geben und dadurch das kleine Tal einzuschließen, das zwischen dem alten päpstlichen Palast und dem neuen Gebäude gelegen war, das Innocenz VIII. als Papstwohnung errichtet hatte. In zwei Korridoren zu beiden Seiten dieses kleinen Tals sollte man durch Bogengänge vom Belvedere nach dem Palast und umgekehrt gehen können, auch sollten verschiedene Treppenanlagen bis zur Plattform des Belvedere hinaufführen. Bramante, der in solchen Dingen das beste Urteil und reiche Phantasie besaß, teilte den zutiefst gelegenen Raum durch zwei Säulenordnungen ab. – Nach diesem Entwurf baute Bramante den ersten Korridor, der, gegen Rom zu gelegen, vom Palast nach dem Belvedere führt, mit Ausnahme der letzten oberen Loggia. Bei dem entgegengesetzten Teil nach dem Wäldchen zu legte er jedoch nur die Fundamente, denn durch das Hinscheiden des Papstes Julius und später durch den Tod Bramantes selbst wurde dieses Werk damals nicht vollendet. Es galt für eine so herrliche Erfindung, daß man glaubte, seit der Zeit der Alten nichts Besseres in Rom gesehen zu haben. Die Stirnseite des Belvedere baute Bramante mit einer Nischen-Ordnung für die

Sammlung der antiken Statuen aus, wo zu seiner Zeit noch die köstlichen Statuen des Laokoon, des Apollo und der Venus aufgestellt wurden.

Wenn diesem Künstler nicht der Geiz seiner Verwalter hinderlich war, verfuhr er mit großer Schnelligkeit und verstand sich vortrefflich auf das Bauhandwerk. So errichtete er das Mauerwerk des Belvedere sehr geschwind. Sein Ungestüm zu bauen und das des Papstes zu planen waren so groß, daß man solche Gebäude nicht mauerte, sondern wachsen ließ. So trugen die Arbeiter, die die Fundamente auszuheben hatten, des Nachts Sand und lehmiges Erdreich nach dem Bauplatz, um es am Morgen in Gegenwart Bramantes auszuschaufeln, damit er dann, ohne weiter nachzuforschen, die Fundamente legen ließ. Diese Unachtsamkeit war schuld, daß seine Werke geborsten sind und einzustürzen drohen. So ist ein Stück jenes Korridors zur Zeit Clemens' VII. zusammengebrochen und erst von Paul III. wiederhergestellt worden, der das Fundament erneuern und verstärken ließ.

Im Belvedere sind nach Angabe Bramantes eine Menge verschiedener Treppenaufgänge zur Verbindung der höher und tiefer liegenden Räumlichkeiten in dorischer, ionischer und korinthischer Ordnung aufs zierlichste ausgeführt. Zu dem allen hatte er ein Modell gearbeitet, das, wie man sagt, wunderbar gewesen sein soll, wie es auch der Anfang des noch unvollendeten Werkes zeigt. Unter anderem findet man dort eine Wendeltreppe auf steigenden Säulen, und zwar so, daß man auch zu Pferde hinaufkommt. Das Dorische geht ins Ionische und dieses ins Korinthische über, so daß man von einer Ordnung in die andere gelangt. Es ist mit größter Anmut und mit einer gewiß hervorragenden Kunstfertigkeit ausgeführt.

Wegen seiner Geschicklichkeit in der Baukunst und seiner sonstigen Eigenschaften genoß Bramante großes Wohlwollen beim Papst. Deshalb hielt ihn dieser des Amtes des päpstlichen Siegelbewahrers für würdig, für das er ein neues Gebäude errichtete. Im Auftrag Seiner Heiligkeit begab sich Bramante nach Bologna, als im Jahre 1506 diese Stadt wieder unter die Hoheit der Kirche kam, und er leistete in dem Krieg gegen Mirandola durch sinnreiche und wichtige Dinge vielfachen Beistand. Er verfertigte eine Menge vortrefflicher Zeichnungen zu Grundrissen und Gebäuden, ebenso kunstreich wie genau gemessen. Raffael von Urbino lehrte er viele Regeln der Baukunst und entwarf ihm auch die Gebäude, die er dann perspektivisch im Saal des Parnasses anbrachte, wo Raffael den Bramante darstellte, wie er mit Zirkeln mißt.

Der Papst faßte den Entschluß, alle Verwaltungen und Rechtsämter Roms an einem einzigen Ort in der Strada Giulia, die Bramante gradlinig gemacht hatte, zu vereinigen, was den Sekretären eine große Erleichterung für ihre Amtsgeschäfte gebracht hätte. So begann Bramante den Palast bei San Biagio am Tiber und brachte darin einen wunderbaren korinthischen Tempel an, der unvollendet blieb. Das übrige des dort angefangenen Baues ist in schöner Rustica gebaut. Es bleibt sehr zu beklagen, daß ein so nützliches wie prächtiges Werk nicht vollendet wurde, das die Baumeister als das schönste seiner Art anerkennen. – Im ersten Kreuzgang von San Pietro in Montorio errichtete er einen runden Tempel von Travertin, den man sich in Anordnung, Mannigfaltigkeit, Verhältnis und Grazie nicht anmutiger und besser erfunden vorstellen kann. Weit herrlicher noch würde er erscheinen, wenn der unvollendet gebliebene Kreuzgang nach seiner Zeichnung errichtet worden wäre.Im Borgo führte er einen Palast für Raffael von Urbino aus. Er war aus Backsteinen und aus Kastengußstücken gemauert. Die Säulen und die unbehauenen Quadersteine sind in dorischem und rustikalem Geschmack gebaut. Kurz, dies Werk ist schön und die Art der Gußarbeit ist völlig neu.

So gewaltig war der Geist dieses wunderbaren Künstlers, daß er eine große Zeichnung entwarf, um den päpstlichen Palast herzustellen und übersichtlicher zu gliedern.Als er die Macht des Papstes sah, dessen Wollen mit seinem eigenen Geist und Verlangen übereinstimmte, stieg sein Mut immer höher, und als er hörte, Seine Heiligkeit habe den Plan gefaßt, die Kirche von Sankt Peter niederzureißen und neu aufbauen zu lassen, verfertigte er für ihn unendlich viele Zeichnungen, darunter eine von bewundernswerter Schönheit. Hier zeigte er die größte überhaupt nur mögliche Erfindungskraft: zu beiden Seiten der Fassade sind zwei Türme aufgestellt, wie man auf den Medaillen sieht, die Julius II. und Leo X. später von Caradosso, einem vortrefflichen Goldarbeiter, schlagen ließen. Der Papst war entschlossen, den riesenhaften und beängstigenden Bau von Sankt Peter zu unternehmen, ließ die alte Kirche zur Hälfte niederreißen und begann das Werk mit der Absicht, an Schönheit, Kunst, Erfindung und Anordnung wie an Größe, Reichtum und Schmuck alle Gebäude zu übertreffen, die der Macht des römischen Staates, der Kunst und dem Geist so vieler begabter Meister ihre Entstehung verdanken. Bramante legte die Fundamente mit gewohnter Schnelligkeit und führte größtenteils vor dem Tode des Papstes und bis an sein eigenes Lebensende den Bau bis zu dem Gesims, wo die Bögen der vier Pfeiler sich befinden, und wölbte diese mit größter Schnelligkeit und Kunst.

Ebenso ließ er die Hauptkapelle wölben, worin die Nische eingeordnet ist, und förderte die Errichtung der Kapelle, die man die Kapelle des Königs von Frankreich nennt.

Hier wurde von ihm die Erfindung gemacht, Wölbungen über Formkästen zu schlagen, die mit Friesen und Laubwerk verziert und dann mit Kalkgemisch ausgegossen werden. Soweit er das Werk vollendete, sieht man das Gesims innen ringsumher mit solcher Herrlichkeit ausgeführt, daß keine Hand in den Erhöhungen und Vertiefungen etwas Besseres zeichnen könnte. Seine Kapitelle sind innen mit Olivenblättern bekleidet, außen ist der ganze Bau in dorischem Stil errichtet und von solch eigentümlicher Schönheit, daß er zeigt, von welcher Gewalt und Größe die Anlage Bramantes war. Ja, wären seine Kräfte seinem Talent gleich gewesen, so würde er ganz gewiß noch viel Unglaublicheres geleistet haben.

Nach seinem Tode wurde das begonnene Werk von den ihm folgenden Baumeistern völlig verändert, so daß man wohl sagen kann, bis auf die vier Bogen, die die Kuppel tragen, ist von seinem Entwurf nichts geblieben. Raffael von Urbino und Giuliano da Sangallo sollten nach dem Ableben Julius' II., zusammen mit Fra Giocondo aus Verona als Bauleiter eingesetzt, schon damit beginnen, das Werk zu ändern. Als auch diese gestorben waren, leitete Baldassare Peruzzi jenen Bau und wich auch von diesem ab, als er im Kreuzarm gegen den Campo Santo zu die Kapelle des Königs von Frankreich erbaute. Unter Paul III. änderte Antonio da Sangallo den Bau völlig um, und Michelangelo Buonarroti endlich verwarf alle diese verschiedenen Ansichten und die überflüssigen Kosten und gab dem Gebäude eine Schönheit und Vollkommenheit wieder, wie sie keiner von ihnen je erdacht hatte. Nach seiner Zeichnung und Angabe wurde alles erbaut, obwohl er mir mehrmals sagte, er führe nur die Zeichnungen und Anordnungen Bramantes aus, denn der Schöpfer eines großen Gebäudes sei der, der den Grund dazu lege. Der Plan Bramantes erschien über die Maßen groß; er gab ihm zu Anfang außergewöhnliche Abmessungen. Hätte er indes dieses so außerordentliche und prächtige Bauwerk kleiner begonnen, so würden weder Sangallo noch die anderen Meister noch auch Buonarroti imstande gewesen sein, ihm mehr Größe zu geben, während es ihnen leicht möglich war, es kleiner zu machen, da Bramantes Plan noch viel umfassender gewesen ist.

Man sagt, sein Verlangen, die Arbeit vorwärtsschreiten zu sehen, sei so groß gewesen, daß er in Sankt Peter viele schöne Dinge niederreißen ließ: Grabmäler von Päpsten, Malereien und Mosaiken, wobei eine Menge Bildnisse berühmter Personen zugrunde ging, die dort in der bedeutendsten Kirche der ganzen Christenheit verstreut waren. Nur der Altar des heiligen Petrus und die alte Tribuna blieben erhalten. Diese umschloß er mit einer sehr schönen dorischen Ordnung aus Peperin, die den Papst an den Tagen, wo er Messe liest, mit seinem ganzen Hofstaat und allen Gesandten der fremden Fürsten aufnehmen kann. Der Tod hinderte ihn, sie zu vollenden; erst der Sienese Baldassare machte sie fertig.

Bramante hatte ein sehr heiteres und fröhliches Gemüt und fand immer Freude daran, seinem Nächsten zu nützen. Er war besonders mit geistreichen Menschen befreundet und begünstigte sie, wo er nur konnte, wie den berühmten Maler, den anmutigen Raffael von Urbino, den er nach Rom zog. Er führte stets ein glänzendes und ehrenvolles Leben, und auf der Stufe, zu der er durch seine Verdienste gelangte, war das, was er besaß, ein Nichts im Vergleich zu dem, was er hätte ausgeben mögen. Viel Vergnügen machte ihm die Poesie, er hörte gern Musik, improvisierte selbst auf der Laute und dichtete zuweilen ein Sonett, wenn auch nicht so fließend, wie wir es jetzt gewohnt sind, so doch wenigstens ernst und fehlerlos. Von Prälaten und unzähligen Herren wurde er hoch geehrt und genoß während seines Lebens und mehr noch nach seinem Tode außerordentlichen Ruhm, weshalb auch der Bau von Sankt Peter viele Jahre liegenblieb. Er starb im Alter von siebzig Jahren und wurde von dem Hof des Papstes, von allen Bildhauern, Baumeistern und Malern in feierlichem Zug zu Grabe getragen und in Sankt Peter im Jahre 1514 beigesetzt.

Der Tod Bramantes war ein außerordentlich großer Verlust für die Baukunst, denn er machte viele gute Erfindungen, durch die er sie bereicherte, wie: die Gewölbe in Gußmauerwerk schlagen und den Stuck bereiten. Beides hatten die Alten gekannt, aber diese Kenntnis ging durch die Zerstörung ihrer Werke verloren. Wer deshalb antike Gebäude vermißt, findet in den Werken Bramantes ebensoviel Wissenschaft und Zeichnung wie in jenen, und man kann ihn unter den erfahrenen Meistern dieses Berufs als einen der seltenen Geister nennen, die unser Zeitalter erleuchtet haben.

Raffael von Urbino

Geboren am 26. März (Karfreitag) 1483 zu Urbino, gestorben am 6. April (Karfreitag) 1520 zu Rom

Bisweilen sendet der Himmel freigebig und liebreich einem einzigen Menschen den unendlichen Reichtum seiner Schätze, alle Anmut und seltene Gaben, die er sonst in langem Zeitraum unter viele zu verteilen pflegt. Das sieht man deutlich an dem ebenso herrlichen als anmutigen Raffael Sanzio von Urbino. Ihm war von der Natur jene Güte und Bescheidenheit verliehen, die bisweilen solche schmückt, die mehr als andere mit anmutigem Wesen eine liebenswürdige Freundlichkeit verbinden, durch die sie den verschiedensten Menschen stets liebreich erscheinen und Wohlgefallen erwecken. Als die Natur durch die Hand Michelangelos von der Kunst besiegt war, schenkte sie Raffael der Welt, um nicht nur von der Kunst, sondern auch durch gute Sitten übertroffen zu werden.

Raffael wurde am Karfreitag des Jahres 1483 nachts drei Uhr in Urbino, einer berühmten Stadt Italiens, geboren. Sein Vater war Giovanni Santi, als Maler ohne besondere Vorzüge, jedoch ein verständiger Mann und geeignet, seinen Sohn auf den guten Weg zu leiten, der ihm zu seinem Mißgeschick in der Jugend nicht gezeigt worden war. Giovanni wußte, daß es von Wichtigkeit ist, die Kinder nicht von Ammen, sondern von ihren Müttern nähren zu lassen. Als ihm daher Raffael geboren wurde, dem er zu guter Vorbedeutung diesen Namen gab, sollte die Mutter selbst den Knaben stillen. Es war das erste und einzige Kind, das der Himmel ihm schenkte, und wuchs nach dem Wunsch des Vaters im elterlichen Hause auf, damit es dort im zarten Alter gute Sitten lerne und nicht bei geringen und gemeinen Leuten ein ungefälliges und rohes Betragen annehme. Als sein Sohn größer wurde, fing Giovanni an, ihn in der Kunst der Malerei zu unterrichten, da er sah, daß er dafür soviel Neigung als Talent zeigte. Daher vergingen nur wenige Jahre, bis Raffael, noch ein Kind, seinem Vater schon große Hilfe bei den Arbeiten leistete, die dieser im Staat von Urbino verfertigte.

Endlich erkannte jedoch dieser gute und liebevolle Vater, daß sein Sohn nicht mehr viel lernen könne und beschloß, ihn zu Pietro Perugino in die Lehre zu geben, der ihm als erster Maler seiner Zeit gerühmt wurde. Er begab sich nach Perugia; da jedoch Pietro gerade abwesend war, arbeitete er einiges in San Francesco und wartete ruhig dessen Rückkehr ab. Als dieser dann aus Rom heimkehrte, trat Giovanni, der von guter Erziehung und liebenswürdig war, mit ihm in freundschaftlichen Verkehr. Als es ihm Zeit schien, trug er ihm auf die passendste Weise seinen Wunsch vor, und Pietro, der nicht weniger fein an Sitten als voll Anerkennung für vorzügliche Talente war, nahm Raffael gern als Schüler an. Sehr zufrieden kehrte Giovanni nach Urbino zurück, nahm den Knaben aus den Armen der weinenden Mutter und brachte ihn nach Perugia, wo Pietro, als er nur seine Art zu zeichnen gesehen und sein liebenswürdiges Wesen erkannt hatte, das Urteil über ihn aussprach, das in der Zukunft die Tat bestätigte.

Es ist eine bekannte Sache, daß Raffael in der Schule Pietros dessen Stil so genau und in allen Dingen so getreu nachahmte, daß man seine Bilder nicht von den Originalen des Meisters und ihre Arbeiten nicht voneinander unterschied. Deutlich erkennt man dies an einigen Figuren in San Francesco zu Perugia, die er für Madonna Maddalena degli Oddi auf einer Tafel in Öl malte. Es ist die Madonna, die in den Himmel aufgenommen ist und von Christus gekrönt wird, und darunter rings um das Grab die zwölf Apostel, zu der ewigen Seligkeit aufschauend. Diese Arbeit ist mit unendlicher Sorgfalt ausgeführt, und wer nicht genügend Kenntnis des künstlerischen Stils besitzt, würde fest glauben, daß sie von der Hand Pietros sei, während sie zweifellos von Raffael ist.

Nach diesem Werk, als Pietro in eigenen Geschäften nach Florenz ging, verließ auch Raffael Perugia und begab sich mit einigen seiner Freunde nach Città di Castello, wo er in Sant' Agostino ein Bild in derselben Art und ähnlich in San Domenico einen Kruzifixus malte, den man, stände nicht sein Name darauf, niemals für ein Werk Raffaels, wohl aber für eins von Pietro halten würde.

Während ihm nun dieser Stil großen Ruhm erwarb, wurde Pinturicchio von Papst Pius II. nach Siena gesandt, um die Bibliothek des Domes auszumalen. Er nahm Raffael mit sich, den er als Freund liebte und als einen trefflichen Zeichner kannte. Dieser entwarf ihm dort einige Zeichnungen und Kartons zu jenem Werk und würde weiter damit fortgefahren haben, wenn nicht einige Maler ihm lobpreisend von zwei Kartons im Saal des Palastes zu Florenz erzählt hätten, in deren einem von Leonardo da Vinci ein sehr schöner Reitertrupp dargestellt war, während im anderen Michelangelo Buonarroti, mit Leonardo wetteifernd, mehrere nackte Gestalten gezeichnet hatte, die noch weit vollkommener sind. Raffael ließ aus Begeisterung für die Kunst alle andere Arbeit liegen, vergaß jeden Nutzen und jede Bequemlichkeit und begab sich nach Florenz.

Dort gefiel ihm die Stadt ebenso wie jene gepriesenen Werke, die ihm als göttlich erschienen. Er entschloß sich, einige Zeit dort zu bleiben, und wurde bald mit verschiedenen jungen Malern befreundet. Überall in der Stadt nahm man ihn ehrenvoll auf, besonders Taddeo Taddei, der als ein Verehrer ausgezeichneter Talente ihn stets in seinem Haus und an seinem Tisch haben wollte. Raffael, der die Liebenswürdigkeit selbst war, wollte nicht an Höflichkeit übertroffen sein und malte ihm zwei Bilder, in denen man den früheren Stil nach Pietro und den späteren, viel schöneren erkennt, den er durch Studium erwarb.Außerdem verband Raffael enge Freundschaft mit Lorenzo Nasi, und als dieser sich in jenen Tagen vermählte, arbeitete er für ihn ein Bild, worin er die Madonna darstellte, wie sie das Christuskind zwischen den Knien hält, dem der kleine Johannes ganz fröhlich und zu großem Vergnügen und Ergötzen beider Kinder einen Vogel reicht. Ihre Stellungen zeigen kindliche und liebevolle Einfalt und sind so trefflich und sorgfältig gemalt, daß man glaubt, sie seien aus Fleisch und Blut und nicht mit Farbe ausgeführt und gezeichnet. Die Madonna hat einen Ausdruck, der wahrhaft voll Anmut und Göttlichkeit ist; die Umgebung, die Landschaft wie das ganze Werk sind herrlich. Lorenzo Nasi hielt dieses Geschenk während seines Lebens hoch in Ehren.Am 9. August 1548 jedoch wurde es zertrümmert, als durch einen Erdrutsch des Hügels von San Giorgio das Haus Lorenzos zugleich mit anderen naheliegenden Gebäuden zugrunde ging. Die einzelnen Stücke fanden sich unter dem Schutt des zerstörten Hauses, und Battista, Lorenzos Sohn, ein großer Verehrer der Kunst, ließ sie wieder zusammensetzen, so gut es gehen wollte. Nach Vollendung der genannten Arbeiten sah Raffael sich gezwungen, Florenz zu verlassen und nach Urbino zu gehen, wo seine Eltern beide gestorben und seine Angelegenheiten in Unordnung waren.

Während seines Aufenthaltes in Urbino malte er für Guido da Montefeltre, damals Feldhauptmann der Florentiner, zwei kleine, aber sehr schöne Madonnenbilder in seinem zweiten Stil, die heute im Besitz des Edlen Herrn Guidobaldo, Herzogs von Urbino, sind. Nachdem er diese Arbeiten vollendet und seine Angelegenheiten geordnet hatte, ging Raffael noch einmal nach Perugia zurück und malte dort für die Kapelle der Ansidei in der Kirche der Serviten eine Tafel, auf der die Madonna, Johannes der Täufer und der heilige Nikolaus dargestellt sind.In San Severo derselben Stadt, einem kleinen Kloster der Camaldulenser, schuf er in der Kapelle der Madonna ein Fresko: Christus in der Glorie mit Gottvater zwischen einigen Engeln und sechs sitzenden Heiligen, drei an jeder Seite. Unter dieses Werk schrieb er seinen Namen.Ich muß hier erwähnen, daß Raffael, nachdem er in Florenz die vielen Arbeiten trefflicher Meister gesehen hatte, seinen Stil so veränderte und vervollkommnete, daß er dem früheren in keiner Weise mehr ähnlich war. Ja es schien, als rührten seine ersten Werke von einer anderen, in der Malerei mehr oder weniger geschickten Hand her.

Ehe er Perugia verließ, bat ihn Madonna Atalanta Baglioni, für ihre Kapelle in der Kirche von San Francesco eine Tafel zu malen; da er ihr aber in jener Zeit nicht zu Diensten stehen konnte, versprach er, ihren Wunsch zu erfüllen, wenn er von Florenz zurückgekehrt wäre. Dort nun lag er mit unendlichem Fleiß seinen Studien ob und verfertigte einen Karton, um ihn in der genannten Kapelle zur Ausführung zu bringen, sobald es ihm möglich sei. Während seines Aufenthaltes in dieser Stadt lebte dort Angelo Doni, der in anderen Dingen sparsam war, für Werke der Malerei und Skulptur aber, die er sehr liebte, gerne Geld ausgab, wenn auch so wenig als möglich. Dieser ließ von Raffael sein eigenes Bild nebst dem seiner Gemahlin ausführen.

Raffael studierte in Florenz die alten Arbeiten Masaccios und wurde durch das, was er an den Werken Leonardos und Michelangelos sah, zu noch größerem Fleiß, das heißt zu noch höherer Vervollkommnung der Kunst und seines Stiles getrieben. Während seines Aufenthaltes in Florenz stand er auch in naher Freundschaft mit Fra Bartolommeo von San Marco, der ihm sehr wohlgefiel und dessen Farbgebung er nachzuahmen suchte. Dagegen lehrte er jenen guten Pater die Regeln der Perspektive, von denen dieser bis dahin keine Kenntnis besaß.

Nach Perugia zurückberufen, arbeitete er dort zuerst in San Francesco das Werk für die Frau Attalanta Baglioni, zu dem er in Florenz den Karton entworfen hatte. In diesem göttlichen Bild ist eine Grablegung Christi mit solcher Frische und Liebe ausgeführt, daß es jetzt erst gemalt zu sein scheint. Raffael dachte sich, als er dies Werk schuf, den Schmerz, den die nächsten und treusten Angehörigen empfinden, die den Leichnam eines besonders geliebten Verwandten, auf dessen Person das Wohl und die Ehre einer ganzen Familie beruhten, zu Grabe tragen.

Als diese Arbeit zu Ende gebracht und Raffael wieder nach Florenz gegangen war, gaben ihm die Dei, Florentiner Bürger, den Auftrag, eine Altartafel für ihre Kapelle in Santo Spirito zu malen. Den Entwurf hierzu führte er ziemlich weit ausund verfertigte gleichzeitig ein Bild, um es nach Siena zu schicken, überließ es jedoch dem Ridolfo Ghirlandaio,damit er ein blaues Gewand vollende, das noch nicht fertig war, als er Florenz verließ.

Die Veranlassung dazu gab Bramante von Urbino, der damals im Dienste Papst Julius' II. stand. Er war mit Raffael entfernt verwandt und sein Landsmann, deshalb schrieb er ihm, er hätte seinetwegen mit dem Papst unterhandelt, der einige neue Zimmer habe bauen lassen, in denen er seine Tüchtigkeit zeigen könne. Dieser Vorschlag gefiel Raffael, er ließ deshalb die Arbeiten in Florenz und die Tafel der Dei unvollendet und begab sich nach Rom, wo er einen großen Teil der Zimmer im Palast schon gemalt fand, während andere noch von verschiedenen Meistern verziert wurden.

Von Papst Julius aufs huldvollste empfangen, begann dann Raffael im Saale der Segnaturaein Bild, worin er darstellte, wie die Theologen die Philosophie und Astrologie mit der Theologie zu vereinigen suchen und worin alle Weltweisen abgebildet sind, wie sie in verschiedener Art miteinander disputieren. Das ganze Bild ist mit so schöner Ordnung und Ebenmäßigkeit zusammengestellt, daß Raffael dadurch eine glänzende Probe seiner Kunst gab und erkennen ließ, er wolle unbedingt unter allen, die den Pinsel führten, den ersten Platz behaupten. Außerdem schmückte er dieses Werk durch eine schöne Perspektive und eine Menge Gestalten, die in so zarter und weicher Manier ausgeführt sind, daß Papst Julius dadurch veranlaßt wurde, alle Bilder anderer Meister, der älteren wie der neueren, abschlagen zu lassen, und Raffael allein den Ruhm aller Bemühungen hatte, die in solchen Werken bis dahin geleistet worden waren.

Über diesem Bilde befand sich ein Werk von Giovan Antonio Sodoma von Vercelli.Obwohl es nach dem Befehl des Papstes heruntergeschlagen werden sollte, wollte sich doch Raffael dessen Einteilung und der Grotesken bedienen, und zeichnete in vier runde Felder je eine Figur, die in Beziehung zu den Darstellungen darunter stand und dieser zugewendet war. Über der ersten, wo er die Philosophie, Astrologie, Geometrie und Poesie gemalt hatte, die sich mit der Theologie vereinigen, sieht man eine weibliche Figur als die Erkenntnis der Ursachen aller Dinge. Im andern Rund gegen das Fenster nach dem Belvedere zu ist die Poesie in Gestalt der lorbeerbekränzten Polyhymnia dargestellt. Auf dieser Seite malte er über dem genannten Fenster später den Parnaß. In dem nächsten Rund oberhalb des Bildes, wo die heiligen Doktoren die Messe lesen, schuf er die Theologie, von Büchern und anderen Gegenständen umgeben, und über dem Fenster nach dem Hof zu malte er die Gerechtigkeit mit ihrer Waage und dem entblößten Schwert.

In den Gewölbezwickeln schuf er vier Geschichten, mit größter Sorgfalt gezeichnet und gemalt, die Figuren aber von mäßiger Größe. In der einen, zunächst der Theologie, gab er den Sündenfall Adams, das Essen des Apfels, in der anmutigsten Art. Über der Astrologie sieht man diese selbst, wie sie die Planeten und Fixsterne an ihren Ort setzt. Über dem Parnaß ist der an einen Baum gebundene Marsyas, der von Apoll geschunden wird, gemalt, und gegenüber dem Bild, wo die Dekretalien gegeben werden, befindet sich das Urteil Salomos, und zwar der Moment, wo das Kind geteilt werden soll. Alle diese vier Bilder sind voll tiefem Sinn und von großer Wirkung, sehr gut gezeichnet und von duftigem und anmutigem Kolorit. Nachdem nun die Wölbung, das heißt der Himmel dieser Stanze vollendet war, bleibt uns noch zu erzählen, was er Wand für Wand unterhalb der genannten Gegenstände darstellte.

An der Wand gegen das Belvedere, wo der Parnaß und die Quelle des Helikon sich befinden, malte er um den Berg einen schattigen Lorbeerhain, in dessen Grün man gleichsam das Zittern der von sanften Winden bewegten Blätter erkennt. Eine Menge nackter Liebesgötter mit den lieblichsten Gesichtern schweben in der Luft, pflücken Lorbeerzweige, flechten Kränze und streuen sie auf dem Berge aus. Dort scheint fürwahr der Hauch der Gottheit zu wehen in der Schönheit der Gestalten wie in der Vornehmheit der Malerei. Wer dieses Bild aufmerksam betrachtet, muß erstaunen, wie ein sterblicher Geist durch das unvollkommene Mittel einfacher Farben mit Hilfe herrlicher Zeichnungen gemalte Dinge als lebend erscheinen lassen kann. Für lebend hält man auch die Dichter, die auf dem Berge verteilt sind. Alle älteren und neueren Dichter bis auf seine Zeit sind nach Statuen, Medaillen und alten Bildern, mehrere auch von ihm selbst nach dem Leben gezeichnet.

Auf der folgenden Wand ist der Himmel dargestellt: Christus, die Madonna, Johannes der Täufer, die Apostel, Evangelisten und Märtyrer thronen auf den Wolken, und Gottvater gießt über alle den Heiligen Geist aus, ganz besonders über eine große Zahl Heiliger, welche unten die Messe schreiben und über die Hostie, die auf dem Altar steht, disputieren. Man sieht unter ihnen die vier Kirchenväter, von vielen Heiligen umgeben. Die Heiligen sitzen in einem Kreis in der Luft und erscheinen durch die schönen Farben wie lebend, durch die vollkommen ausgeführten Verkürzungen wie Reliefs. Die Gewänder haben den schönsten Faltenwurf, und der Ausdruck der Köpfe ist mehr göttlich als menschlich. Das Antlitz Christi spricht alle Milde und Barmherzigkeit aus, die ein Bild sterblichen Augen zeigen kann.

Auf der Wand endlich, wo sich das Fenster nach dem Hof befindet, malte er an einer Seite Justinian, der den Doktoren die Gesetze gibt, um sie zu verbessern; oberhalb des Fensters die Mäßigkeit, Stärke und Klugheit und an der anderen Seite den Papst, der die kanonischen Dekretalien verleiht. In der Gestalt dieses Papstes ist Julius II. nach dem Leben dargestellt, neben ihm der Kardinal Giovanni de' Medici, später Papst Leo, der Kardinal Antonio di Monte und der Kardinal Alessandro Farnese, später Papst Paul III., nebst anderen Bildnissen. Der Papst war durch die Arbeiten Raffaels sehr zufriedengestellt, und damit die um die Wände laufenden Vertäfelungen der Malerei würdig wären, ließ er aus Monte Oliveto, einem Kloster im Gebiet von Siena, den Fra Giovanni von Verona kommen, der damals in perspektivischen Darstellungen von eingelegter Holzarbeit berühmt war. Dieser verfertigte nicht nur die Vertäfelungen ringsumher, sondern auch sehr schöne Türen und Sitze mit perspektivischen Verzierungen, wodurch er beim Papst viel Gunst, Belohnung und Ehre erwarb.

Das Talent Raffaels entfaltete sich immer mehr, und er mußte im Auftrag des Papstes auch das zweite Zimmer bei dem großen Saal verzieren. In jener Zeit malte er das Bildnis des Papstes Julius II. in Öl so lebendig und ähnlich, daß man es fast mit Zagen betrachtet, als ob man wirklich den Lebenden vor sich habe.Raffael hatte in Rom großen Ruhm erlangt. Aber obgleich er einen anmutigen Stil besaß, der jedermann gefiel, und obschon er unaufhörlich die vielen Kunstwerke des Altertums, die ihm dort vor Augen waren, studierte, so hatte doch bis dahin seinen Gestalten eine gewisse Größe und Majestät gefehlt, die er ihnen von nun an erteilte.

Michelangelo nämlich hatte zu jener Zeit dem Papst einen heftigen Auftritt gemacht, ihn in Schrecken gesetzt und deshalb nach Florenz fliehen müssen. Unterdessen hatte Bramante die Schlüssel zu der Kapelle und ließ nun seinen Freund Raffael die Arbeiten Michelangelos sehen, damit er dessen Verfahren kennenlerne. Diese Besichtigung gab den Anlaß, daß Raffael in Sant' Agostino zu Rom den Propheten Jesaias über der heiligen Anna von Andrea Sansovino noch einmal ganz neu malte, obwohl er ihn schon vollendet hatte. Die Kenntnis der Arbeitsweise Michelangelos brachte ihn dahin, seinem Werke eine bedeutendere Größe und mehr Würde zu verleihen.Michelangelo aber, als er die Arbeit Raffaels sah, dachte nicht mit Unrecht, Bramante habe ihm dies Übel zugefügt, um Raffael Ruhm und Nutzen zu verschaffen.

Bald nachher gab Agostino Chigi, ein reicher sienesischer Kaufmann und Verehrer aller vorzüglichen Menschen, Raffael den Auftrag, eine Kapelle zu verzieren. Denn kurz zuvor hatte Raffael in einer Loggia seines Palastes, heute die Villa Chigi genannt, auf höchst anmutige Art eine Galatea, von Delphinen in einem Wagen auf dem Meer gezogen und von Tritonen und Meergöttern umgeben, gemalt.Die Freude an diesem Werk veranlaßte Agostino, ihm die Ausschmückung der Kapelle der Kirche Santa Maria della Pace zu übertragen. Er malte sie in Fresko nach einer neuen, etwas reicheren und größeren Art, als er es früher getan hatte. Hier stellte Raffael einige Sibyllen und Propheten dar, ehe noch die Kapelle Michelangelos öffentlich zugänglich gemacht wurde, während er sie schon gesehen hatte. Diese gelten für seine beste Arbeit, für die schönste unter so vielen schönen, denn in den Frauen und Kindern dieses Bildes sieht man die größte Lebendigkeit und ein vollkommenes Kolorit, und dieses Werk erwarb ihm im Leben und nach dem Tode hohen Ruhm, da man es für das seltenste und trefflichste erkannte, das Raffael während seines Lebens geschaffen hatte.

Dann malte er auf Bitten eines Kämmerers von Papst Julius das Bild für den Hochaltar von Araceli, in dem er eine Madonna in den Wolken über einer wundervollen Landschaft darstellte und in ihr die Heiligen Johannes, Franziskus und Hieronymus.Darauf setzte er in den Zimmern des päpstlichen Palastes seine Arbeiten fort und malte dort das sogenannte Sakramentswunder von Orvieto oder Bolsena. In diesem Bild sieht man den Priester, wie er die Messe liest und von Scham erglüht, als um seines Unglaubens willen die Hostie blutet. Mit verstörten Augen, durch den Anblick seiner Zuhörer der Fassung beraubt, hat er das Aussehen eines schwankenden, unsicheren Menschen, und man glaubt, seinen Schrecken, fast das Zittern seiner Hände zu gewahren, das in solchem Zustand eintritt. Ringsumher zeichnete Raffael eine Menge verschiedener Gestalten. An der anderen Seite sieht man Papst Julius, der die Messe hört, ein wundervoller, erhabener Gedanke. Die Fensteröffnung benutzte er, um eine stufenförmige Erhöhung vorzustellen, die das Bild zu einem Ganzen macht, ja es scheint, als ob die Fensterhöhlung gar nicht fehlen dürfe. Deshalb kann er sich mit Recht rühmen, daß kein Maler in Erfindung und Zusammenstellung aller Arten von Bildern mehr Geschick, Leichtigkeit und Trefflichkeit hatte. Dies zeigt sich auch bei einem anderen, dem genannten gegenüberstehenden Bilde, auf dem Petrus von Herodes gefangengesetzt und von Kriegern bewacht wird. Dort sind die Architektur und die einfache Zeichnung des Kerkers so sinnvoll geordnet, daß im Vergleich damit in den Werken anderer Künstler ebensoviel Verwirrung herrscht, als in den seinigen Schönheit. Er suchte stets die Begebenheiten so treu darzustellen, wie sie geschrieben sind, und ausgezeichnete und gefällige Dinge in seinen Arbeiten anzubringen. Hier zeigt er das Grauen des Kerkers; mit Ketten beschwert sieht man den Alten zwischen zwei Kriegern. Man gewahrt den tiefen Schlaf, in dem die Wachen liegen; das strahlende Licht des Engels erhellt die dunkle Nacht, läßt alle Einzelheiten des Kerkers unterscheiden und glänzt auf den Waffen der Krieger wider, so daß die beleuchteten Teile in Wirklichkeit poliert und nicht gemalt zu sein scheinen. Ebenso große Kunst und Erfindung bewies er in dem anderen Teil desselben Bildes: die Ketten Sankt Peters sind gefallen, vom Engel geleitet tritt er aus dem Kerker und zeigt in seinem Gesicht, daß es für ihn mehr ein Traum als Wirklichkeit ist – ebenso wie man Schrecken und Entsetzen bei den anderen Wächtern bemerkt, die bewaffnet außerhalb des Gefängnisses den Lärm der eisernen Pforte hören. Eine Schildwache mit einer Fackel in der Hand weckt die anderen, und während sie ihnen leuchtet, glänzt das Licht der Fackel auf den Waffen, und wo dies nicht hinfällt, werden die Gegenstände vom Mond erleuchtet. Raffael brachte dieses geistreich erdachte Bild über dem Fenster auf der dunkelsten Wand an. Betrachtet man es, so fällt einem das Tageslicht in die Augen und steht in schönem Gegensatz zu den verschiedenen Lichtern der Nacht. Man glaubt den Rauch der Fackel, das Leuchten des Engels und das Dunkel der Nacht nicht gemalt, sondern in Wahrheit zu schauen: mit solcher Deutlichkeit wußte er alle diese schwierigen Erfindungen darzustellen. Auf den Waffen sieht man den Schattenwurf, den Auffall der Lichter und ihren Widerschein und den Qualm mit so matten Tönen so herrlich gemalt, daß Raffael der Lehrmeister der anderen Künstler genannt werden kann.

Auf einer der glatten Wände stellte er den Gottesdienst der Juden dar, die Bundeslade, den Kandelaber und Papst Julius, der die Habgier aus dem Tempel jagt, – ein Werk von gleich großer Schönheit und Güte wie das obengenannte Nachtstück. Einige darauf dargestellte Sesselträger sind Bildnisse damals lebender Personen; sie tragen Papst Julius II. der wahrhaft lebendig zu sein scheint. In der Wölbung darüber malte Raffael wieder vier Erzählungen: die Erscheinung Gottes bei Abraham mit dem Versprechen einer großen Nachkommenschaft, die Opferung Isaaks, die Himmelsleiter Jakobs und den brennenden Dornbusch des Moses. In allem erkennt man die gleiche Kunst, Erfindung, Zeichnung und Anmut wie in seinen übrigen Arbeiten.

In dieser Zeit, als das Glück den Künstler so Wunderbares leisten ließ, starb durch den Neid des Schicksals Julius II., der Förderer solcher Tüchtigkeit und Liebhaber alles Guten. Ihm folgte Leo X.; er wollte das begonnene Werk fortsetzen. Dadurch wurde Raffaels Talent bis zum Himmel erhoben und brachte ihm reichen Gewinn, denn er hatte einen mächtigen Fürsten gefunden, dem als Erbgut seines Hauses Liebe zur Kunst eigen war.

Raffael ließ es sich daher angelegen sein, sein Werk fortzuführen, und stellte auf der anderen Wand Attilas Ankunft in Rom dar. Papst Leo III. empfängt ihn am Fuße des Monte Mario und scheucht ihn durch die Kraft seines Segens zurück. In diesem Bilde zeigte Raffael die beiden Apostel Petrus und Paulus mit gezückten Schwertern, zur Verteidigung der Kirche in der Luft stehend. Zwar meldet die Geschichte Leos III. nichts von diesem Ereignis, Raffael jedoch wollte es nach seinem Einfall darstellen, wie Malerei und Dichtkunst sich häufig solche Freiheit erlauben, um ihre Werke zu schmücken, ohne sich jedoch über Gebühr von ihrem ursprünglichen Gedanken zu entfernen.

Als dann Lorenzo Pucci zum Kardinal von Santi Quattro und Oberpönitentiar gewählt war, tat Raffael ihm den Gefallen, für San Giovanni in Monte zu Bologna ein Bild zu malen, in dem er zeigte, was die Anmut zusammen mit der Kunst durch die zarte Hand eines Raffael hervorbringen kann. Es ist eine heilige Cäcilie, die durch einen Engelchor im Himmel geblendet auf den Klang hört, ganz überwältigt von der Harmonie, und man sieht in ihrem Gesicht jenes völlige Außersichsein, das man im Leben bei denen sieht, die in Verzückung geraten.Man mag wohl andere Bilder Gemälde nennen die Werke Raffaels aber sind Leben, denn das Fleisch lebt, man sieht das Atmen, Empfindungen leben in seinen Gestalten, und man erkennt in ihnen eine natürliche Lebhaftigkeit. Danach malte er ein kleines Bild mit kleinen Figuren. Man sieht darauf einen Christus, der dem Jupiter ähnlich in den Wolken schwebt; um ihn sind die vier Evangelisten, wie sie Ezechiel beschreibt: der eine als Mensch, der andere als Löwe, der dritte als Adler und der letzte als Stier. Unter ihnen stellt eine kleine Landschaft die Erde dar. Dieses Bild ist in seiner Kleinheit nicht weniger kostbar und schön als andere Arbeiten in ihrer Größe.Nach Verona schickte er an den Grafen von Canossa ein großes Gemälde von gleichem Wert: eine Geburt Christi. Sehr darin gerühmt wird das schöne Morgenrot und die Gestalt der heiligen Anna, so daß man es nicht besser preisen kann, als wenn man sagt: es ist von der Hand Raffaels von Urbino.Für den jungen Bindo Altoviti verfertigte er sein Bildnis, das für ganz hervorragend gehalten wird,und ebenso ein Gemälde der Madonna, das er nach Florenz schickte. Darauf ist die heilige Anna in hohem Alter sitzend dargestellt, sie reicht der Madonna ihren Sohn, der von so großer Schönheit im Nackten und in den Gesichtszügen ist, daß sein Lächeln jeden zur

Freude bringt, der ihn anschaut. Im Hintergrund befindet sich ein Gebäude mit einem bespannten Fenster, das dem Zimmer Licht gibt, in dem sich die Personen aufhalten.

In Rom malte er in einem Bild von ziemlicher Größe den Papst Leo, den Kardinal Giulio de' Medici und den Kardinal de' Rossi, worin die Gestalten wie im Relief erscheinen. Man sieht die Fasern des Samts; der Damast, der den Papst umkleidet, rauscht und glänzt, die Haare des Pelzfutters sind weich und natürlich und Gold und Seide der Wirklichkeit gleich. Ein mit Miniaturen geschmücktes Pergamentbuch ist täuschender als die Wirklichkeit und eine silberne Glocke so schön, daß man keine Worte findet, es auszudrücken. Dies Werk gab dem Papst Veranlassung, Raffael reichlich zu belohnen,Ebenso malte er die Bildnisse der Herzöge Lorenzo und Giuliano mit jener Vollkommenheit in Kolorit und Anmut, die nur ihm eigen war.

Der Ruhm Raffaels und die Belohnungen, die er empfing, stiegen immer mehr, daher ließ er zu seinem Gedächtnis im Borgo Nuovo in Rom einen Palast erbauen, den Bramante mit Stuck verzierte. Durch alle diese und andere Arbeiten war sein Ruf nach Frankreich und Flandern gedrungen. Der Deutsche Albrecht Dürer, ein sehr bewundernswerter Maler, der vorzügliche Kupferstiche verfertigte, schickte ihm als Tribut seiner Huldigung einen Kopf, sein eigenes Bildnis in Guaschmalerei auf ganz feiner Leinewand ausgeführt, so daß es sich auf beiden Seiten zeigte. Die Lichter waren durchschimmernd, nicht mit weiß aufgesetzt, sondern auf der Leinwand ausgespart, alles übrige mit Aquarellfarben gemalt und verziert. Raffael bewunderte dies sehr und sandte Dürer eine Menge Blätter von seiner Hand gezeichnet, die dieser ungemein wert hielt.Da Raffael gesehen hatte, wie Albrecht Dürer bei seinen Kupferstichen zu Werke ging, wünschte er ebenfalls zu zeigen, was er in dieser Kunst vermöge. Deshalb ließ er den Marco Antonioaus Bologna Übungen in dieser Kunst anstellen, und da sie ihm trefflich gelangen, ihn seine ersten Sachen drucken, nämlich das Blatt mit dem Kindermord, ein Abendmahl, den Neptun und die heilige Cäcilia, die in Öl gesotten wird. Marco Antonio verfertigte außerdem noch eine Anzahl Kupferstiche für Raffael, und dieser gab sie später dem Baviera, seinem Malerjungen, der für ein Mädchen sorgte, das Raffael bis an sein Lebensende liebte. Von ihr malte er ein Bild von großer Schönheit und Lebendigkeit.

Raffael malte darauf eine Tafel für das den Olivetanermönchen gehörige Kloster Santa Maria dello Spasmo in Palermo und stellte darauf Christus dar, der sein Kreuz trägt. Dieses Werk wird als bewundernswert von allen anerkannt.Das schöne Bild lief Gefahr, zugrunde zu gehen, ehe es den Ort seiner Bestimmung erreichte. Es war, wie man erzählt, eingeschifft worden, um nach Palermo gebracht zu werden. Das Fahrzeug jedoch, das es übers Meer trug, zerschellte an einer Klippe, so daß Menschen und Waren untergingen – mit Ausnahme jenes Bildes. Es trieb in dem Kasten, worin es verpackt war, in den Meerbusen von Genua, wurde dort aufgefischt, ans Land gebracht und sicher, aufbewahrt, als man sah, welch göttliches Werk es sei. Völlig unversehrt war es ganz ohne Makel geblieben, denn selbst Stürme und Wogen hatten Achtung vor solch einem Bild. Der Ruf davon verbreitete sich, und die Mönche versuchten, es wiederzubekommen. Mit Mühe gelang es ihnen durch die Hilfe des Papstes, und sie gaben denen, die es gerettet hatten, reiche Belohnung. Aufs neue eingeschifft, gelangte es nach Sizilien und wurde in Palermo aufgestellt, wo es berühmter ist als der feuerspeiende Berg.

Während Raffael diese Arbeiten vollführte, die er nicht abweisen konnte, weil die Aufträge von bedeutenden Personen kamen oder er sie auch um seines eigenen Interesses willen nicht ausschlagen mochte, unterließ er nicht, die begonnene Ausschmückung der päpstlichen Zimmer und Säle fortzuführen. Er hielt dort beständig Leute, die nach seinen Zeichnungen das Werk förderten, sah fortwährend jedes einzelne nach und legte überall die letzte Hand an, um eine so große Verpflichtung nach Möglichkeit zu erfüllen. So konnte er nach kurzer Zeit das Zimmer des Torre Borgia aufdecken. Er hatte darin auf jeder Wand ein Bild gemalt, zwei über den Fenstern und zwei auf den beiden freien Wänden. Auf der einen erblickt man den Brand des Borgo Vecchio zu Rom, der nicht zu löschen war, bis Leo IV. sich nach der Loggia des Palastes begab und durch seinen Segen das Feuer völlig dämmte. Das zweite Bild stellt eine andere Begebenheit aus dem Leben Leos IV. dar. Man sieht darauf den Hafen von Ostia, von einer türkischen Flotte belagert. Sie war gekommen, den Papst gefangenzunehmen, und wird von den Christen auf dem Meer bekämpft. Schon sind eine Menge Gefangener nach dem Hafen gebracht; sie steigen aus einer Barke, von den Soldaten am Bart gerissen. Ihre Gesichtszüge sind schön, die Stellungen wild, – mit den mannigfaltigsten Schifferkleidungen angetan, werden sie vor den Papst gebracht, der als Leo X. dargestellt ist. In den beiden anderen Bildern ist Leo X. zu sehen, der den allerchristlichsten König Franz I. von Frankreich salbt. Das letzte Bild stellt die Krönung des ebengenannten Königs dar; der Papst und Franz I. sind darin nach dem Leben gezeichnet, dieser bewaffnet, jener im päpstlichen Ornat.

Es ist unmöglich, alle Kleinigkeiten in Raffaels Werken zu beschreiben, wo jeder Gegenstand in seinem Stillschweigen dennoch zu reden scheint. Aber ich muß noch anführen, daß unterhalb der genannten Bilder sich Postamente befinden mit verschiedenen Verteidigern und Wiederherstellern der Kirche, von allerlei Hermen eingeschlossen. Sie sind in einer Weise ausgeführt, daß sich überall Geist, Wärme, Überlegung und eine Übereinstimmung des Kolorits finden, wie es besser nicht erdacht werden kann. Da die Decke dieses Zimmers von Pietro Perugino, dem Lehrer Raffaels, gemalt war, wollte er sie nicht zerstören, zur Erinnerung an den Meister und aus der Zuneigung, die er für ihn hegte, da dieser ihn zuerst der Stufe zugeführt hatte, die er in der Kunst jetzt einnahm.

Raffaels künstlerischer Geist war so umfassend, daß er in ganz Italien, ja sogar in Griechenland Zeichner hielt, und er ließ nicht nach, sich alles zu verschaffen, was zum Nutzen der Kunst dienen konnte. In Fortführung seiner Arbeiten im Vatikan verzierte er einen Saal, wo verschiedene Apostel und Heilige im Tabernakel in grüner Erde gemalt waren. Dort ließ er durch seinen Schüler Giovanni da Udine, der in Nachbildung von Tieren nicht seinesgleichen hatte, alle fremden Tiere anbringen, die Papst Leo besaß: das Chamäleon, die Zibetkatze, Affen, Papageien, Löwen, Elefanten und andere fremdartige Bestien. Raffael verzierte den päpstlichen Palast auch mit Grotesken und mannigfaltigen Fußböden und verfertigte die Zeichnungen zu den Treppen und den Loggien, die von Baumeister Bramante angefangen, nach seinem Tode aber unvollendet liegengeblieben waren. Sie wurden nach der neuen Zeichnung und Architektur Raffaels weitergeführt, der ein Holzmodell dazu verfertigte, mit größerer Gliederung und reicherem Schmuck als jenes von Bramante.

Da nun Papst Leo die Größe seiner Freigebigkeit und Herrlichkeit zeigen wollte, verfertigte Raffael die Zeichnungen zu den Stuckverzierungen und den Bildern, die dazwischen gemalt sind. Den Giovanni da Udine setzte er als Leiter über die Arbeit der Stukkaturen und Grotesken und den Giulio Romano über die der Figuren, obwohl dieser wenig daran tat. Und Raffael ließ alles mit solcher Vollkommenheit ausführen, daß er sogar den Fußboden aus Florenz von Luca della Robbia kommen ließ. Sicherlich kann man in Malerei, Stukkatur, Architektur und schöner Phantasie kein herrlicheres Werk vollführen noch ersinnen. Seine Schönheit war die Veranlassung, daß Raffael zum Aufseher aller Malereien und Bauten im Palast gesetzt wurde. An allen Türen und sonstigen Holzverkleidungen wurden Schnitzarbeiten angebracht, die Gian Barile mit

Zierlichkeit und Geschmack vollendete. Er zeichnete auch die Architektur zu der Gartenvilla des Papstesund zu mehreren Häusern im Borgo.

Für die Schwarzen Mönche von San Sisto zu Piacenza malte er ein Bild für ihren Hauptaltar. Man sieht darin die Madonna, den heiligen Sixtus und die heilige Barbara, ein überaus kostbares und wunderbares Werk.Für Frankreich schuf er viele Gemälde und besonders für den König einen heiligen Michael, der mit dem Teufel kämpft, ein Werk, das sehr bewundert wurde. Er malte auch Beatrice von Ferrara und andere Frauen, besonders aber seine Geliebte und unendlich viele andere. Raffael war sehr zur Zärtlichkeit geneigt und den Frauen zugetan und deshalb stets bereit, ihnen zu dienen.

Als Agostino Chigi, sein treuer Freund, von ihm das erste Geschoß seines Palastes malen ließ, konnte Raffael aus Sehnsucht nach seiner Geliebten immer nur kurze Zeit bei der Arbeit bleiben. Darüber geriet Agostino ganz in Verzweiflung; endlich brachte er es durch eigenes wie anderer Zureden mit großer Mühe dahin, daß Raffael seine Geliebte nach seinem Hause mitbrachte, wo sie stets in dem Teil weilte, in dem Raffael arbeitete. Dadurch allein wurde schließlich das Werk vollendet. Raffael zeichnete dazu alle Kartons und malte viele Figuren mit eigener Hand in Fresko.Er verfertigte auch die Architekturordnung für die Ställe Chigis und den Entwurf zu der Kapelle des Agostino in der Kirche Santa Maria del Popolo. Er malte sie aus und traf außerdem Anordnungen, ein bewunderungswürdiges Grabmal zu errichten.

Raffael war zu solcher Größe gelangt, daß Leo X. befahl, er solle den großen Saal malen, in dem die Siege Konstantins dargestellt sind, und er begann das Werk. Außerdem hatte der Papst das Verlangen, reiche Teppiche von Gold und Seide weben zu lassen. Raffael verfertigte hierzu mit eigener Hand farbige Kartons genau in der Form und Größe, wie sie gewirkt werden sollten. Man schickte sie nach Flandern, und als die Teppiche vollendet waren, kamen sie nach Rom. Das Werk wurde so wunderbar ausgeführt, daß der Betrachter in Staunen versetzt wird und nicht begreifen kann, wie es möglich war, Haare und Barte so zu weben und mit dem Faden dem Fleische Weichheit zu verleihen. Das Ganze ist eher ein Wunder als ein Werk menschlicher Hand. Wasser, Tiere und Gebäude sind mit einer Vollkommenheit ausgeführt, daß sie nicht wie gewebt, sondern wie mit dem Pinsel gemalt erscheinen. Der Preis, der dafür gezahlt wurde, betrug siebzigtausend Skudi.

Für den Kardinal und Vizekanzler Giulio de' Medici malte Raffael ein Bild von der Verklärung des Heilandes. Es sollte nach Frankreich kommen, und mit eigener Hand fortwährend daran beschäftigt, gab er ihm die letzte Vollendung. In diesem Bild zeichnete er Gestalten und Köpfe von so außerordentlicher neuer und mannigfaltiger Schönheit, daß alle Künstler in dem Urteil übereinstimmen, unter den vielen Werken, die er ausführte, sei dies das rühmlichste, das schönste und glücklichste. Wer erkennen will, wie man Christus zur Gottheit verklärt darstellen muß, der komme und schaue ihn auf diesem Bild.Es ist, als habe dieser göttliche Geist alle Kraft aufgeboten, die er besaß, um in dem Angesicht des Heilandes die Macht und Gewalt der Kunst zu offenbaren, denn nachdem er es vollendet hatte, als das Letzte, was ihm zu vollbringen oblag, rührte er keinen Pinsel mehr an, da der Tod ihn überraschte.

Nachdem er gebeichtet und bereut hatte, starb er an demselben Tag, an dem er geboren wurde, am Karfreitag, in einem Alter von siebenunddreißig Jahren. Wie seine Fähigkeiten die Erde verschönten, so ist zu glauben, daß seine Seele den Himmel schmückt. In dem Saal, worin er zuletzt arbeitete, stellte man nach seinem Tod zu seinen Häupten das Bild von der Verklärung Christi auf, und wer dies lebende Gemälde und diesen toten Körper betrachtete, dessen Seele wurde von tiefem Schmerz erschüttert. Der Verlust Raffaels bestimmte den Kardinal, jenes Bild auf dem Hochaltar von San Pietro in Montorio aufstellen zu lassen, und es wurde immer wegen der Kostbarkeit jeder dargestellten Gebärde sehr hoch geschätzt. Sein Körper empfing ein ehrenvolles Begräbnis, wie es einem so edlen Geist geziemte, denn es war kein Künstler in Rom, der ihn nicht schmerzlich beweinte und zu Grabe geleitete.Tiefe Trauer brachte sein Tod dem ganzen päpstlichen Hofe, erstens weil er zu Lebzeiten das Amt eines Kammerherren bekleidet hatte und dann, weil ihn der Papst so sehr geliebt hatte, daß sein Verlust ihn bitterlich weinen ließ.

Wohl konnte beim Tod dieses edlen Künstlers auch die Malerei sterben, denn als er die Augen schloß, blieb sie fast blind zurück. Uns aber, den Hinterbliebenen, steht es zu, die gute oder vielmehr beste Weise nachzuahmen, die er uns zum Vorbild gegeben hat, sein Andenken dankbar im Herzen zu bewahren, wie unsere Pflicht und Verdienste es fordern, und durch das Wort ihm ein ehrenvolles Andenken zu stiften.

Sebastiano del Piombo

Geboren um 1485 zu Venedig. Gestorben am 21. Juni 1547 zu Rom

Sebastianoserster Beruf war nach verschiedenen Angaben nicht die Malerei, sondern die Musik, da er sich nicht nur mit Gesang, sondern mit dem Spiel verschiedener Instrumente, besonders mit der Laute vergnügte, auf der man ohne andere Begleitung alles ausführen kann. Diese Geschicklichkeit machte ihn der vornehmen Welt Venedigs einige Zeit sehr angenehm, und er hatte als Künstler mit ihr stets vertrauten Umgang. Da er aber schon in früher Jugend Neigung hatte, die Malerei zu betreiben, lernte er die ersten Anfangsgründe bei dem damals schon hochbetagten Giovanni Bellini. Als dann Giorgione aus Castelfranco die neue, im Kolorit sehr harmonische und feurige Weise nach Venedig brachte, trennte sich Sebastiano von Giovanni, ging zu Giorgione in die Schule und blieb lange genug bei ihm, um seinen Stil großenteils anzunehmen. So malte er in Venedig einige sehr ähnliche Bildnisse nach der Natur, darunter das des Franzosen Verdelotto, eines trefflichen Musikers, damals Kapellmeister in San Marco. In demselben Bilde stellte er dessen Gefährten, den Sänger Ubretto dar. Verdelotto aber nahm es mit nach Florenz, als er dort Kapellmeister von San Giovanni wurde. In derselben Zeit malte Sebastiano in San Giovanni Crisostomo zu Venedig eine Tafel mit einigen Figuren so sehr in Giorgiones Art, daß viele, die nicht volle Sachkenntnis besitzen, sie für eine Arbeit dieses Meisters halten.

Der Ruf Sebastianos verbreitete sich dadurch, und Agostino Chigi aus Siena, ein reicher Kaufmann, der in Venedig viele Geschäfte machte, hörte sein Lob in Rom und suchte ihn dahin zu ziehen, zumal es ihm besonders gefiel, daß er außer der Malerei die Kunst des Lautenspieles verstand und in der Unterhaltung anmutig und gefällig war. Es hielt nicht schwer, Sebastiano für die Reise nach Rom zu bestimmen. Er wußte, wie sehr es als eine gemeinsame Vaterstadt allen schönen Geistern sehr förderlich war, und ging sehr gern dorthin. Von Agostino sogleich mit Arbeit beauftragt, malte er zuerst die kleinen Bogen über der Loggia des Gartens in dem Palast in Trastevere, wo Baldassare von Siena die ganze Wölbung verziert hatte. In diesem Bogen stellte Sebastiano allerlei Phantasien in seiner von Venedig mitgebrachten Manier dar, die von der Art der damaligen bedeutenden Maler sehr verschieden war. Außerdem mußte er auf Wunsch Agostinos am gleichen Ort neben Raffaels Galatea einen Polyphem in Fresko malen, in dem er aus Wetteifer mit Baldassare von Siena – der Erfolg bleibe dahingestellt – sich selbst zu übertreffen suchte. Er malte auch einiges in Öl, das man in Rom schätzte, da er von Giorgione eine gewisse verschmolzene Art der Malerei gelernt hatte.

Während er diese Arbeiten vorwärts brachte, gewann Raffael solchen Ruf in der Malerei, daß seine Freunde und Anhänger behaupteten, seine Bilder wären mehr nach den Regeln der Kunst ausgeführt als die des Michelangelo, anmutig in der Farbgebung, in der Erfindung schön, im Ausdruck der Gesichtszüge lieblich und in der Zeichnung charakteristisch. Die Gemälde Michelangelos dagegen hätten mit Ausnahme der Zeichnung keinen jener Vorzüge, und Raffael sei deshalb in der Malerei wenn nicht trefflicher, doch mindestens Michelangelo gleich und in der Farbgebung ihm auf jeden Fall vorzuziehen. Diese Ansichten waren unter den Künstlern sehr verbreitet, die der Anmut Raffaels mehr huldigten als der Tiefe Michelangelos, und sie zeigten sich in ihrem Urteil aus verschiedenen Gründen Raffael günstiger als Michelangelo. Nicht so Sebastiano. Mit klarer Einsicht erkannte er die Vorzüge eines jeden. Dadurch gewann er das Herz Michelangelos, dem die Farbgebung und die Anmut seiner Bilder wohlgefielen. Er nahm ihn unter seinen besonderen Schutz, in dem Gedanken, daß er dem Sebastiano im Zeichnen Hilfe leiste und auf diese Weise, ohne selbst etwas in der Sache zu tun, die, welche die obige Meinung hatten, mundtot machen und hinter einem Dritten versteckt zeigen würde, wer von ihnen der Bessere sei.

Als nun die an sich wirklich schönen und rühmenswerten Arbeiten Sebastianos durch das Lob Michelangelos besonders hervorgehoben wurden, ließ irgendein Herr aus Viterbo, ein Günstling des Papstes, von Sebastiano für eine von ihm in San Francesco zu Viterbo errichtete Kapelle eine Tafel mit dem toten Christus und der Madonna malen, die ihn beweint. Der Künstler vollendete diese mit vielem Fleiß und brachte darauf eine Landschaft im Mondlicht an.Erfindung und Karton dieses Werkes jedoch stammten von Michelangelo. Es galt allen, die es sahen, für sehr vorzüglich, erwarb Sebastiano großen Ruhm und bestätigte die Meinung derer, die ihn begünstigten.

In der Zeit, da Raffael für den Kardinal von Medici das Bild von der Verklärung malte, begann Sebastiano fast im Wetteifer mit Raffael eine Tafel in derselben Größe, eine Auferweckung des Lazarus, der vier Tage im Grabe gelegen. Sie war mit großer Sorgfalt gemalt, teilweise nach der Zeichnung und Anordnung Michelangelos.Diese beiden Bilder wurden zum Vergleich öffentlich im Konsistorium ausgestellt und das eine wie das andere sehr gerühmt. Denn wenn auch das Gemälde Raffaels durch höchste Anmut und Schönheit jedes andere übertraf, so fanden gleichwohl die Mühen Sebastianos bei jedermann ehrenvolle Anerkennung. Er hatte durch dieses Werk dem Kardinal einen großen Dienst erwiesen und verdiente später während dessen Papsttum reichen Lohn. Bald nachher, als Raffael nicht mehr lebte, wurde dem Sebastiano durch die Empfehlung Michelangelos der erste Platz in der Malerei von allen zugestanden. Als daher Agostino Chigi nach Raffaels Entwurf die Kapelle mit seinem Grabmal in Santa Maria del Popolo errichten ließ, wurde er beauftragt, sie auszumalen. Die Verkleidung wurde aufgerichtet, und alles blieb verdeckt, ohne daß man etwas zu sehen bekam.Erst im Jahre 1554, als Luigi, der Sohn Agostinos, daran dachte, was dem Vater nicht gelungen war, zu erreichen und das Werk beendet zu sehen, ließ er Tafel und Kapellen von Francesco Salviati malen. Dieser führte in kurzer Zeit durch, was die Saumseligkeit und Unentschlossenheit Sebastianos hatte liegen lassen, denn ihm war wenig daran gelegen, obgleich Agostino und seine Erben ihm weit mehr zahlten, als sie schuldig gewesen wären, wenn er sein Wort eingelöst hätte. Er aber tat es nicht, entweder weil er von den Anstrengungen der Kunst ermüdet war – oder weil er sich zu sehr den Gemächlichkeiten und Freuden des Lebens widmete. Gleiche Versäumnis ließ er sich gegen den Kammerklerikus Filippo aus Siena zuschulden kommen, in dessen Auftrag er über dem Hauptaltar der Kirche della Pace zu Rom ein Ölbild begann, ohne es je zu vollenden. Die Mönche, dadurch zur Verzweiflung gebracht, mußten das Gerüst fortnehmen, das sie am Gebrauch der Kirche hinderte, das Bild mit Leinwand verhängen und in Geduld warten, solange Sebastiano lebte. Nach seinem Tode deckten sie das Werk auf, und man erkannte, was vollendet war, als eine sehr schöne Arbeit. Unter anderem sind bei der Madonna, welche die heilige Elisabeth besucht, viele Frauen sehr lebendig und schön nach der Natur gezeichnet. Man sieht jedoch auch hier, daß Sebastiano bei allem, was er tat, große Mühe aufwenden mußte und nichts mit jener Leichtigkeit hervorbrachte, wodurch Talent und Studium bisweilen den belohnen, der sich unausgesetzt übt. Ein Beweis für diese Ansicht findet man in derselben Kirche della Pace in der Kapelle des Agostino Chigi. Raffael hatte dort die Sibyllen und Propheten gemalt. Um diese zu übertreffen, wollte Sebastiano in einer Nische darunter auf einer Mauer etwas ausführen; er ließ sie deshalb mit Peperino bekleiden und die Fugen mit gebranntem Stuck ausfüllen, brachte jedoch so lange mit Überlegungen zu, daß er sie nur gemauert hinterließ, denn nachdem sie zehn Jahre so dagestanden, starb er.

Leicht war es dagegen, von Sebastiano Bildnisse nach der Natur zu erhalten. Sie wurden ihm nicht schwer, und er vollendete sie schnell, während mit historischen Bildern und anderen Gestalten das Gegenteil der Fall war. In der Tat ist Porträtmalen sein einziger Beruf gewesen.Dieses erkennt man an dem Bildnis von Marcantonio Colonna, einem so wohlausgeführten Werk, daß es wie lebend erscheint, und an den Bildern von Ferdinando Marchese von Pescara und der Signora Vittoria Colonna, die beide gleich schön sind. Er malte Hadrian VI., als er nach Rom kam, und den Kardinal Nincofort, der wünschte, Sebastiano möge ihm eine Kapelle in Santa Maria dell' Anima zu Rom verzieren. Sebastiano hielt ihn jedoch von einem zum anderen Tag hin, und der Kardinal übertrug sie endlich seinem Landsmann, dem Flamen Michele, der dort in Fresko Begebenheiten aus dem Leben der heiligen Barbara darstellte und dabei unsere italienische Art sehr gut nachahmte.

Nachdem der Kardinal Giulio de' Medici als Clemens VII. zum Papst erwählt worden war, ließ er Sebastiano durch den Bischof von Vasona sagen: die Zeit, ihm Gutes zu erweisen, sei gekommen, er werde sie nicht nutzlos verstreichen lassen. Voller Hoffnung darauf malte Sebastiano viele Porträts nach der Natur, darunter das von Clemens, der damals keinen Bart trug, und ein zweites wiederum von seiner Heiligkeit. Das eine davon erhielt der Bischof von Vasona, das andere größere, worin er sitzend bis zum Knie dargestellt ist, befindet sich in Rom.

Unterdessen starb Mariano Fetti, Siegelbewahrer des Papstes. Da gedachte Sebastiano der Versprechungen, die ihm der Bischof von Vasona, Hausmeister Seiner Heiligkeit, gegeben hatte und bewarb sich um das erledigte Amt. Dieselbe Stelle verlangte Giovanni von Udine, jedoch zahlte der Papst diesem ein Gehalt von dreihundert Skudi. Mit dem Mönchskleid angetan, veränderte Sebastiano alsbald seinen Sinn, denn da er ohne den Pinsel zu rühren seine Wünsche befriedigen konnte, genoß er der Ruhe und erholte sich bei gemächlichem Einkommen von mühevollen Nächten und Tagen. Hatte er hinwiederum einmal Arbeit, so machte er sich mit einer Leidenschaft daran, als sollte es zum Sterben gehen.

Nachdem Sebastiano Frate del Piombo geworden war, malte er mit großer Mühe im Auftrag des Patriarchen von Aquileja einen Christus, der sein Kreuz trägt, in halber Figur auf Stein, ein sehr gerühmtes Werk, besonders Kopf und Hände. Bald nachher kam die Nichte des Papstes, die nachmalige Königin von Frankreich, nach Rom. Fra Sebastiano begann ihr Bildnis, doch blieb es unvollendet. Als kurz danach der Kardinal Hippolyt von Medici in die Signora Giulio Gonzaga verliebt war, die sich damals in Fondi aufhielt, sandte er Sebastiano mit vier leichten Pferden dorthin, um sie zu malen. Im Verlauf eines Monats vollendete er dieses Bildnis, das durch die himmlische Schönheit der Signora und die geschickte Hand des Künstlers ein wahrhaft glückliches Werk wurde. Nach Rom gebracht, erwarb es ihm reiche Belohnung des Kardinals, der es mit Recht als weit besser achtete als irgendeins der früheren Gemälde Sebastianos. Später erhielt es der König Franz von Frankreich und ließ es in Fontainebleau aufstellen.

Dieser Meister hatte eine neue Art erfunden, auf Stein zu malen, die den Leuten gefiel, weil es schien, als ob Malereien, denen weder durch Feuer noch durch Holzwürmer Gefahr drohe, ewige Dauer verliehen sei. Er begann deshalb auf solche Steine viele Bilder zu malen und umgab sie mit Verzierungen von anderen bunten Steinen, die, glänzend poliert, zu schönem Schmuck dienten. Dennoch blieb ein Nachteil, weil diese Malereien, sowohl Figuren als Ornamente, wegen ihres großen Gewichts sich nur mit Schwierigkeit bewegen und fortbringen lassen. Eine Menge Personen, von der Neuheit der Erfindung und dem Reiz der Kunst hingerissen, gaben ihm Handgeld, damit er Werke dieser Art für sie ausführe. Sebastiano aber, der lieber von diesen Dingen reden, als daran arbeiten wollte, schob alles auf die lange Bank. Bei alledem malte er einen toten Christus und die Madonna auf Stein im Auftrag von Don Ferrante Gonzaga, der das Werk samt einer Steinverzierung nach Spanien schickte, wo es für sehr schön galt; Sebastiano erhielt dafür fünfhundert Skudi ausgezahlt. Hierin nun war Sebastiano zu loben, denn während sein Landsmann Domenico, der zuerst in Öl auf der Mauer malte, Andrea del Castagno, Antonio und Pietro Pollaiuolo sich vergebens um eine Verfahrensweise bemüht hatten, ihre Figuren vor dem Nachdunkeln und frühen Verbleichen zu schützen, machte Sebastiano die Entdeckung, wie man dies erreichen könne. Sein Christus an der Säule in San Pietro in Montorio hat sich durchaus nicht verändert, hat dieselbe Frische und Farbe wie am ersten Tag, denn er übte bei diesen Dingen größte Sorgfalt, mischte den rohen Bewurf der Mauer mit Mastix und Harz, ließ diese Masse im Feuer brennen, auf die Mauer auftragen und dann mit einer im Feuer rot oder richtiger glühend gemachten Kelle glätten; dadurch konnten seine Malereien der Feuchtigkeit widerstehen und sich in der Farbe unverändert erhalten. Mit derselben Mischung arbeitete er auf Peperinostein, Marmor, Porphyr wie sonstigen harten Platten, auf denen Malereien sich lange zu erhalten pflegen, und lehrte dadurch auch, wie man auf Silber, Kupfer, Blei und andere Metalle malen könne.

Dieser Künstler fand so viel Vergnügen daran, zu grübeln und zu schwatzen, daß er sich dadurch tagelang von der Arbeit abhalten ließ. Ging er endlich ans Werk, so sah man, daß es ihm sehr schwer wurde, und dies mochte ihn wohl besonders zu der Meinung veranlassen, seine Arbeiten könnten durch keinen Preis bezahlt werden. Für den Kardinal von Aragona malte er ein ausnehmend kräftiges Bild von der heiligen Agatha, die nackt an den Brüsten gemartert wird. Damals, als sich Michelangelo zur Zeit des Papstes Clemens VII. in Florenz befand, wo er mit dem Bau der neuen Sakristei von San Lorenzo beschäftigt war, wollte Giuliano Bugiardini für Baccio Valori auf einem Bilde den Kopf des Papstes Clemens zusammen mit dem des Baccio malen; ein zweites Gemälde für Ottaviano de' Medici sollte denselben Papst und den Erzbischof von Capua darstellen. Auf Bitten Michelangelos malte daher Fra Sebastiano den Kopf des Papstes in Öl und schickte das Bild nach Florenz. Von allen Porträts, die Sebastiano schuf – und es gibt deren eine Menge –, ist dies der schönste und ähnlichste Kopf.

Fra Sebastiano hatte sich nahe der Kirche del Popolo ein gutes Haus gebaut, das er in großer Behaglichkeit bewohnte, ohne sich weiter um Malen und Arbeiten zu kümmern. Er pflegte oft zu sagen, es sei eine große Mühe, im Alter den Eifer zu mäßigen, zu dem in der Jugend Verlangen nach Gewinn, Ehre und Lohn die Künstler treibt. Nicht weniger klug sei es, in Ruhe zu leben, als im Leben sich wegen des Ruhmes nach dem Tode zu sorgen, da ja auch diese Mühen und alle Werke endlich einmal der Vernichtung anheimfielen. Diesen Worten gemäß war sein Tun, denn er suchte immer die besten Weine und kostbarsten Gerichte auf seinen Tisch zu bekommen und hielt vom Leben mehr als von der Kunst. Wurde er von einigen getadelt und mußte er hören, es sei eine Schande, daß er jetzt, wo er zu leben habe, nicht mehr arbeiten möge, so antwortete er: „Da ich genug zu leben habe, will ich nicht mehr arbeiten. Heutigen Tages gibt es Leute, die in zwei Monaten machen, wozu ich zwei Jahre brauchte, und lebe ich noch lange, so wird es nur kurze Zeit dauern, daß ich noch alles mögliche gemalt sehen werde, und da die anderen so viel machen, ist es ein Glück, daß es einen gibt, der nichts macht und ihnen den Lohn läßt." Solche und ähnliche Scherze erzählte er, weil er fröhlich und kurzweilig war, und sicherlich gab es nie einen besseren Gesellschafter als Sebastiano. Michelangelo hatte ihn sehr lieb. Als er jedoch in der päpstlichen Kapelle die Wand mit dem Weltgericht malte, entstand zwischen ihnen einiger Streit, denn Sebastiano hatte den Papst beredet, er solle es Michelangelo in Öl ausführen lassen, während jener es nur in Fresko malen wollte. Michelangelo sagte weder ja noch nein, die Wand wurde nach dem Vorschlag Fra Sebastianos zubereitet, und Michelangelo ließ einige Monate verstreichen, ohne anzufangen. Endlich dazu ermahnt, erklärte er, daß er sie nur in Fresko malen werde; Ölmalen sei eine Kunst für Weiber und für bequeme und faule Leute wie Sebastiano. So wurde der Bewurf des Frate heruntergeschlagen und alles, zum Freskomalen eingerichtet. Michelangelo begann sein Bild, vergaß jedoch nie die Beleidigung, die er durch Sebastiano erfahren zu haben glaubte, und behielt einen Zorn auf ihn fast bis zu seinem Tode. Nachdem Sebastiano endlich so weit gekommen war, daß er weder arbeiten noch sonst etwas vornehmen wollte, als seinen Dienst als Frate und sonst ein gutes Leben zu führen, erkrankte er in seinem dreiundsechzigsten Jahr an einem bösartigen Fieber und bekam, weil er vollblütig und stark war, eine so heftige Entzündung, daß er nach wenigen Tagen seinen Geist aufgab. In seinem Testament hatte er verordnet, sein Körper solle ohne priesterliches Geleit und ohne Aufwand von Kerzen zu Grabe getragen, das Geld aber, das dies gekostet haben würde, zur Ehre Gottes an Arme verteilt werden. Dies geschah, und er wurde im Juli des Jahres 1547 in der Kirche del Popolo beigesetzt. Die Kunst verlor durch ihn nicht viel, denn einmal mit dem Mönchskleide angetan, konnte man ihn schon unter die Verlorenen zählen, wenn auch um seiner angenehmen Unterhaltungsgabe willen viele Freunde und Künstler seinen Tod beklagten.

Michelangelo Buonarroti

Geboren am 6. März 1475 zu Caprese bei Florenz. Gestorben am 18. Februar 1564 zu Rom

Hervorragende und eifrig strebende Geister, die sich vom Licht des hochberühmten Giotto und seiner Nachfolger leiten ließen, bemühten sich, der Welt die ihnen durch die Gunst der Sterne und durch eine glückliche Mischung der Säfte verliehene Kraft zu zeigen. Da sie aber so gut wie vergebens danach strebten, durch die Herrlichkeit der Kunst die Größe der Natur darzustellen und mit ihren Gaben zu jenem höchsten Verständnis zu kommen, das wir Intelligenz nennen, wandte der allgütige Lenker der Welten gnädig sein Auge zur Erde. Als er die Fruchtlosigkeit zahlloser Anstrengungen sah, die eifrigen Studien ohne Erfolg, den Eigendünkel der Menschen, der von der Wahrheit viel ferner liegt als die Dämmerung vom Licht, beschloß er, uns von so vielen Irrtümern zu erlösen. Er sandte einen Geist zur Erde, der allvermögend in jeder Kunst und jedem Beruf durch sich allein zeigte, was Vollkommenheit der Zeichnung sei, in Entwurf, Umriß, Licht und Schatten, wodurch Gemälde Relief gewinnen, der die Bildhauerei nach richtiger Einsicht zu üben und durch Kenntnis der Baukunst Wohnungen bequem, sicher, gesund, heiter nach richtigem Verhältnis und reich an mancherlei Schmuck aufzuführen wußte. Außerdem sollte er wahre Philosophie und die Zierde der Dichtkunst besitzen, damit die Welt ihn im Leben, im Wirken, in Heiligkeit der Sitten und allen menschlichen Handlungen als das höchste Vorbild achte und bewundere, so daß er von uns mehr als ein himmlisches denn als ein irdisches Gut erkannt werde. Und da er sah, daß in solchen Fertigkeiten und besonders in den Künsten der Malerei, Bildhauerei und Architektur die Talente Toskanas sich stets vor anderen hervortaten, daß sie mehr als irgendein anderer Stamm Italiens Fleiß und Studium in Wissenschaft und Kunst aufwenden, wählte er Florenz, ruhmwürdig vor den übrigen Städten, zu seiner Heimat, um dort die wohlverdiente endliche Vollendung aller Künste in einem ihrer Bürger vorzuführen.

So wurde dem Herrn Lodovico di Lionardo Buonarroti Simoni, der aus der edlen Familie der Grafen von Canossa stammen soll, im Jahre 1475 unter einem vom Schicksal bestimmten und günstigen Stern von einer ehrsamen edlen Frau im Casentino ein Sohn geboren, im gleichen Jahr, als Lodovico Podestà der Kastelle Chiusi und Caprese in der Aretiner Diözese war, nahe dem Felsen von la Vernia, wo Sankt Franziskus die Wundmale empfing, am sechsten März, einem Sonntag, um die achte Stunde der Nacht. Der Vater gab ihm den Namen Michelangelo – ohne weiteres Nachdenken, von etwas Höherem getrieben, da er ein ungewöhnliches, himmlisches und göttliches Gut in ihm zu erkennen glaubte, wie dies nachmals aus der Konstellation bei seiner Geburt hervorging. Denn Merkur und Venus standen im zweiten Haus des Jupiter unter günstigem Aspekt. Das war ein Zeichen, daß er einst durch Hand und Geist herrliche, bewundernswürdige Werke hervorbringen werde.

Nachdem Lodovico sein Amt als Podestà beendet hatte, kehrte er wieder zurück nach Settignano, drei Meilen von Florenz entfernt, wo er von seinen Voreltern her ein Gut besaß. Der Ort ist reich an Steinen, besonders an Sandsteinbrüchen, die ohne Unterlaß von Steinmetzen und Bildhauern bearbeitet werden, die meist in jener Gegend heimisch sind. Lodovico gab dort Michelangelo zu der Frau eines Steinmetzen, damit sie ihn als Amme nähre;

deshalb sagte Michelangelo einmal im Scherz zu Vasari: „Giorgio, wenn mein Geist überhaupt etwas Gutes besitzt, so ist es daher gekommen, daß ich in der milden Luft von Arezzo, Eurer Heimat, geboren wurde, wie ich auch mit der Milch meiner Amme Meißel und Hammer eingesogen habe, womit ich meine Figuren mache." Lodovico bekam mit der Zeit viele Kinder, und da er kein Vermögen und nur ein geringes Einkommen hatte, bestimmte er seine Söhne für die Woll- und Seidenweberei und gab Michelangelo, der schon herangewachsen war, in die Schule zu Herrn Francesco von Urbino. Der Knabe aber, der durch seine Begabung am Zeichnen Freude fand, verwendete darauf soviel Zeit als möglich, tat es jedoch heimlich, weil er von seinem Vater und von seinen Lehrern gescholten, bisweilen sogar geschlagen wurde, denn sie achteten vielleicht jene Kunst, die sie nicht kannten, für niedrig und ihrer alten Familie nicht würdig genug.

In dieser Zeit schloß Michelangelo Freundschaft mit Francesco Granacci, der ein Knabe seines Alters war und bei Domenico Ghirlandaio die Kunst der Malerei lernte. Da er Michelangelo liebte und seine Geschicklichkeit im Zeichnen sah, brachte er ihm täglich Blätter von Ghirlandaio, der nicht nur in Florenz, sondern in ganz Italien für einen der besten Maler galt. Hierdurch wuchs in Michelangelo von Tag zu Tag der Eifer, etwas zustande zu bringen, so daß Lodovico, als er die Unmöglichkeit sah, den Knaben vom Zeichnen abzuhalten, auf den Rat seiner Freunde beschloß, damit doch etwas dabei herauskomme und er die Kunst auch wirklich lerne, ihn zu Domenico Ghirlandaio in die Lehre zu geben.

So kam Michelangelo im Alter von vierzehn Jahren zu Domenico. Der Künstler und Mensch wuchs nun dermaßen, daß Domenico erstaunte, als er sah, wie er nicht nur seine Mitschüler, deren Zahl groß war, sondern auch in vielem die Arbeiten von ihm, dem Meister, übertraf. Als nämlich einer der jungen Leute, die bei Domenico lernten, mehrere weibliche Gestalten in Gewändern nach einem Vorbild Ghirlandaios mit der Feder gezeichnet hatte, nahm Michelangelo das Vorlageblatt und umzog mit einer stärkeren Feder eine jener Frauen mit neuen Linien, wie sie hätten laufen müssen, um völlig richtig zu sein.

In Michelangelo brachte jeder Tag immer göttlichere Früchte hervor, wie sich deutlich zu zeigen begann, als er einen Kupferstich von Martin dem Deutschen abzeichnete, der ihm einen großen Namen machte. Es war nämlich damals eine in Kupfer gestochene Darstellung des genannten Martin nach Florenz gekommen: Antonius, der von Teufeln geplagt wird.Michelangelo zeichnete sie mit der Feder nach in einer Art, wie man es vorher nicht gesehen hatte, und malte sie auch mit Farben aus. Zu diesem Zweck kaufte er, um einige seltsame Formen von Teufeln besser zu treffen, Fische mit eigenartigen farbigen Schuppen. Dabei zeigte er ein so bedeutsames Können, daß er sich Namen und Achtung erwarb. Außerdem kopierte er Blätter von verschiedenen alten Meistern so treu, daß man sie von den Originalen nicht unterscheiden konnte, denn er färbte, räucherte und beschmutzte sie auf verschiedene Weise, bis sie alt aussahen und man beim Vergleichen keinen Unterschied zwischen jenen und seinen erkannte. Er tat dies nur, um die Nachbildung an Stelle der Originale hinzugeben, die er behielt, wegen der Herrlichkeit ihrer Kunst bewunderte und durch seine Leistung zu übertreffen suchte. Durch alles dies erwarb er einen berühmten Namen.

In jener Zeit gab der prachtliebende Lorenzo von Medici dem Bildhauer Bertoldo eine Wohnung in seinem Garten auf dem Platz von San Marco, nicht nur als Aufseher und Wächter über viele schöne mit großen Kosten von ihm gesammelte Altertümer, sondern hauptsächlich, um eine Schule für hervorragende Maler und Bildhauer zu gründen, deren Haupt und Führer Bertoldo, ein Schüler Donatellos, sein sollte.Obwohl er bereits so alt war, daß er nicht mehr arbeiten konnte, war er doch ein sehr erfahrener und angesehener Künstler, der nicht nur die gegossenen Reliefs der Kanzel von seinem Meister Donato aufs fleißigste ausgeputzt, sondern auch viele Bronzegüsse von Schlachten und einige andere Kleinigkeiten mit einer Meisterschaft ausgeführt hatte, daß ihn darin keiner der damals in Florenz lebenden Künstler übertraf. Lorenzo, der eine große Liebe zur Malerei und Bildhauerkunst hatte, beklagte es, daß zu seiner Zeit nicht ebenso berühmte und treffliche Bildhauer gefunden wurden, wie man viele Maler von hohem Wert und Ruf antreffe. Daher beschloß er, jene Schule zu stiften und beauftragte Domenico Ghirlandaio, wenn er junge Leute in seiner Werkstätte hätte, die Lust dazu zeigten, diese nach seinem Garten zu schicken, wo er sie zu üben und in einer Weise auszubilden wünschte, daß sie sich, ihn und die Stadt ehren sollten. Hierauf empfahl ihm Domenico als die vorzüglichsten seiner jungen Leute Michelangelo und Francesco Granacci. Sie gingen nach dem Garten und fanden dort Torrigiano, der im Auftrag von Bertoldo ein paar runde Figuren in Ton modellierte. Als Michelangelo dies sah, machte er aus Nacheiferung auch gleich ein paar davon, und Lorenzo erkannte alsbald den herrlichen Geist des Jünglings und behielt ihn von jetzt an immer im Auge. Michelangelo aber, dadurch ermuntert, bildete nach wenigen Tagen aus einem Stück Marmor den antiken Kopf eines alten grinsenden Faun nach, der an der Nase beschädigt war und den Mund zum Lachen verzog. Obwohl er nie Marmor und Meißel unter den Händen gehabt hatte, löste er doch die Aufgabe zum Verwundern Lorenzos sehr gut. Als dieser nun sah, daß Michelangelo, vom antiken Vorbild abweichend, dem Faun nach eigener Phantasie den Mund geöffnet hatte, wodurch die Zunge und alle Zähne sichtbar wurden, sagte er in seiner gewohnten, freundlich-scherzenden Weise: „Du hättest doch wissen sollen, daß alte Leute nie alle ihre Zähne haben, sondern daß ihnen stets einer fehlt." – Michelangelo, der den Herzog liebte und Ehrfurcht vor ihm hatte, meinte in seiner Einfalt, er habe recht, brach, als er fort war, einen Zahn heraus, feilte den Gaumen in einer Weise, daß es schien, der Zahn sei herausgefallen, und erwartete mit Sehnsucht die Rückkehr des Herrn. Als dieser kam und die Naivität und Güte Michelangelos sah, lachte er herzlich und erzählte die Begebenheit öfter gleich einem Wunder seinen Freunden.

Da er sich vorgenommen, den Jüngling zu unterstützen und zu begünstigen, erbat er ihn von seinem Vater Lodovico mit dem Versprechen, daß er ihn wie einen Sohn halten würde. Da der Vater gerne darein willigte, gab ihm der Herzog ein Zimmer in seinem Hause, ließ ihn an seinem Tisch essen und mit seinen Söhnen und anderen Personen von Rang und Stand umgehen, die zu dem Herzog kamen, der Michelangelo sehr hochschätzte. Das geschah im zweiten Jahr, als Michelangelo zu Domenico gekommen, und im fünfzehnten oder sechzehnten Jahr seines Lebens, und er blieb zwei Jahre in diesem Haus bis zum Tode Lorenzos 1492. Während dieser Zeit erhielt er vom Magnifico als Gehalt und zur Unterstützung seines Vaters monatlich fünf Dukaten, auch schenkte ihm Lorenzo zu seiner Freude einen violetten Mantel und gab dem Vater ein Amt beim Zoll.

Damals arbeitete Michelangelo auf den Rat des Policiano, eines in den Wissenschaften sehr erfahrenen Mannes, aus einem Stück Marmor, das ihm der Herzog gab, den Kampf des Herkules mit den Zentauren, der so gut gelang, daß mancher, der dies Werk heute ansieht, es nicht für die Arbeit eines Jünglings, sondern eines anerkannten, in den Studien erfahrenen und in dieser Kunst geübten Meisters hält. Zu seinem Andenken bewahrt es sein Neffe Lionardo heute als ein wirklich seltenes Werk in seinem Hause auf.Dieser Lionardo besaß auch noch bis vor wenigen Jahren als Andenken an seinen Oheim ein Flachrelief Michelangelos, ein Madonnenbild von Marmor, bei dem Michelangelo als Jüngling die Manier Donatellos nachahmen wollte, was ihm so gut gelang, daß es von dessen Hand zu sein scheint, aber mehr Anmut und bessere Zeichnung hat.

Auch zeichnete er viele Monate in der Carmine nach den Malereien Masaccios. Dort kopierte er mit so großem Verständnis jene Werke, daß sich Künstler und andere Leute darüber wunderten und daß mit seinem Namen zugleich der Neid wuchs. Unter anderem erzählt man, daß Torrigiano, der mit ihm Freundschaft geschlossen hatte und Scherz trieb, aus Neid darüber, ihn geehrter als sich und in der Kunst geschickter zu sehen, ihm einstmals einen solchen Schlag mit der Faust auf die Nase gegeben habe, daß sie gequetscht und zerbrochen und er für sein Leben schlimm gezeichnet blieb. Torrigiano aber wurde aus Florenz verbannt. Nach dem Tode des Lorenzo Magnifico kehrte Michelangelo in sein elterliches Haus zurück, tief betrübt über den Verlust eines solchen Mannes und Freundes aller schönen Künste. Er kaufte ein großes Stück Marmor und arbeitete daraus einen Herkules von vier Ellen Höhe. Dieser stand viele Jahre im Palast der Strozzi, galt für ein bewunderungswürdiges Werk und wurde im Jahre der Belagerung von Giovan Battista della Palla an König Franz von Frankreich geschickt. Man sagt, Piero de' Medici, der Michelangelo schon lange kannte, habe als Erbe seines Vaters oft nach ihm geschickt, wenn er antike Kameen oder andere geschnittene Arbeiten kaufen wollte. Auch ließ er ihn eines Winters, da es in Florenz stark geschneit hatte, in seinem Hof eine Figur aus Schnee formen, die sehr schön gelang, und er ehrte ihn um seiner Kunst willen so hoch, daß der Vater Lodovico, als er sah, wie er von den Vornehmen geachtet wurde, ihn viel stattlicher kleidete als bisher. Für die Kirche von Santo Spirito in Florenz arbeitete Michelangelo ein Kruzifix aus Holz dem Prior zu Gefallen, der ihm ein Zimmer überlassen hatte, wo er zum Studium der Anatomie tote Körper zergliederte und den Grund zu der später ihm besonders eigenen Vollkommenheit der Zeichnung legte.

Wenige Wochen, bevor die Medici aus Florenz vertrieben wurden, war Michelangelo nach Bologna und von dort nach Venedig gegangen, aus Besorgnis, es könne ihn als Freund des Hauses irgendeine Unannehmlichkeit treffen, denn er kannte den Übermut und die schlechte Verwaltung Pieros de' Medici, kehrte aber, weil er in Venedig keine Beschäftigung fand, nach Bologna zurück, wo er nicht viel länger als ein Jahr blieb.

Nach seiner Rückkehr nach Florenz arbeitete er für Lorenzo di Pierfrancesco de' Medici einen kleinen Johannes aus Marmor. Danach nahm er einen anderen Marmorblock und begann einen schlafenden Cupido in natürlicher Größe, der nach Fertigstellung vom Baldassare del Milanese dem Herrn Lorenzo als ein schönes Werk gezeigt wurde. Nachdem dieser ihn prüfend betrachtet, sagte er: „Wenn du ihn unter die Erde legtest, so bin ich sicher, er würde für antik gelten, und wolltest du ihn so zurichten, als ob er alt sei, und ihn dann nach Rom schicken, so möchte dir das weit mehr einbringen, als wenn du ihn hier verkaufst.“ Man sagt, Michelangelo habe hierauf seiner Statue das Aussehen gegeben, als ob sie antik sei. Andere behaupten, Milanese habe sie nach Rom gebracht, auf seiner Vigna vergraben und dann als ein antikes Werk für zweihundert Dukaten an den Kardinal San Giorgio verkauft. Indessen hörte San Giorgio von einem Augenzeugen, die Figur des Knaben sei in Florenz gearbeitet, und als er durch einen eigens Beauftragten die Wahrheit festgestellt hatte, brachte er es dahin, daß der Vertreter Milaneses das Geld wieder hergeben und den Cupido zurücknehmen mußte. Die ganze Angelegenheit aber zog dem Kardinal San Giorgio manchen Tadel zu, weil er die Trefflichkeit des Werkes nicht erkannte, die in dessen Vollkommenheit besteht, die an den neueren Werken ebenso groß ist wie an den antiken.Wenn sie nur wirklich gut sind, ist es Eitelkeit, mehr auf den Namen als auf die Sache zu achten. Aber freilich – Leute, denen der Schein mehr gilt als das Sein, hat es zu allen Zeiten gegeben. Indessen gelangte Michelangelo durch dieses Ereignis zu großem Ruf, so daß er bald nachher nach Rom gezogen wurde, wo er zu dem Kardinal San Giorgio kam und fast ein Jahr bei ihm blieb, doch ohne daß dieser Herr ihm Arbeit gab, da er für Kunst wenig Verständnis hatte. Die Vortrefflichkeit Michelangelos aber erkannte Herr Jacopo Galli, ein geistreicher römischer Edelmann. Er bestellte bei ihm einen Cupido aus Marmor in natürlicher Größe und die Figur eines Bacchus, der in der rechten Hand eine Schale, in der linken ein Tigerfell und eine Weintraube hält, die ein kleiner Satyr zu naschen sucht.Dieser Bacchus ist eine Gestalt, bei der man merkt, daß der Künstler eine gewisse Mischung bemerkenswerter Züge gesucht hat, da er ihm die Schlankheit männlicher und die Rundung und Weichheit weiblicher Jugend gab – etwas so Merkwürdiges, daß Michelangelo damit bewies, er übertreffe in der Ausführung von Statuen alle neuen Meister, die bis dahin gearbeitet hatten. Dies alles erweckte in dem Kardinal Rohan von Saint Denis, einem Franzosen, den Wunsch, mit Hilfe eines so trefflichen Künstlers der berühmten Stadt ein würdiges Denkmal von sich zu hinterlassen, und er ließ von ihm eine Pietà vollplastisch in Marmor ausführen, die nach ihrer Vollendung im Sankt Peter in der Kapelle der Jungfrau Maria della Febbre aufgestellt wurde. Kein Bildhauer noch sonst ein ausgezeichneter Künstler darf glauben, ein solches Werk in Zeichnung und Anmut oder durch

Aufwand von Mühe in Feinheit, Glätte und kunstreichem Bohren des Marmors, wie es Michelangelo hier bewies, erreichen zu können.Die Liebe zu dieser Arbeit und die dabei aufgewendete Mühe veranlaßten Michelangelo, was er sonst niemals tat, seinen Namen quer durch den Gürtel, der das Gewand der Madonna unter der Brust umschließt, einzugraben. Die Veranlassung war folgende: er kam eines Tages an die Stelle, wo das Werk aufgestellt war, und fand dort eine Anzahl Fremder aus der Lombardei, die es sehr rühmten und von denen einer auf die Frage, wer es gearbeitet habe, entgegnete: „Unser Gobbo aus Mailand." Michelangelo schwieg still, doch dünkte es ihm unrecht, daß seine Mühen einem anderen angerechnet wurden. Deshalb schloß er sich, mit Licht und Meißel versehen, eines Nachts im Sankt Peter ein und grub seinen Namen in den Gürtel der Madonna.

So stieg der Ruf seines Talentes durch dieses Werk mehr als durch alle seine früheren Arbeiten. Einige Freunde aus Florenz schrieben ihm, er solle dorthin kommen; es sei möglich, daß er den Marmorblock erhalten könne, der verhauen im Domhof läge und den Pier Soderini, damals auf Lebenszeit zum Gonfaloniere der Stadt ernannt, wie er oft geäußert hatte, an Leonardo da Vinci schicken wollte. Nunmehr bemühte sich Meister Andrea Contucci dal Monte Sansovino, ein trefflicher Bildhauer, darum. Es war sehr schwer, eine Statue daraus zu arbeiten, ohne daß man Stücke ansetzte, und keiner hatte Lust und Mut dazu außer Michelangelo, der sich den Block schon viele Jahre vorher gewünscht hatte und, sobald er in Florenz war, ihn zu bekommen versuchte. Er war neun Ellen hoch, und ein Meister Simone aus Fiesole hatte unglücklicherweise angefangen, eine Kolossalfigur daraus zu arbeiten, hatte ihn dabei aber so übel zugerichtet, daß zwischen den Beinen ein Loch durchgehauen und er ganz verdorben und verstümmelt war. Deshalb hatte die Domverwaltung von Santa Maria del Fiore, die die Aufsicht über solche Dinge führte, sich nicht um die Vollendung gekümmert und ihn beiseite gestellt, wo er nun seit Jahren stand und wohl auch weiter geblieben sein würde. Michelangelo aber maß ihn von neuem und prüfte, ob er eine Figur aus dem Block würde schlagen können. Und indem er sich mit der Stellung nach der Form des von Simone verstümmelten Blockes richtete, beschloß er, ihn von der Dombauverwaltung und von Soderini zu erbitten. Sie gaben ihn als ein nutzloses Stück hin, überzeugt, es werde, was er auch aus ihm schaffe, besser sein als der Zustand, in dem er sich jetzt befand, wo er weder geteilt noch ganz dem Bau irgendeinen Nutzen bringen konnte. Danach formte Michelangelo ein Modell aus Wachs, indem er einen jungen David mit der

Schleuder in der Hand als Wahrzeichen des Palastes darstellte. Dies sollte andeuten, daß, wie jener Held sein Volk verteidigt und gerecht beherrscht habe, auch die Gebieter der Stadt in ihrer Verteidigung Mut und in ihrer Regierung Gerechtigkeit zeigen möchten. Er begann die Statue in der Bauhütte von Santa Maria del Fiore, machte sich gegen die Mauer einen Bretterverschlag rings um den Marmor, bearbeitete diesen ohne Unterlaß und führte sein Werk vollständig zu Ende, ohne daß irgend jemand es sah. Der Marmor war, wie gesagt, verhauen und verdorben und genügte deshalb an einigen Stellen den Absichten Michelangelos nicht. Darum richtete er es ein, daß an den äußeren Enden des Steins einige von Simones ersten Meißelstrichen blieben, die man teilweise noch jetzt sieht. Aber gewiß war es ein Wunder von Michelangelo, einen, der bereits zu den Toten gezählt wurde, wieder zum Leben aufzuerwecken.Als die Statue fertig und zu solchem Grad der Vollkommenheit gebracht war, entstand allerhand Streit, wie man sie nach dem Platz der Signoren bringen könne; deshalb fertigten Giuliano und Antonio von San Gallo zu diesem Zweck ein starkes Holzgerüst, befestigten die Statue mit Tauen daran, so daß sie nicht anstoßen und zerbrechen, sich vielmehr stets leicht wiegen konnte, schafften sie mit flachen Balken an der Erde und mit Winden vorwärts und stellten sie auf. An dem Tau, an dem die Figur hing, hatte er einen Knoten verschlungen, der leicht herabglitt und sich zusammenschnürte, wenn die Last ihn niederzog – eine schöne, sinnreiche Erfindung, die bewundernswürdige Sicherheit gewährt und geeignet ist, Lasten aufzuheben.

Als das Werk vollendet und aufgestellt war, enthüllte es Michelangelo, und es ist wahr, daß es alle modernen und antiken Statuen um ihren Ruhm brachte, denn bei ihr sind die Umrisse der Beine einzig schön, die Gelenke und die Schlankheit der Hüften sind göttlich, und nie hat man eine so liebliche Stellung gesehen noch eine Anmut, die dieser gleichkommt, noch Füße, Hände und Kopf, die an Güte, künstlerischer Ausführung, Ebenmaß und Zeichnung in allen Teilen so wohl übereinstimmen. Michelangelo erhielt für diese Statue von Pier Soderini einen Lohn von vierhundert Skudi. Sie wurde im Jahre 1504 aufgestellt.

Angelo Doni, Bürger zu Florenz und Freund Michelangelos, dem es die größte Freude machte, schöne antike wie neuere Kunstwerke zu besitzen, wünschte etwas von Michelangelos Hand zu erhalten, und so fing dieser ein Rundbild zu malen an, auf dem er die Madonna darstellte, die, auf beiden Knien liegend, das Kind in ihren Armen hält und dem heiligen Joseph hinreicht, der es aufnimmt. Er offenbarte in diesem Bild durch die Wendung des Hauptes der Mutter und durch ihren Blick, der fest auf dem schönen Kinde ruht, die unendliche Seligkeit ihres Innern und ihr Verlangen, jenen heiligen Greis an dieser Seligkeit teilhaben zu lassen. Er selbst nimmt mit gleicher Liebe, Zärtlichkeit und Ehrfurcht das Kind hin, wie man ohne lange Betrachtung an seinen Zügen erkennt. Doch nicht zufrieden damit und in dem Wunsche, den Umfang seiner Kunst noch mehr zu zeigen, brachte Michelangelo in der Landschaft dieses Bildes eine Menge nackter Gestalten an, die sich anlehnen, stehen oder sitzen, und arbeitete das ganze Werk mit solchem Fleiß und solcher Sauberkeit, daß es unter seinen Malereien auf Holz, deren es nur wenige gibt, für die beste und schönste gilt. Nach seiner Vollendung schickte er es verdeckt durch einen Boten in das Haus Angelos, dabei einen Zettel, auf dem er als Bezahlung siebzig Dukaten verlangte. Angelo, der ein sparsamer Mann war, erschrak, daß er soviel für ein Bild zahlen solle, obwohl er wußte, daß es mehr wert war; er sagte dem Boten, vierzig seien genug, und gab ihm diese. Aber Michelangelo schickte sie zornig zurück und ließ sagen, er solle ihm jetzt hundert Dukaten zahlen oder das Bild zurückschicken. Als sich nun Angelo, dem das Bild gefiel, doch erbot, die zuerst geforderten siebzig Dukaten zu zahlen, ging Michelangelo nicht mehr darauf ein, sondern forderte vielmehr wegen des geringen, ihm bewiesenen Vertrauens das Doppelte des ersten Preises, und Angelo mußte nun, da er das Bild behalten wollte, den Preis von hundertvierzig Dukaten zahlen.

In der Zeit, als der herrliche Maler Leonardo da Vinci im großen Ratssaal arbeitete, erhielt Michelangelo durch den damaligen Gonfaloniere Piero Soderini, der sein großes Talent erkannte, den Auftrag, einen Teil jenes Saales auszumalen, und er begann im Wetteifer mit Leonardo die andere Wand, für die er als Gegenstand den Krieg mit Pisa wählte. Man wies ihm ein Zimmer im Spital der Färber zu Sant' Onofrio an, und dort begann er einen großen Karton, gab aber nicht zu, daß irgend jemand ihn sah. Er füllte ihn mit einer Menge nackter Gestalten, die sich zur Kühlung im Arno baden. Plötzlich ertönt im Lager infolge eines feindlichen Überfalls der Schlachtruf: „Zu den Waffen!“ Während die Soldaten aus dem Wasser steigen, um sich anzukleiden, sieht man sie, durch Michelangelos göttliche Kunst dargestellt, wie sie sich in Eile rüsten, um ihren Gefährten zu Hilfe zu kommen. Die einen legen sich den Küraß an, andere ergreifen ihre Waffen, und eine große Menge, die zu Pferde kämpft, beginnt das Ringen. Unter anderen Gestalten war da ein Alter, der einen Efeukranz auf dem Kopf trug, um sich Schatten zu geben. Er saß an der Erde und bemühte sich, die Strümpfe anzuziehen, brachte es jedoch, weil seine Füße vom Wasser naß waren, nicht zustande, und bei dem Waffenlärm, dem Schreien der Krieger und dem Wirbeln der Trommeln zieht er mit großer Hast und Gewalt einen Strumpf an. Alle Muskeln und Nerven des Körpers waren angespannt und der Mund in einer Weise verzerrt, daß er damit deutlich ausdrückte, wie er litt und sich bis zur Fußspitze anstrengte. Man sah Trommler und Soldaten, die mit zusammengerafften Kleidern dem Kampfe zueilten. Die allerseltsamsten Stellungen, die einen aufrecht, andere kniend oder vorgebeugt, andere stürzend oder in die Höhe kletternd, zeichnete er in den schwierigsten Verkürzungen. Auch waren verschiedene Gruppen in verschiedener Weise geordnet und entworfen. Die einen mit Kohle umrissen und mit Strichen schattiert, die anderen gemischt und mit Weiß aufgehöht, da er zeigen wollte, wieviel er in seinem Beruf verstände. So gerieten die Künstler in Staunen und Verwunderung, als sie sahen, Michelangelo habe auf diesem Blatt das Höchste in der Kunst geleistet. Ja einige, die diese göttlichen Figuren gesehen haben, versichern noch jetzt, es sei ihnen weder von seiner noch von anderer Hand je Besseres bekannt geworden, und kein anderer Genius könnte jemals diese Göttlichkeit der Kunst erreichen. Das ist sicherlich zu glauben, denn seit der Karton vollendet und unter festlicher Teilnahme der Kunstgenossenschaft nach dem Saale des Papstes gebracht worden war, sind alle, die eine Reihe von Jahren in Florenz danach zeichneten, Fremde wie Einheimische, in ihrem Beruf trefflich geworden. Da nun dieser Karton zum Studium für alle Künstler diente, brachte man ihn in den oberen großen Saal im Palast der Medici. Dies aber war die Veranlassung, daß er den Händen der Künstler mit zu großem Vertrauen überlassen und zur Zeit von Giulianos Krankheit, wo niemand an diese Dinge dachte, zerrissen, in viele Teile geteilt und an viele Orte verstreut wurde.

Auf diese Weise hatte sich durch die Pietà, die Kolossalstatue zu Florenz und durch den Karton Michelangelos Ruf so weit verbreitet, daß im Jahre 1503, als Alexander VI. gestorben war, Julius II., der neuerwählte Papst, den damals ungefähr neunundzwanzigjährigen Meister sehr zu seinem Vorteil nach Rom berief mit dem Auftrag, ihm sein Grabmal zu errichten. Durch seine Unterhändler ließ er ihm hundert Skudi Reisegeld auszahlen. Michelangelo ging nach Rom, doch verstrichen mehrere Monate, ehe der Papst ihn veranlaßte, irgend etwas zu beginnen. Schließlich entschied er sich für eine Zeichnung, die Michelangelo für das Grabmal gefertigt und die ein glänzendes Zeugnis seines Talentes war, denn an Schönheit, Pracht, großartiger Ausschmückung und Reichtum der Statuen übertraf sie jedes antike und kaiserliche Grabmal. Der

Papst, hiervon begeistert, faßte den Entschluß, die Kirche von Sankt Peter zu Rom zu erneuern und darin das Grabmal zu errichten. So ging Michelangelo guten Mutes ans Werk, und um einen Anfang zu machen, besuchte er mit zwei Gehilfen Carrara, um den nötigen Marmor brechen zu lassen. Er erhielt für diesen Zweck tausend Skudi von Alamanno Salviati in Florenz. Acht Monate verweilte er im Gebirge, ohne weiter Geld und Gehalt zu bekommen, und unterhielt sich gelegentlich, angeregt durch die Marmormassen, die vor ihm lagen, mit allerhand Entwürfen, wie er in jenen Steinbrüchen große Statuen ausführen wollte, um gleich den Alten ein ehrenvolles Andenken von sich zu hinterlassen. Als er dann die gehörige Zahl Marmorblöcke ausgesucht und eingeschifft hatte und sie nach Rom gebracht worden waren, nahmen sie fast die Hälfte des Petersplatzes um Santa Caterina herum und den Raum zwischen der Kirche und dem nach dem Kastell führenden Korridor ein, wo Michelangelo sein Atelier hatte, in dem er die Statuen sowie alles, was sonst zum Grabmal gehörte, arbeitete. Zu dieser Werkstatt hatte der Papst vom Korridor aus eine Zugbrücke schlagen lassen, damit er bequem kommen und der Arbeit zusehen konnte. Daraus entstand eine so große Vertraulichkeit, daß die erhaltenen Gunstbezeigungen Michelangelo später viele Not und Verfolgung zuzogen und ihm bei den Künstlern großen Neid erweckten. Einen Teil der Marmorblöcke ließ sich der Meister zu größerer Bequemlichkeit nach Florenz schaffen, wo er sich bisweilen während des Sommers aufhielt, um der Malaria in Rom zu entfliehen. Dort arbeitete er die eine Seite des Grabmals in mehreren Stücken ganz fertig, vollendete ferner in Rom zwei Gefangene von göttlicher Schönheit und andere Statuen, wie man niemals bessere gesehen hat. Da sie aber nicht bei jenem Grabmal angebracht wurden, gab Michelangelo die Gefangenen dem Herrn Roberto Strozzi, in dessen Haus er krank lag, und dieser schickte sie an König Franz.Acht Statuen skizzierte er in Rom, fünf in Florenz und vollendete eine Viktoria, unter der ein Gefangener liegt. Dann vollendete er die fünf Ellen hohe Marmorstatue des Moses, dessen Schönheit durch kein neueres Werk erreicht werden kann und dem kein antikes gleich ist. Endlich näherte sich Michelangelo bei diesem Werk dem Ziel und errichtete eine kürzere von den vier Seiten in San Pietro in Vincoli.

Während er damit beschäftigt war, kamen alle zu dem Grabmal noch fehlenden, in Carrara zurückgebliebenen Marmorblöcke nach der Ripa und wurden von dort zu den übrigen auf den Sankt-Peter-Platz geschafft.

Da nun das Geld dafür denen gegeben werden mußte, die sie abgeliefert hatten, ging Michelangelo wie gewöhnlich zum Papst, und da er diesen an jenem Tag gerade sehr mit den bolognesischen Angelegenheiten beschäftigt fand, kehrte er nach Hause zurück und bezahlte die Rechnung aus seinem Beutel, in der Meinung, er werde die Anweisung darauf alsbald von Seiner Heiligkeit erhalten. Als er jedoch eines anderen Tages kam, um mit dem Papst über diese Angelegenheit zu reden, hatte er Schwierigkeit, vorgelassen zu werden, denn der Türhüter sagte, er möge ihm verzeihen, aber er habe den Befehl, ihm nicht den Eingang zu gestatten. „Du kennst vielleicht diesen Mann nicht", sagte ein Bischof zu dem Türsteher. – „Nur zu gut kenne ich ihn", entgegnete jener, „ich bin aber hier, um das auszuführen, was mir von meinen Vorgesetzten und vom Papste befohlen wird." Solches Betragen mißfiel Michelangelo, und da es in Widerspruch zu dem, was er bis dahin erfahren hatte, zu stehen schien, antwortete er dem Türsteher unwillig, er möge, wenn Seine Heiligkeit nach ihm fragen sollte, nur sagen, er sei anderswo hingegangen. In seine Wohnung zurückgekehrt, nahm er um zwei Uhr nachts die Post und hinterließ zwei Dienern den Befehl, alles, was in seinem Hause war, an die Juden zu verkaufen und ihm nach Florenz zu folgen, wohin er den Weg genommen.

Zu Poggibonsi auf Florentiner Gebiet angelangt und demnach in Sicherheit, machte er halt. Fünf Kuriere folgten ihm mit Briefen vom Papst dorthin, um ihn zurückzuholen. Doch weder Bitten noch der Brief, der ihn mit der Ungnade Seiner Heiligkeit bedrohte, falls er nicht umkehre, konnten irgend etwas bei ihm veranlassen. Nur dazu verstand er sich zuletzt auf die Bitten der Kuriere, als Antwort an den Papst zwei Zeilen zu schreiben, in denen er sagte: Seine Heiligkeit möge ihm verzeihen, er werde nicht wieder vor sein Angesicht kommen, nachdem er ihn wie einen Lumpen habe fortjagen lassen. Seine treue Anhänglichkeit habe solches nicht verdient, er möge sich nun jemand anders wählen, der ihn bediene.

In Florenz war Michelangelo darauf bedacht, im Lauf von drei Monaten, die er dort verweilte, den Karton für den großen Saal zu vollenden. Unterdessen erhielt die Signoria drei Breves mit dem Verlangen, Michelangelo nach Rom zurückzuschicken. Daraus erkannte dieser die Wut des Papstes, und da er seiner Sicherheit mißtraute, soll er sogar den Gedanken gehabt haben, nach Konstantinopel zu gehen, um dem Groß-Sultan zu dienen, der ihn durch Vermittlung einiger Franziskanermönche begehrte, um durch ihn eine Brücke von Konstantinopel nach Pera zu bauen. Aber Soderini beredete ihn, den Papst, wenn auch wider Willen, aufzusuchen, und zwar zu seinem Schutz in öffentlichem Dienst als Gesandter der Stadt. Außerdem empfahl er ihn noch seinem Bruder, dem Kardinal Soderini, der ihn dem Papst vorstellen sollte, und schickte ihn so nach Bologna, wohin Seine Heiligkeit aus Rom gekommen war. Dort hatte er kaum die Stiefel gewechselt, als er von Vertrauten des Papstes zu Seiner Heiligkeit in den Palast der Sechzehn abgeholt wurde, von einem Bischof des Kardinals Soderini begleitet, da dieser selbst krank war und nicht mitgehen konnte. Nach seinem Eintritt beim Papst ließ Michelangelo sich aufs Knie nieder. Seine Heiligkeit sah ihn von der Seite an, als ob er zornig wäre, und sagte: „Anstatt zu gehen, uns aufzusuchen, hast du gewartet, daß wir kommen und dich aufsuchen!“, womit er andeuten wollte, daß Bologna näher an Florenz als an Rom liege. Michelangelo bat mit höflicher Handbewegung und lauter Stimme untertänig um Vergebung, entschuldigte sich damit, daß das, was er getan hätte, im Zorn geschehen sei, da er es nicht ertragen konnte, so fortgejagt zu werden, und daß er, falls er im Irrtum gewesen sei, bäte, Seine Heiligkeit möge ihm diesen verzeihen. Der Bischof, der Michelangelo zum Papst geführt, sagte, um ihn weiter zu entschuldigen, zu Seiner Heiligkeit, solche Leute wären ja unwissend und außer in ihrer Kunst zu nichts zu gebrauchen, und er möge ihm doch freundlich vergeben. Das brachte den Papst in Wut, er schlug mit einem Stock, den er in der Hand hatte, nach dem Bischof und rief: „Der Unwissende bist du, da du dem Manne hier Grobheiten sagst, wie wir sie ihm nicht sagen“, und ließ den Bischof vom Türsteher mit Faustschlägen fortjagen. Als er verschwunden war und die Wut des Papstes sich ausgetobt hatte, segnete er Michelangelo, der dann durch Geschenke und Versprechungen so lange in Bologna gehalten wurde, bis Seine Heiligkeit ihm den Auftrag erteilte, eine fünf Ellen hohe Bildnisstatue von ihm aus Bronze zu arbeiten. Bei dieser Figur zeigte Michelangelo die höchste Kunst in der Stellung, durch die er Größe und Hoheit ausdrückte, in den Gewändern, denen er Reichtum und Pracht, in den Zügen des Angesichts, denen er Mut, Kraft, Entschlossenheit und etwas Gewaltiges verlieh. Diese Statue wurde in einer Nische über der Tür von San Petronio aufgestellt.

Michelangelo brachte diese Statue im Tonmodell völlig zustande, bevor der Papst Bologna verließ, um nach Rom zu gehen. Als dieser aber kam, um sie zu sehen, war es noch unentschieden, was er in der linken Hand haben sollte, da die rechte so stolz erhoben war, daß der Papst fragte, ob sie Segen gebe oder Fluch. Darauf antwortete Michelangelo: „Sie ermahnt das Volk von Bologna, weise zu sein.“ Als er sodann Seine Heiligkeit um seine Meinung fragte, ob die

Figur in der Linken ein Buch halten solle, sagte ihm der Papst: „Gib ihr ein Schwert! Ich bin kein Gelehrter!" Zur Herstellung dieser Statue hinterlegte der Papst tausend Skudi bei der Bank, und nach sechzehn Monaten, die Michelangelo zu ihrer Vollendung brauchte, konnte sie aufgestellt werden. Diese Statue hat Bentivoglio später zerstört und das Erz an Herzog Alfonso von Ferrara verkauft, der eine Kanone daraus gießen ließ, die er Giulia nannte.

Als der Papst wieder in Rom war, dachte Bramante, der Freund und Verwandte Raffaels von Urbino und deshalb Michelangelo nicht gerade freundlich gesinnt, dessen Abwesenheit zu benutzen, um den Sinn des Papstes von ihm abzulenken. Er wollte, daß Seine Heiligkeit bei Michelangelos Rückkehr nach Rom ihn das Grabmal nicht vollenden lasse, da es, wie er meinte, ein böses Vorzeichen sei und den Anschein erwecke, als wolle man den Tod beschleunigen, wenn man bei Lebzeiten sein Grab bauen ließ. So beredeten sie Seine Heiligkeit den Papst, daß er zum Gedächtnis seines Oheims Sixtus die Decke der Kapelle, die dieser im Vatikan erbaut hatte, durch Michelangelo, sobald er zurückgekehrt sein würde, ausmalen lasse. Auf diesem Wege glaubten Bramante und andere Nebenbuhler Michelangelos, ihn von der Bildhauerkunst abzulenken, in der sie ihn für vollkommen hielten, und ihn zur Verzweiflung zu bringen. Denn sie rechneten, daß er, zum Malen gezwungen, aus Mangel an Erfahrung im Fresko ein weniger rühmliches Werk zustande bringe und somit weniger leisten würde als Raffael. Falls aber die Arbeit ihm gelinge, werde er sich doch auf jeden Fall mit dem Papst erzürnen, so daß sie auf die eine oder andere Weise ihren Zweck erreichen und sich Michelangelo vom Halse schaffen würden.

So fand dieser die Dinge, als er nach Rom zurückkam. Der Papst, der zunächst sein Grabmal nicht vollenden wollte, machte ihm den Vorschlag, die Decke der Kapelle zu malen. Michelangelo, der das Grabmal zu vollenden wünschte und dem die Decke der Kapelle bei seiner geringen Übung in Behandlung der Farben eine große und schwierige Aufgabe schien, versuchte auf jede Weise, diesen Auftrag abzulehnen, und schlug dafür Raffael vor. Je mehr er sich jedoch weigerte, desto mehr wuchs der Wunsch des Papstes, der bei allen seinen Unternehmungen ungestüm war und hier noch durch die Nebenbuhler Michelangelos, besonders durch Bramante, gereizt und angetrieben wurde, so daß er sich, heftig wie er war, beinahe wieder mit Michelangelo erzürnte. Als dieser daher sah, der Papst beharre auf seinem Plan, entschloß er sich, die Arbeit zu übernehmen, und Bramante erhielt den Auftrag, das Malgerüst aufzurichten. Dies Gerüst ließ Bramante ganz in Seile hängen und schlug dazu Löcher in die

Wölbung. Als Michelangelo das sah, fragte er ihn, wie man denn, wenn er mit Malen fertig sei, die Löcher ausfüllen solle, worauf dieser erwiderte: „Das wird sich finden, anders kann es nicht gemacht werden." Hieraus entnahm Michelangelo, daß Bramante entweder wenig Einsicht in diese Dinge oder wenig Freundschaft für ihn habe, ging zum Papst und sagte, das Gerüst sei schlecht und Bramante verstehe nichts davon, worauf Seine Heiligkeit in Gegenwart Bramantes entgegnete, dann solle er es nach seiner Weise aufführen. Demnach ließ Michelangelo sein Gerüst auf Stützen aufrichten, die die Mauern nicht berührten, ein Verfahren, wodurch er Bramante und andere belehrte, wie man Wölbungen verkleiden und gute Werke ausführen könne. Die so erübrigten Seile schenkte er einem armen Zimmermann, der das Gerüst aufstellte; dieser verkaufte sie und konnte aus dem Erlös die Ausstattung seiner Tochter bestreiten.

Michelangelo begann die Kartons zu der Decke, und der Papst, der auch die Wandbilder herunterschlagen lassen wollte, die frühere Meister zur Zeit des Sixtus gemalt hatten, setzte für dieses Werk den Preis von fünfzehntausend Dukaten aus. Die Größe des Unternehmens zwang Michelangelo zu dem Entschluß, Hilfe zu nehmen. Er schickte darum nach Florenz, um Leute zu holen; er wollte sich bei diesem Werk als Sieger zeigen über alle die, die vor ihm an derselben Stelle gearbeitet hatten, und zugleich den neueren Künstlern zeigen, wie man zeichnen und malen müsse. So trieben ihn die Umstände – zu seinem Ruhm und zum Heil der Kunst –, so hoch zu streben, und er begann und vollendete die Kartons. Als er sie aber in Fresko ausführen wollte (er hatte in dieser Weise vorher noch nie etwas gemalt), kamen einige ihm befreundete Maler von Florenz nach Rom, um ihm Hilfe zu leisten und ihm die Behandlung der Freskofarben zu zeigen, worin sie teilweise sehr geschickt waren. Doch er fand ihre Leistungen tief unter seinem Wunsch und keineswegs genügend; so entschloß er sich eines Morgens, alles herunterzuschlagen, was sie gearbeitet hatten, sperrte sich in die Kapelle ein und wollte ihnen nicht öffnen, noch weniger in seinem Hause sich vor ihnen sehen lassen. Wegen dieser Behandlung, die ihnen für einen Spaß zu lange dauerte, entschlossen sie sich kurz und kehrten beschämt nach Florenz zurück. So nahm Michelangelo das ganze Werk allein auf sich und führte es mit allem Aufwand an Mühe und Fleiß zum höchsten Ziel, ließ sich aber nirgends sehen, um nicht Anlaß zu geben, seine Arbeit irgendwem zeigen zu müssen. Dadurch stieg die Neugierde der Leute mit jedem Tag, und auch Papst Julius hatte großes Verlangen, zu sehen, was er mache. Da auch vor ihm alles verdeckt blieb, wuchs seine Begierde aufs höchste. Deshalb wollte er eines Tages hingehen, aber man öffnete ihm nicht. Daraus entstand der Streit, der Michelangelos Weggang von Rom herbeiführte.

Nachdem das Werk zur Hälfte fertig war, wollte der Papst, der schließlich doch, von Michelangelo unterstützt, einige Male auf Leitern dazu hinaufgestiegen war, es solle alsbald aufgedeckt werden, denn er war ungeduldig und hastig in seinem Tun und konnte nicht warten, bis es vollendet oder, wie man sagt, die letzte Hand daran gelegt war. Kaum stand es aufgedeckt, als ganz Rom herbeigeströmt kam, um es in Augenschein zu nehmen, vor allem der Papst, der nicht wartete, bis der Staub vom Niederreißen des Gerüstes sich gelegt hatte. Raffael von Urbino aber, der mit größter Leichtigkeit fremde Manieren annahm, änderte, sobald er es gesehen, die seinige und malte kurz darauf, um seine Kunst zu zeigen, die Propheten und Sibyllen in der Kirche della Pace, und Bramante suchte zu erwirken, daß der Papst die andere Hälfte Raffael übertrage. Als Michelangelo dies hörte, beschwerte er sich über Bramante und zieh ihn vor dem Papst rücksichtslos vieler Fehler, sowohl im Leben wie in der Baukunst. Die letzteren sind dann durch Michelangelo beim Bau von Sankt Peter verbessert worden. Der Papst indes, der Michelangelos Kunst jeden Tag höher schätzen lernte, wollte, daß er die Arbeit weiterführe, überzeugt, nachdem er sie aufgedeckt gesehen hatte, daß Michelangelo bei der anderen Hälfte noch Besseres leisten werde. Dieser aber vollendete in zwanzig Monaten die Kapelle ganz allein, ohne irgendeine andere Hilfe als die des Farbenreibers. Michelangelo hat es bisweilen beklagt, daß er durch die Ungeduld des Papstes gehindert gewesen, dieses Werk, wie er wohl gewünscht hätte, nach seiner Weise auszuführen, da der Papst ihn unaufhörlich mit der Frage belästigte, wann er fertig werden würde. Und als er ihm nun einstmals antwortete: „Ich werde enden, sobald ich mit Rücksicht auf die Kunst genug getan habe“, entgegnete ihm der Papst: „Wir aber wollen, daß Ihr uns in unserem Verlangen genügt, es schnell zu machen.“ Und er fügte hinzu, wenn solches nicht bald geschehe, werde er ihn vom Gerüst herabwerfen lassen, worauf denn Michelangelo, der den Zorn des Papstes fürchtete und auch zu fürchten hatte, das Fehlende ohne Aufenthalt vollendete, die andere Hälfte des Gerüstes fortnahm und am Morgen von Allerheiligen, dem Tag, an dem der Papst in der Kapelle die Messe las, zur großen Befriedigung der ganzen Stadt sein Werk aufdeckte. Michelangelo hätte gern im Trockenen einiges nachgebessert, wie die älteren Meister bei den unteren Bildern getan hatten, einige Gründe und

Gewänder, auch einige Lüfte mit Ultramarinblau übergangen und hier und da ein wenig Gold aufgesetzt, damit das Ganze ein glänzenderes und reicheres Ansehen bekommen hätte. Der Papst selbst, als er hörte, daß dies und das noch fehle, welches er übrigens von jedermann sehr rühmen hörte, wünschte, Michelangelo möge das Fehlende hinzufügen. Weil diesem aber das Wiederaufrichten des Gerüstes zu langweilig war, unterblieb es. Wenn der Papst, der ihn oft sah, äußerte, er möge doch die Kapelle mit Farben und Gold bereichern, sie habe ein ärmliches Aussehen, entgegnete er vertraulich: „Heiliger Vater, in jenen Zeiten schmückten sich die Leute nicht mit Gold, und die, welche gemalt sind, waren nicht allzu reich, sondern heilige Personen und verschmähten allen Prunk." Als Bezahlung für sein Werk erhielt Michelangelo in verschiedenen Fristen dreitausend Skudi und verwendete davon fünfundzwanzig für Farben. Er führte die Arbeit unter großer Anstrengung aus, das Gesicht nach oben gekehrt, wodurch er sich die Augen so verdorben hatte, daß er monatelang nur von unten nach oben Briefe lesen und Zeichnungen betrachten konnte.

Als sein Werk aufgedeckt wurde, strömte alle Welt herbei, um es in Augenschein zu nehmen, und alle erstaunten und verstummten. Der Papst aber, vollkommen befriedigt und zu größeren Unternehmungen ermutigt, belohnte Michelangelo mit Geld und reichen Geschenken. Dieser sagte bei so ungewöhnlichen Gunstbeweisen öfters: er sehe wohl, daß der Papst seine Kunst hoch ehre, und wenn er ihm auch als Zeichen seiner Liebe dann und wann eine Grobheit zufüge, so suche er es doch alsbald durch Geschenke und glänzende Gunstbezeigungen wiedergutzumachen.

Nach Vollendung der Kapelle und bevor noch der Papst sich dem Tode nahe fühlte, verfügte er, sein Grabmal, wenn er gestorben wäre, nach einer einfacheren Zeichnung als den früheren vollenden zu lassen. An dieses Werk begab sich Michelangelo aufs neue und fing um so lieber an, als er hoffte, endlich einmal ohne Hindernis damit fertig zu werden. Doch hatte er nachmals stets Verdruß, Last und Not dabei, mehr als bei irgendeiner seiner anderen Arbeiten, ja, er wurde lange Zeit auf gewisse Weise des Undanks gegen einen Papst geziehen, von dem er so sehr geliebt und beschützt worden war.

Er widmete ihm seine ganze Arbeitskraft und ordnete die Zeichnungen, damit er die Fassaden der Kapelle ausführen könne, aber ein neidisches Geschick wollte es nicht zulassen, daß dieses so vollkommen begonnene Denkmal ein entsprechendes Ende gewönne. Papst Julius starb, und sein Grabmal wurde außer acht gelassen infolge der Wahl Leos X., der, von ebenso glänzendem Unternehmungsgeist und voll Tatkraft wie Julius, in seiner Vaterstadt, aus der er der erste Papst war, zu seinem und des göttlichen Künstlers, seines Mitbürgers Gedächtnis so Herrliches ausführen lassen wollte, wie es ein mächtiger Fürst zu tun vermag. Als er deshalb Michelangelo den Auftrag gab, die Fassade von San Lorenzo in Florenz, der Kirche, die die Medici erbaut hatten, auszuführen, blieb notwendigerweise die Arbeit am Grabmal von Papst Julius liegen. Denn Leo begehrte nicht nur seine Meinung und seine Zeichnungen dazu, sondern auch ihn selbst als Oberbaumeister. Michelangelo widerstand soviel er konnte und berief sich darauf, daß er wegen des Grabmals verpflichtet sei. Der Papst aber antwortete ihm, er möge deshalb nicht besorgt sein, er habe ihm selbst Urlaub ausgewirkt unter dem Vorbehalt, daß er in Florenz wie früher an den Figuren für das Grabmal arbeiten werde. Dies geschah alles gegen Wunsch und Willen Michelangelos, der mit Tränen von dannen schied.

Michelangelo entschloß sich dann, für die Fassade ein Modell zu machen, wollte aber keinen anderen über sich und neben sich bei dem Bau annehmen. Und dieses entschiedene Zurückweisen jeder Beihilfe war schuld, daß weder von ihm noch anderen etwas ins Werk gesetzt wurde. Vielmehr ging er nach Carrara mit Aufträgen, für die ihm von Jacopo Salviati tausend Skudi ausgezahlt werden sollten. Während Michelangelo in Carrara den Marmor zu dem Grabmal von Papst Julius und zu der Fassade brechen ließ, in der Meinung, sie auszuführen, schrieb man ihm, Papst Leo habe erfahren, es gebe in den Bergen von Pietrasanta nach Seravezza im Florentiner Gebiet auf dem Gipfel des höchsten Berges, Altissimo genannt, Marmor von derselben Güte und Schönheit wie der zu Carrara. Dies wußte zwar Michelangelo schon, schien es aber nicht beachten zu wollen. Schließlich wurde er doch gezwungen, nach Seravezza zu gehen, obwohl er dagegen anführte, dies werde mehr Arbeit und Kosten verursachen, besonders am Anfang, und obendrein vielleicht nicht einmal so gut sein. Aber der Papst wollte davon nichts hören; eine Straße von mehreren Meilen mußte durch die Berge geführt, es mußten mit Hämmern und Hacken Gesteine zur Einebnung zerschlagen und an sumpfigen Stellen Pfähle eingerammt werden, so daß Michelangelo viele Jahre verlor, um den Willen des Papstes zu erfüllen. Endlich brach man fünf Säulen von gehöriger Größe, von denen eine auf dem Platz von San Lorenzo zu Florenz aufgestellt ist, während die anderen an der Mittelmeerküste liegen. Michelangelo brauchte viele Jahre zu dem Brechen der Marmorblöcke, doch fertigte er unterdessen Wachsmodelle und andere zu dem

Bau gehörige Dinge. Aber das Unternehmen zog sich in die Länge, so daß die dafür bestimmten Gelder für den Lombardischen Krieg verwendet wurden und der Bau durch den Tod von Papst Leo unvollendet blieb.

Dieser Tod versetzte Künstler und Handwerker in Rom und Florenz in so großen Schrecken, daß Michelangelo in Florenz blieb und an dem Grabmal des Papstes Julius arbeitete, solange Hadrian VI. regierte. Nach dessen Tod jedoch wurde Clemens VII. zum Papst erwählt, der wie Leo und seine übrigen Vorgänger durch Werke der Baukunst, Bildhauerei und Malerei ein Andenken von sich hinterlassen wollte. Michelangelo reiste ohne Aufenthalt nach Rom. Wieder wurde er von dem Herzog Francesco Maria von Urbino, dem Neffen von Papst Julius, bedrängt, der sich über ihn beschwerte und sagte, man habe ihm sechzehntausend Skudi für das Grabmal ausgezahlt, und er treibe in Florenz, was ihm beliebe, und der drohend hinzufügte, wenn er das Werk vernachlässige, so werde es ihm schlimm ergehen. Als er in Rom angelangt war, riet ihm Papst Clemens, der gern seine Dienste in Anspruch nehmen wollte, er solle mit den Agenten des Herzogs Rechnung abschließen. Seiner Meinung nach wäre er nach dem, was er schon vollbracht habe, eher Gläubiger als Schuldner. So blieb der Handel liegen.

Der Papst besprach sich mit Michelangelo über viele Dinge, bis man endlich beschloß, die neue Sakristei und die Bibliothek von San Lorenzo in Florenz zu vollenden. Er verließ daher Rom und wölbte die Kuppel der Kapelle, wie man sie jetzt sieht, und ließ sie in einer anderen Ordnung ausführen. Im Innern errichtete er zum Schmuck der Wände vier Grabmäler für die sterblichen Reste der Väter beider Päpste: für Lorenzo den Alten und für Giuliano, seinen Bruder, dann für Giuliano, den Bruder Leos, und für Herzog Lorenzo, seinen Neffen. Und weil er hierbei die alte, von Filippo Brunelleschi erbaute Sakristei nur mit einer neuen Art von Ornamenten nachahmen wollte, brachte er eine Verzierung in gemischter Ordnung an, die mannigfaltigste, ungewöhnlichste, die jemals von alten oder neuen Meistern angewendet werden konnte. Denn die schönen Gesimse, Kapitelle, Vasen, Türen, Tabernakel und Grabmäler sind völlig verschieden von dem, was die Menschen früher für Maß, Ordnung und Regel geachtet hatten. Daher sind ihm die Künstler zu dauerndem Danke verpflichtet, daß er die Bande und Ketten brach, mit denen belastet alle stets auf der gewöhnlichen Straße fortgegangen waren. Noch besser zeigte er dies und lehrte seine eigene Weise bei dem Bau der Bibliothek von San Lorenzo, bei der schönen Einteilung der Fenster, der Anordnung der Decke und dem bewundernswürdigen Eingang des Vorsaales. Nie herrschte eine kühnere Anmut in dem Ganzen und in den einzelnen Teilen eines Werkes, in den Tragsteinen, den Tabernakeln und Gesimsen, und nie sah man eine bequemere Treppe, die obendrein so seltsame Abstufungen hat und so völlig verschieden von der gewöhnlichen Weise ist, daß jedermann erstaunte.

Ungefähr gleichzeitig ereignete sich die Plünderung Roms und die Vertreibung der Medici aus Florenz. Dieser Wechsel veranlaßte die damaligen Befehlshaber, ihre Stadt neu zu befestigen, und sie ernannten Michelangelo zum Generalkommissar über sämtliche Befestigungen. Er ließ dafür verschiedene Zeichnungen fertigen und Florenz verschanzen und umgab schließlich noch den Hügel von San Miniato mit Bastionen. Damals verbrachte er ungefähr sechs Monate auf San Miniato, um die Befestigung dieses Berges zu beschleunigen, weil die Stadt verloren gewesen wäre, wenn die Feinde ihn in Besitz genommen hätten, und förderte diese Unternehmung mit allem Fleiß. Gleichzeitig aber betrieb er die Arbeiten in der Sakristei, führte sieben Statuen zum Teil ganz aus. Er übertraf, wie man anerkennen muß, mit ihnen und bei der Architektur der Grabmäler jeden Meister in den drei Künsten. Die Statuen, die er entworfen und in Marmor vollendet hatte und die sich am genannten Ort befinden, bezeugen es. Das eine ist die Mutter Gottes in sitzender Stellung, das rechte Bein über das linke gekreuzt, so daß ein Knie auf dem anderen ruht. Das Kind reitet auf dem übergelegten Bein und wendet sich mit schöner Bewegung, die Brust verlangend, nach der Mutter, die es mit der einen Hand hält, mit der anderen sich stützt und sich vorbeugt, um sie ihm zu geben. Und obgleich diese Statue nicht in allen Teilen fertig ist, erkennt man doch in dem nur roh ausgeführten, nur gradierten Teil die Vollkommenheit des Werkes.

In noch viel größeres Erstaunen versetzte Michelangelo jeden durch die Grabmäler des Herzogs Giuliano und des Lorenzo de' Medici, bei denen er den Gedanken hatte, daß nicht allein die Erde diesen Fürsten eine ihrer Größe entsprechende ehrenvolle Ruhestätte geben könne, sondern daß alle Teile der Welt daran teilhaben sollten. Darum brachte er über ihren Sarkophagen, so daß sie diese bedeckten, vier Statuen an, nämlich bei dem einen den Tag und die Nacht, bei dem anderen die Morgen- und Abenddämmerung. Die Statuen sind in Form und Haltung wunderschön und mit genauer Kenntnis der Muskulatur gearbeitet, so daß die Kunst, wenn sie je wieder verlorenginge, durch sie allein zu dem vormaligen Glanze wieder gebracht werden könnte. Außerdem befinden sich dort noch die Statuen der beiden Heerführer im Waffenschmuck, der in

Gedanken versunkene Herzog Lorenzo im Angesicht der Weisheit. Die Beine sind so schön ausgeführt, daß man nicht schönere sehen kann. Der andere ist der kühne Herzog Giuliano. Kopf, Hals, Augen, Nasenrücken, Öffnung des Mundes und die Haare sind so göttlich, kurz, alle Teile, die er machte, von einer Herrlichkeit, daß die Augen nie satt und müde werden. Was aber sage ich von der Morgenröte? Einer nackten weiblichen Gestalt, ganz geschaffen, alle Schwermut der Seele auszutreiben und zu bewirken, daß die Bildhauerkunst den Meißel sinken lasse? Mit dem Ausdruck der Klage in ihrer unzerstörbaren Schönheit windet sie sich zum Zeichen ihres großen Schmerzes voll Gram. Was endlich könnte ich von der Nacht sagen, einer nicht nur seltenen, sondern einzigartigen Statue? Wer hat in irgendeinem Jahrhundert antike oder neuere mit solcher Kunst geschaffene Gestalten gesehen? Man erkennt in ihr nicht nur zugleich die Ruhe eines Schlafenden, sondern auch den Schmerz und die Trauer dessen, der ein hohes und heiliges Gut verliert.

Hätte die Feindschaft, die zwischen Glück und Gunst besteht, hätte die Güte dieser und der Neid jener ihn dies Werk zu Ende bringen lassen, so würde die Kunst die Natur belehrt haben, wie sie ihr in allen Dingen überlegen sei. Während indes Michelangelo mit allem Fleiß und großer Liebe an diesem Werk arbeitete, kam, was die Beendigung nur zu sehr aufhielt, im Jahre 1529 die Belagerung von Florenz. Deshalb konnte er wenig oder gar nichts mehr daran tun, da die Bürger ihm die Sorge für die Befestigung aufgeladen hatten, und zwar nicht allein von San Miniato, sondern von der ganzen Umgegend. Er hatte der Republik tausend Skudi geliehen, und da er zu dem Kriegsrat der Neun gehörte, wandte er Sinn und Gedanken ganz der Vervollkommnung jener Festungswerke zu. Schließlich wurden diese aber von feindlichen Heeren ringsum eingeschlossen, die Hoffnung auf Hilfe schwand allmählich, die Schwierigkeit, sich zu halten, stieg. Michelangelo, der sich nicht an seinem Platze fühlte und für die Sicherheit seiner Person besorgt wurde, beschloß, von Florenz nach Venedig zu gehen, ohne sich unterwegs irgend jemandem zu erkennen zu geben. Er verließ daher heimlich, ohne daß jemand etwas wußte, auf der Straße von San Miniato Florenz und nahm nur seinen Schüler Antonio Mini und den Goldschmied Piloto, seinen treuen Freund, mit, und jeder von ihnen trug auf dem Rücken, in der Jacke eingenäht, eine Anzahl Skudi.

Michelangelo wurde aber dringend gebeten, wieder in seine Vaterstadt zurückzukehren; man empfahl ihm besonders, die dortigen Unternehmungen nicht aufzugeben und schickte ihm sicheres Geleit, so daß er endlich, von Liebe zur Heimat getrieben, trotz Lebensgefahr dahin zurückging. Er setzte den Turm von San Miniato instand, der mit zwei Geschützstücken dem feindlichen Lager so großen Schaden zufügte, daß die Artilleristen ihn im Felde mit starken Kanonen niederzuschießen suchten, ihn auch fast durchbrochen hatten und gänzlich zerstört haben würden, wenn Michelangelo ihn nicht mit Wollballen und starken, an Stricken aufgehängten Matratzen in einer Weise geschützt hätte, daß er noch steht.

Nach Abschluß des Friedensvertrages erhielt Baccio Vallori als Bevollmächtigter des Papstes den Auftrag, einige der heftigsten Parteigänger unter den Bürgern festzunehmen und ins Bargello zu werfen. Der Hof selbst ließ nach Michelangelo in seiner Wohnung suchen. Dieser war jedoch, da er solches ahnte, heimlich nach dem Haus eines vertrauten Freundes gegangen und hielt sich dort viele Tage verborgen, bis die erste Erbitterung sich gelegt hatte. Da gedachte Papst Clemens der Kunstleistungen Michelangelos, ließ eifrig nach ihm forschen und gab Befehl, ihm keine Vorwürfe zu machen. Man solle ihm vielmehr sagen, er werde sein früheres Gehalt bekommen, wenn er zurückkehre und für das Werk von San Lorenzo Sorge trage.

In solcher Weise gesichert und um zunächst sich Baccio Vallori zum Freunde zu machen, fing Michelangelo eine drei Ellen hohe Figur in Marmor an, einen Apoll, der einen Pfeil aus seinem Köcher nimmt, und führte ihn fast ganz aus.

Michelangelo fand es angemessen, nach Rom zum Papst zu gehen, der ihm zwar zürnte, ihm jedoch aus Liebe zur Kunst alles verzieh und ihn beauftragte, nach Florenz zurückzugehen, um die Bibliothek und Sakristei von San Lorenzo zu vollenden. Um dieses Werk schneller zu fördern, verteilte man eine Menge dazugehörender Statuen an verschiedene Meister. Michelangelo wollte die Statuen bereits aufstellen, als der Papst sich entschied, ihn bei sich zu haben, um die Wände der Sixtinischen Kapelle, deren Decke er für seinen Verwandten Julius II. gemalt hatte, gleichfalls mit Bildern zu versehen. Und zwar wollte Clemens, daß er auf der Hauptwand, wo der Altar steht, das Weltgericht darstelle, damit er in diesem Bilde zeigen könne, was in der Kunst der Malerei alles möglich sei.

Während Michelangelo Auftrag gab, die Zeichnungen und Kartons zu der Wand vom Weltgericht zu machen, hatte er unausgesetzt Schwierigkeiten mit den Agenten des Herzogs von Urbino, die ihn beschuldigten, er habe von Julius II. sechzehntausend Skudi für dessen Grabmal erhalten. Da ihm diese Schuld unerträglich war, wünschte er, das Werk doch eines Tages zu vollenden, obgleich er bereits alt war. Auch wollte er, da die Gelegenheit sich dazu ungesucht geboten, gerne in Rom bleiben und nicht wieder nach Florenz zurückgehen, denn er hatte Sorge vor dem Herzog Alexander von Medici, der ihm, wie er glaubte, nicht wohlgesinnt war. Als ihm dieser sagen ließ, er möge doch kommen und sehen, welcher Platz sich am besten zur Errichtung eines Kastells und einer Zitadelle in Florenz eigne, antwortete er, er könne nicht ohne Befehl von Papst Clemens von dannen gehen.

Endlich wurde der Vertrag wegen des Grabmals abgeschlossen. Es sollte vollendet werden, doch nicht freistehend in Quadratform, wie anfangs bestimmt war, sondern mit einer Fassade in einer Weise, wie es Michelangelo gut schien. Gleichzeitig mußte er versprechen, sechs Statuen von seiner Hand dort aufzustellen. Dagegen ging der Herzog von Urbino vertragsmäßig auf die Bedingung ein, daß Michelangelo sich verpflichten durfte, vier Monate des Jahres für Papst Clemens zu arbeiten, in Florenz oder wo es sonst Seiner Heiligkeit gefallen möchte. Hierdurch glaubte Michelangelo Ruhe erlangt zu haben. Dennoch vollendete er zunächst das Werk nicht, weil Clemens, begierig, die letzte Probe seiner Kunst zu sehen, ihn antrieb, sich dem Karton des Weltgerichts zu widmen. Sobald er den Papst überzeugt hatte, daß er damit beschäftigt sei, gab er sich dieser Arbeit aber nicht ganz hin, sondern widmete sich heimlich auch den Statuen für das Grabmal.

Im Jahre 1534 starb Papst Clemens, und der Bau der Sakristei und Bibliothek in Florenz, die man mit so vielem Eifer zu vollenden gestrebt hatte, wurde eingestellt. Damals glaubte Michelangelo, er sei nun in Wahrheit frei und könne das Grabmal von Julius II. zum Abschluß bringen. Als jedoch Paul III. gewählt war, dauerte es nicht lange, so rief er ihn zu sich, war sehr freundlich gegen ihn und bat, er möge in seine Dienste treten, er wünsche ihn bei sich zu behalten. Dies lehnte Michelangelo ab, indem er erklärte, er sei bis zur Vollendung des Grabmals dem Herzog von Urbino durch einen Vertrag verpflichtet. Da geriet der Papst in Zorn und sagte: „Seit dreißig Jahren habe ich diesen Wunsch, und nun, da ich Papst bin, sollte ich ihn nicht erfüllen können? Ich werde den Kontrakt zerreißen und bin entschlossen, daß du mir auf jeden Fall dienen sollst."

Als er diesen Beschluß erfuhr, dachte Michelangelo zunächst daran, von Rom fortzugehen, um auf irgendeine Weise die Möglichkeit zur Vollendung des Grabmals zu gewinnen. Klug jedoch wie er war, fürchtete er die Macht des

Papstes und überlegte, wie er ihn, der schon recht betagt war, mit Worten hinhalten könne, ehe es zu Unannehmlichkeiten komme. Der Papst, der irgendein bedeutendes Werk von Michelangelo ausführen lassen wollte, ging eines Tages mit zehn Kardinälen zu seinem Haus, wo er alle Statuen zu dem Grabmal von Papst Julius sehen wollte. Sie erschienen ihm bewunderungswürdig, besonders der Moses, von dem der Kardinal von Mantua meinte, diese Figur allein genüge, um den Papst Julius zu ehren. Nachdem der Papst sich auch die Kartons und Zeichnungen angesehen, die Michelangelo für die Wand der Kapelle machen ließ, die ihm wirklich staunenswert vorkamen, bat er wiederum dringend, Michelangelo möge in seine Dienste treten. Er versprach, zu erwirken, daß der Herzog von Urbino sich mit drei Statuen von seiner Hand begnüge und die übrigen nach seinen Modellen von anderen trefflichen Meistern ausführen lasse. Nachdem Seine Heiligkeit die Agenten des Herzogs in diesem Sinne bestimmt hatte, schloß man einen neuen Vertrag, den der Herzog bestätigte, und Michelangelo erbot sich freiwillig, die drei fehlenden Statuen zu bezahlen, auch das Grabmal mauern zu lassen, und hinterlegte deshalb auf der Bank der Strozzi eintausendfünfhundertachtzig Dukaten. Er hätte sich dieser Verpflichtung wohl entziehen können, und es schien ihm, er habe schon mehr als genug getan, um von einem so langwierigen und unangenehmen Auftrag entbunden zu sein. Er ließ dann das Grabmal in San Pietro in Vincoli aufstellen.

Michelangelo hatte sich, da er es nicht vermeiden konnte, entschlossen, dem Papst Paul zu dienen, und dieser wünschte, daß er die von Papst Clemens angeordnete Arbeit fortsetzen möge, ohne an der Erfindung oder dem früheren Plan, der ihm vorgelegen hatte, etwas zu ändern. Denn er achtete die Kunst Michelangelos hoch und empfand solche Liebe und Ehrfurcht für ihn, daß er sich bemühte, ihm zu gefallen. So hätte der Papst, um nur ein Beispiel zu geben, sehr gern in der Kapelle sein Wappen unter der Statue des Jonas gesehen, dort, wo bereits das Wappen von Julius II. angebracht war, und sagte dies Michelangelo. Da dieser aber, um das Andenken von Julius und Clemens nicht zu beleidigen, sich weigerte und meinte, es würde sich nicht gut ausnehmen, ergab sich der Papst darein, nur um ihm nicht zu mißfallen. Denn er erkannte sehr wohl die Trefflichkeit dieses Mannes, der nach Ehre und Recht handelte ohne Schmeichelei und Kriechereien, was gebietende Herren nicht gewohnt sind zu erfahren.

Michelangelo hatte schon mehr als Dreiviertel des Bildes vollendet, als Papst Paul kam, um es zu besichtigen. Messer Biagio von Cesena, Zeremonienmeister und ein sehr peinlicher Mann, war mit dem Papst in der Kapelle, und auf die Frage, was er von dem Werk halte, entgegnete er, es sei wider alle Schicklichkeit, an einem heiligen Ort so viel nackte Gestalten zu malen, die aufs unanständigste ihre Blößen zeigten; es sei kein Werk für die Kapelle des Papstes, sondern für eine Bade- oder Wirtshausstube. Das verdroß Michelangelo, und um sich zu rächen, malte er den Zeremonienmeister, sobald er fort war, ohne ihn weiter vor sich zu haben, als Minos in der Hölle, die Beine von einer großen Schlange umwunden, umgeben von einer Schar von Teufeln. Und es half dem Messer Biagio nichts, daß er sich an den Papst und Michelangelo wandte und bat, er möge sein Bild dort wegnehmen – es blieb stehen zum Andenken an diese Geschichte.

In jener Zeit geschah es, daß Michelangelo ziemlich hoch von dem Gerüst in der Kapelle herunterfiel und sich am Bein verletzte. Aus Schmerz und Zorn aber wollte er sich von niemand heilen lassen. Nun war damals Meister Baccio Rontini aus Florenz, sein Freund, ein geschickter Arzt und großer Verehrer der Kunst, noch am Leben. Eines Tages ging er aus Teilnahme zu Michelangelos Haus, pochte an und stieg, da weder einer der Nachbarn noch er selbst Antwort gab, auf geheimen Wegen hinan und von einem Zimmer ins andere, bis er zu Michelangelo gelangte, der in Verzweiflung dalag. Unter diesen Umständen wollte Meister Baccio ihn durchaus nicht verlassen und sich nicht von ihm trennen, bevor er wiederhergestellt war. Von seinem Übel geheilt und zur Arbeit zurückgekehrt, beschäftigte sich Michelangelo damit ohne Unterbrechung, führte sein Werk in wenigen Monaten zu Ende und gab den Gestalten darin solche Kraft, daß er das Wort Dantes verwirklichte: „Die Toten schienen tot, die Lebenden lebendig." Man erkennt den Jammer der Verdammten und die Freude der Seligen. Als daher dies Weltgericht aufgedeckt war, zeigte sich Michelangelo nicht nur als Sieger über die Künstler, die früher in dieser Kapelle gearbeitet hatten, sondern man sah auch, daß er sich in seinen Arbeiten an der Decke, die er zu so großem Ruhme ausgeführt hatte, noch selbst hatte übertreffen wollen, und er hat sich darin übertroffen und zwar sehr weit.

Wer Urteilskraft besitzt und etwas von der Malerei versteht, der erkennt hier die erschreckende Gewalt der Kunst, sieht in den Gestalten Gedanken und Leidenschaften, die kein anderer außer Michelangelo je gemalt hat. Hier lernt man, wie den Stellungen Abwechslung in den seltsamen und verschiedenen

Gebärden bei jungen und alten Männern und Frauen gegeben werden kann. Wem offenbart sich in ihnen nicht der Schrecken der Kunst, vereint mit jener Anmut, die diesem Meister von der Natur verliehen war? Denn alle Herzen werden tief bewegt, mögen sie von unserem Berufe nichts verstehen oder dessen kundig sein. Dies Werk ist für unsere Kunst jenes Zeugnis und jenes große Gemälde, das Gott den Menschen zur Erde geschickt hat, damit sie sehen, wie das Schicksal wirkt, wenn Geister von der erhabensten Stufe auf die Erde herabkommen und Anmut und Göttlichkeit des Wissens in ihrem Innern mitbringen. Dieses Werk legt alle in Fesseln, welche die Kunst zu verstehen glauben, und wer jene Zeichen in Umrissen veranschaulicht sieht, sei es was es sei, der bebt und befürchtet, irgendein mächtiger Dämon habe sich der Zeichenkunst bemeistert. Und beachtet man nur die Mühen seines Werkes, so sind die Sinne allein bei dem Gedanken betäubt, was andere schon ausgeführte oder noch auszuführende Gemälde im Vergleich zu diesem sein können. Glücklich kann sich wirklich der nennen und ein beseligendes Andenken bewahrt der in sich, der dies tatsächlich herrliche Wunderwerk unseres Jahrhunderts gesehen hat. Acht Jahre lang arbeitete Michelangelo an diesem Bild und deckte es am Weihnachtsabend 1541 auf, zum Verwundern und Erstaunen Roms, ja der ganzen Welt.

Papst Paul hatte nach dem Vorbild der Kapelle von Nikolaus V. eine andere in demselben Stockwerk, Paolina genannt, durch Antonio da Sangallo bauen lassen und dachte daran, durch Michelangelo darin zwei große Bilder in zwei Rechteckfelder malen zu lassen. So schuf Michelangelo in dem einen die Bekehrung Pauli mit Christus in den Wolken und einer Schar nackter Engel in den schönsten Bewegungen; unten aber sieht man, wie Paulus erschreckt und betäubt vom Pferde zur Erde gestürzt ist, mit seinen Soldaten ringsum. Die einen sind bemüht, ihn wieder aufzurichten, andere durch die Stimme und den Glanz Christi in Schrecken versetzt und in allerlei schönen Stellungen und Bewegungen verwundert und verwirrt fliehend. Und das davonjagende Pferd scheint in seinem raschen Lauf den mit fortzureißen, der es zurückhalten will. Das ganze Bild ist mit größter Kunst ausgeführt und vortrefflich gezeichnet. Im zweiten erblickt man die Kreuzigung des Petrus, der nackt auf das Kreuz geheftet ist – eine seltene Gestalt. Die Henker haben ein Loch in die Erde gegraben, und er zeigt, wie sie das Kreuz so aufrichten sollen, daß die Füße des Gekreuzigten nach oben kommen. Es ist ein Bild voll schöner und bemerkenswerter Gedanken. Michelangelos Bestreben war einzig auf die höchste Vollendung der Kunst gerichtet; so findet man hier weder Landschaften noch Bäume, auch keine Gebäude und keine Abwechslung und keine Reize der Kunst, auf die er nicht achtete, vielleicht weil er seinen hohen Geist nicht mit solchen Dingen erniedrigen wollte. Dies waren seine letzten Bilder, von ihm in einem Alter von fünfundsiebzig Jahren ausgeführt – wie er mir sagte, unter großer Beschwerde, denn die Malerei, besonders aber die Freskomalerei ist keine Arbeit für Alte.

Der Geist und das Talent Michelangelos aber konnten nicht müßig bleiben, und da er nicht malen konnte, nahm er ein Stück Marmor und begann daraus vier überlebensgroße Rundfiguren, eine Beweinung Christi, zu meißeln, weil es ihm Vergnügen und Zeitvertreib schaffte und er sich, wie er zu sagen pflegte, den Leib gesund erhalte, wenn er den Hammer führte. Einen toten Körper, der diesem Christus vergleichbar wäre, kann man sonst nirgends sehen: wie er niedersinkt mit hingegossenen Gliedern in einer Stellung, die völlig verschieden ist von denen, die Michelangelo früher gewählt oder irgendwo angebracht hatte. Ein mühevolles Werk, wie es nur selten aus einem einzigen Stein gearbeitet wird, und wahrhaft göttlich. Es blieb unvollendet und erlebte mancherlei Mißgeschick, obgleich Michelangelo die Absicht gehabt hatte, es für sein eigenes Grab am Fuß des Altars zu benutzen, wo er zu ruhen gedachte.

Im Jahre 1546 starb Antonio da Sangallo, und da es nun an einem Meister fehlte, den Bau von Sankt Peter zu leiten, gab es viele Verhandlungen zwischen der Baukommission und dem Papste, wem das Amt übertragen werden solle. Endlich beschloß Seine Heiligkeit, wie ich glaube auf göttliche Eingebung, nach Michelangelo zu schicken. Auf Befragen, ob er jenes Amt übernehmen wolle, lehnte der Meister es ab und erklärte, um dieser Last zu entgehen, daß die Baukunst nicht eigentlich sein Fach sei. Und als hierauf Bitten nichts halfen, befahl ihm der Papst zuletzt geradezu, das Amt anzunehmen. Demnach mußte er ganz wider seinen Wunsch auf dieses Unternehmen eingehen. Als er nun eines Tages nach San Pietro kam, um das Holzmodell von Sangallo zu sehen und den Bau der Kirche zu prüfen, fand er dort die ganze Sangallische Sippschaft beisammen, die sich vordrängte und Michelangelo so fein wie sie es vermochte sagte, wie erfreut sie seien, daß er die Leitung des Baues bekommen habe, und sie fügten hinzu, daß jenes Modell eine Wiese sei, auf der zu weiden er niemals unterlassen werde. „Ihr sprecht sehr wahr“, entgegnete Michelangelo, indem er nach einer Erklärung, die er einem Freunde gab, dadurch andeuten wollte, sie seien Schafe und Ochsen, die nichts von der Kunst verständen, öffentlich pflegte er dann zu sagen, Sangallo habe dem Bau nicht genug Licht gegeben und außen zu viele Säulenreihen übereinander gehäuft. Durch die vielen pyramidenartigen Vorsprünge und gekünstelten Glieder schließe er sich mehr der deutschen als der guten antiken und schönen und anmutigeren neuen Bauweise an. Auch könne man bei der Ausführung des Baues fünfzig Jahre Zeit und über dreihunderttausend Skudi Kosten sparen, ihn mit mehr Majestät, Größe und Leichtigkeit, nach besserer Zeichnung und Regel schöner und bequemer aufführen. Dies zeigte er an einem Modell, das er machte, um der Kirche die Form zu geben, in der sie nunmehr vor uns steht, und bewahrheitete damit seine Worte.

Endlich stellte ihm der Papst ein Motuproprio aus, worin er ihn zum Haupt des Baues ernannte mit allen Vollmachten, nach Gefallen zu schaffen und einzureißen, hinzuzufügen, fortzunehmen und zu verändern. Auch sollte die ganze Baubehörde von seinem Willen abhängig sein. Gegenüber dieser Zuversicht und diesem Vertrauen des Papstes wünschte Michelangelo nur, daß in der Urkunde auch erklärt werde, er diene dem Bau um Gottes willen ohne irgendeinen Lohn.

Der Papst genehmigte endlich das Modell Michelangelos, nach dem die Peterskirche im Umfang kleiner, in der Wirkung aber um so größer wurde. Er fand, daß die vier von Bramante erbauten und von Antonio da Sangallo unverändert beibehaltenen Hauptpfeiler, die die Last der Tribüne zu tragen hatten, zu schwach waren, füllte sie zum Teil aus und baute daneben zwei Wendeltreppen mit flachen Stufen, auf denen die Saumtiere emporsteigen, um das Baumaterial bis zur Spitze zu tragen. Auf demselben Wege können auch Menschen bis zur Plattform über den Bögen reiten.

Das römische Volk wünschte mit Zustimmung des Papstes dem Kapitol eine schöne, zweckmäßige und bequeme Gestalt zu geben: Säulenordnung, Aufgänge, Rampen und große Treppenanlagen anzubringen und durch den Schmuck antiker Statuen, die schon hier waren, jenen Ort zu verherrlichen. Da man dafür Michelangelos Rat begehrte, fertigte er eine sehr schöne, inhaltreiche Zeichnung an, in der er an der Seite, wo der Senator wohnt, das heißt gegen Osten, eine Fassade von Travertin und eine Treppe mit zwei Aufgängen zu einem Podest anbrachte, von dem man in der Mitte in den Saal des Palastes gelangt. Verschiedenartige Geländer, die zugleich als Stützen und als Brustwehren dienen, wurden angelegt. Michelangelo ließ zu ihrem größeren Schmuck die beiden liegenden antiken Flußgötter von Marmor, den Tiber und den Nil, auf zwei Postamenten aufstellen, und in eine große Nische in der Mitte sollte ein

Jupiter kommen. Für die Südseite, wo sich der Palast der Konservatoren befindet, entwarf er, um das Gebäude ins Rechteck zu bringen, eine reiche Fassade, unten eine Loggia mit Säulen und Nischen, für die viele antike Statuen bestimmt sind, umher aber wurde mancherlei Schmuck an Türen und Fenstern angebracht, wovon ein Teil schon fertig ist. In der Mitte des Platzes wurde das berühmte Pferd aus Bronze, das die Statue des Marc Aurel trägt, auf einer ovalen Basis aufgestellt, nachdem Papst Paul dieses Standbild von dem Platz des Lateran, wo Sixtus IV. es hatte aufstellen lassen, weggenommen hatte.

Paul III. hatte den Bau des Palastes der Familie Farnese durch Sangallo, solange dieser lebte, errichten lassen. Als man aber an dessen Außenseite ganz oben zur Vervollständigung des Daches das Gesims aufsetzen mußte, sollte es auf Wunsch des Papstes Michelangelo nach seiner Zeichnung und Angabe machen. Dieser konnte dem Papst, der ihn hochhielt und ihm Freundlichkeiten erwies, nichts abschlagen; er ließ daher ein Holzmodell in der Größe des dort anzubringenden Gesimses arbeiten und es an einer Ecke des Palastes befestigen, um die Wirkung zu zeigen, die das Werk haben würde. Da es Seiner Heiligkeit sowie ganz Rom gefiel, wurde es später ausgeführt und ist das schönste und eigenartigste seiner Art, das bei den Alten oder Neueren gefunden werden kann. Daher wollte der Papst nach Sangallos Tod Michelangelo die weitere Sorge auch für dieses Gebäude übertragen. Dort errichtete er über dem Haupteingang des Palastes das große Marmorfenster mit den herrlichen bunten Marmorsäulen und dem großen und sehr schönen und reichen Marmorwappen von Papst Paul III., dem Gründer des Palastes. Innen im Hof aber baute er über der ersten Säulenordnung die beiden folgenden mit den schönsten, neugestalteten und anmutigsten Fenstern, Schmuckwerken und Dachgesimsen, die man je gesehen hat, so daß es durch die Bemühung und den Geist dieses Mannes nunmehr der schönste Hof in ganz Europa geworden ist. Er erweiterte und vergrößerte den großen Saal und traf Anordnung zum Bau des Empfangsraumes, dessen Decke er nach einer neuartigen Weise in halbeiförmigen Bogen wölben ließ.

Im Jahre 1549 starb Paul III., worauf nach der Erwählung Julius' III. der Kardinal Farnese seinem Verwandten Paul durch Fra Guglielmo ein großes Grabmal errichten ließ, der es in der Peterskirche im ersten Bogen des Neubaus unterhalb der Kuppel aufstellen wollte, wo es den Plan jener Kirche behinderte und wirklich nicht an seinem Orte stand. Und weil nun Michelangelo mit richtigem Urteil riet, dorthin gehöre es nicht und dürfe es nicht kommen, faßte der Mönch großen Haß gegen ihn, fest überzeugt, er tue es aus Neid. Später allerdings mußte er wohl einsehen, daß jener die Wahrheit gesagt habe und der Fehler auf seiner Seite lag. In demselben Jahr bestätigte Julius III. das Motuproprio Pauls III. über den Bau der Peterskirche. Und obwohl von den Gönnern der Sangallischen Sippschaft wegen des Baues vielerlei gegen Michelangelo vorgebracht wurde, wollte doch der Papst nichts davon wissen; wie denn auch weder auf der Vigna Giulia irgend etwas gegen seinen Rat ausgeführt wurde noch im Belvedere, wo er eine neue Treppe an der Stelle jener halbrunden nach vorn geschwungenen baute, wie sie Bramante in der Mitte des Belvedere angebracht hatte. Michelangelo ließ an dieser Stelle nach seiner Zeichnung die sehr schöne viereckige Treppe mit dem Geländer von Peperino aufführen. Dieser Papst achtete Michelangelo so hoch, daß er gegen Kardinäle, die ihn zu verleumden suchten, immer seine Verteidigung übernahm. Auch von den vorzüglichsten und berühmtesten Künstlern verlangte er stets, sie sollten ihn in seinem Hause aufsuchen. Ja, seine Ehrfurcht für diesen Meister war so groß, daß er aus Furcht, ihm lästig zu werden, viele Dinge von ihm nicht begehrte, die Michelangelo trotz seines hohen Alters wohl tun konnte.

Etwa ein Jahr vor Michelangelos Tod hatte Vasari heimlich dahin gewirkt, daß Herzog Cosimo von Medici durch seinen Gesandten den Papst veranlaßte, jetzt, wo Michelangelo sehr hinfällig wurde, sorgsam auf die zu achten, die bei ihm waren, ihn pflegten und in seinem Hause aus und ein gingen. Außerdem sollten Vorkehrungen getroffen werden, daß, falls irgendein plötzlicher Zufall eintrete, wie er bei alten Leuten zu geschehen pflegt, ein Verzeichnis seiner Sachen, Zeichnungen, Kartons, Modelle, seines Geldes und aller seiner hinterlassenen Güter aufgenommen und alles in Sicherheit gebracht werde, was für den Bau von Sankt Peter, für die Sakristei, die Bibliothek und die Fassade von San Lorenzo vorhanden wäre. Vor allem sei zu verhüten, daß nicht Sachen verschleppt würden, wie oftmals geschieht eine Sorgfalt, die sich vollkommen bewährte und glücklich durchgeführt wurde.

Lionardo, der Neffe Michelangelos, der den nahen Tod seines Oheims ahnte, wünschte während der kommenden Fasten nach Rom zu gehen, und Michelangelo war um so lieber damit einverstanden, da er kurz vorher an einem langsamen Fieber erkrankt war. Er ließ deshalb schreiben, Lionardo möge kommen. Als dann trotz der Pflege seines Arztes Messer Federigo Donati und anderer das Übel zunahm, machte er sein Testament, und zwar in drei Worten: er übergebe seine Seele Gott, seinen Leib der Erde und seine Besitztümer den nächsten Verwandten, und forderte die Seinen auf, ihn beim Sterben an die

Leiden Christi zu erinnern. So schied er am 18. Februar 1564 vom Leben, um zu einem besseren Dasein hinüberzugehen.

Michelangelo war der Kunst leidenschaftlich ergeben, da er sah, daß jede noch so schwierige Sache ihm leicht gelang. Denn die Natur hatte ihm einen Geist verliehen, der in der herrlichen Kunst des Zeichnens überaus geschickt und ausdauernd war. Um hierin ganz vollkommen zu werden, beschäftigte er sich weitgehend mit der Anatomie, indem er selbst viele Leichname sezierte, um die Grundformen und Verbindungen der Knochen, Muskeln, Nerven und Adern zu sehen und die verschiedenen Bewegungen und alle Stellungen des menschlichen Körpers kennenzulernen. Ebenso beschäftigte er sich aber auch mit den Tieren, besonders den Pferden, von denen er sich einige zu seinem Vergnügen hielt, da er von allem Ordnung und Zusammenhang, in bezug auf die Kunst kennenlernen wollte. Seine Arbeiten mit dem Pinsel und dem Meißel wurden dadurch fast unnachahmlich. Er verlieh seinen Werken so viel Kunst, Anmut und Lebendigkeit, daß er, wie ich ohne Kränkung von irgend jemand sagen darf, die Alten übertroffen hat. Auch wußte er die Schwierigkeiten bei der Arbeit so leicht zu überwinden, daß sie ohne Mühe ausgeführt zu sein scheinen, obgleich der, der seine Sachen zeichnet, sie beim Kopieren wohl erkennt.

Die Kunst Michelangelos fand während seines Lebens Anerkennung, nicht wie bei vielen anderen erst nach dem Tode. Denn wir haben gesehen, daß die hohen Päpste Julius II., Leo X., Clemens VII., Paul III., Julius III. und Pius V. ihn immer in ihrer Nähe haben wollten. Und wir wissen dasselbe von dem türkischen Sultan Soliman, von Franz Valois, dem König von Frankreich, von Kaiser Karl V., der Signoria von Venedig und Herzog Cosimo de' Medici, die alle sich erboten, ihm ein ehrenvolles Gehalt zu zahlen, aus keinem anderen Grunde, als um teilzuhaben am Glanze seiner Kunst. Dies geschieht nur Menschen von hohem Wert, wie er es war. Man hatte erkannt und gesehen, daß die drei Künste in ihm zu einer Vollkommenheit gediehen waren, wie sie weder bei den alten noch bei den neueren Meistern gefunden wird, und in den unendlich vielen Jahren, seit die Sonne kreist, keinem außer ihm von Gott verliehen war. Er besaß eine so gewaltige Einbildungskraft, daß seine Hände die großen und schrecklichen Gedanken nicht darstellen konnten, die sein Geist in der Idee erfaßte, und er oft seine Arbeiten stehenließ oder richtiger viele verdarb.

Niemand wird es seltsam finden, daß Michelangelo die Einsamkeit liebte, da er sich so ganz der Kunst ergeben hatte, die den Menschen für sich und seine Gedanken allein haben will und denen, die sich ihr widmen, zur Pflicht macht, die Gesellschaft zu meiden. Denn wer mit ihrer Betrachtung sich beschäftigt, ist nie allein noch ohne Gedanken, und wer dies für Grillenfängerei und Wunderlichkeit achtet, hat sehr unrecht, da man, um etwas wahrhaft Gutes zu leisten, sich von Sorgen und Widerwillen fernhalten muß. Die Kunst verlangt Nachdenken, Einsamkeit und Gemächlichkeit und kann Zerstreuungen nicht vertragen.

Bei alledem schätzte Michelangelo zur rechten Zeit den Umgang mit ausgezeichneten Gelehrten und geistreichen Männern sehr hoch und wußte sich ihre Freundschaft zu erhalten, wie die des erhabenen Kardinals Hippolyt von Medici, der ihn so zärtlich liebte, daß er, als er eines Tages hörte, sein türkisches Pferd gefalle Michelangelo wegen seiner Schönheit besonders, ihm dieses sogleich schenkte und ihm zugleich zehn mit Futter beladene Maulesel nebst einem Pferdeknecht sandte. Michelangelo nahm dies alles gern an.

Michelangelo liebte auch die Meister seines Berufs und hatte Umgang mit ihnen, so mit Jacopo Sansovino, Rosso, Pontormo, Daniello da Volterra und Giorgio Vasari aus Arezzo, dem er unendlich viel Freundlichkeit erwies. Er veranlaßte ihn, sich mit der Baukunst in einer Weise zu beschäftigen, daß er sie einst ausüben könne, unterhielt sich gern mit ihm und sprach mit ihm über Gegenstände der Kunst. Wer Michelangelo nachsagt, er habe nicht unterrichten können, der trägt selbst Schuld daran. Er tat es bei jedem, mit dem er vertraut war und der seinen Rat begehrte. Richtig ist nur, daß er mit denen Mißgeschick hatte, die im Hause bei ihm lernten, da sie sich wenig eigneten, ihn nachzuahmen. Hätte er, wie er mir mehrmals sagte, jemand gehabt, der dafür geeignet gewesen wäre, so würde er unbekümmert um sein hohes Alter oft Leichname zergliedert und zum Nutzen der Künstler über diesen Gegenstand geschrieben haben. Von mehreren war er hintergangen worden, und er mißtraute sich selbst, da er schriftlich nicht wohl zu sagen wußte, was er im Sinn hatte und im Reden keine Übung besaß, obgleich er in Briefen mit wenig Worten seine Meinung wohl ausdrückte und großes Vergnügen an den Dichtern der Volkssprache fand, besonders an Dante, den er hoch verehrte und in Gedanken wie Erfindungen nachahmte, ebenso Petrarca, wie er sich selbst damit abgab, Madrigale und sehr ernste Sonette zu dichten. Unzählige Sonette sandte er an die Marchesa von Pescara und erhielt Antwort von ihr in Versen und Prosa. Er war in ihre Vorzüge so verliebt wie sie in die seinigen, und häufig kam sie von Viterbo nach Rom, um ihn zu besuchen, und Michelangelo fertigte ihr mehrere Zeichnungen.

Als ein guter Christ fand Michelangelo großes Gefallen an der Heiligen Schrift und war ein Verehrer der Werke von Fra Girolamo Savonarola, dessen Stimme er von der Kanzel herab vernommen hatte. Menschliche Schönheit liebte er überaus, um sie in der Kunst nachzuahmen und das Schönste vom Schönen auszuwählen, weil nur dadurch Vollkommenes geleistet werden kann, doch nicht aus üppigen unehrbaren Gedanken; das hat er durch sein Leben gezeigt. Er war sehr mäßig, begnügte sich, um anhaltend bei der Arbeit zu bleiben, in der Jugend mit ein wenig Brot und Wein und pflegte in späteren Jahren bis zu der Zeit, da er das Weltgericht in der Kapelle malte, abends nach vollbrachtem Tagewerk ein sparsames Mahl einzunehmen. Obwohl reich, lebte er gleich einem Armen. Nie oder doch selten aß ein Freund mit ihm, auch wollte er von niemand Geschenke annehmen, da er sich dem, der ihm etwas gab, dafür verpflichtet fühlte. Seine Mäßigkeit bewirkte, daß er äußerst wachsam war und nur wenig Schlaf brauchte. Oft stand er nachts auf, wenn er nicht ruhen konnte, um mit dem Meißel zu arbeiten. Für diesen Zweck hatte er sich eine Kappe von starkem Papier gemacht, in deren Mitte oben ein brennendes Licht befestigt war, das überall, wo er arbeitete, einen hellen Schein warf, ohne die Hände zu behindern.

In seiner Jugend hatte Michelangelo, wie er mir selbst erzählte, oft in Kleidern geschlafen, wenn er ermüdet von der Arbeit sich nicht ausziehen mochte, um sich dann wieder anzuziehen. Einige haben ihn für geizig gehalten, aber mit Unrecht, da er bei Werken der Kunst und anderen Besitztümern das Gegenteil bewiesen hat. Worin mag man diesen Mann des Geizes anklagen, der viele Dinge weggegeben hat, aus denen er Tausende von Skudi hätte gewinnen können? Ich weiß und sah, wie er eine Menge Zeichnungen fertigte und Bilder und Gebäude prüfte, ohne je etwas dafür zu nehmen. Und was nun die Gelder betrifft, die er durch Anstrengung gewonnen hat, nicht durch Einkünfte, nicht durch Handel, sondern durch Fleiß und Arbeit, so frage ich, kann man den geizig nennen, der gleich ihm vielen Armen Hilfe leistete, viele Mädchen in der Stille verheiratete und diejenigen bereicherte, die ihm bei seinen Arbeiten beistanden oder sonst nützlich waren?

Michelangelo hatte ein sehr gutes und umfassendes Gedächtnis. Er brauchte die Arbeiten anderer nur einmal zu sehen, um sie ganz zu behalten und sich ihrer in einer Weise zu bedienen, daß nie jemand es gewahr wurde. Auch hat er nie etwas ausgeführt, das einem seiner früheren Werke ähnelte, weil er sich alles dessen erinnerte, was er gearbeitet hatte. Er war zornig, und dies mit Recht, gegen diejenigen, die ihn beleidigten. Niemals aber strebte er nach Rache, war viel eher geduldig, bescheiden in seinen Sitten, im Sprechen sehr verständig, gab Antworten voll Weisheit und Ernst und führte bisweilen auch sinnreiche, lustige und scharfe Reden.

Michelangelo hatte einen sehr gesunden Körper, mager, mit guten Nerven ausgestattet. Als Kind war er schwächlich und mußte als Mann zwei schwere Krankheiten durchmachen. Er trug indes jede Beschwerde leicht und hatte kein Leiden, als daß er im Alter an Nierenschmerzen und Blasensteinen litt, weshalb Messer Realdo Colombo, sein naher Freund, ihn jahrelang ärztlich behandelte und sorgfältig kurierte. Er war von mittlerer Größe, hatte breite Schultern, die jedoch im richtigen Verhältnis zu seinem Körperbau standen. Als er alt wurde, trug er Stiefel von Hundefellen monatelang über den bloßen Füßen, so daß öfter, wenn er sie endlich ausziehen wollte, die Haut mit herunterging, über den Strümpfen pflegte er zum Schutz gegen Feuchtigkeit innen zugeschnallte Stiefel von Corduan zu tragen. Sein Gesicht war rund, die Stirn eckig und frei mit sieben Furchen quer darüber hin. Die Schläfen ragten weiter vor als die Ohren. Die Ohren waren eher ein wenig groß und von den Wangen abstehend. Der Körper hatte richtiges Verhältnis zum Gesicht und war ziemlich groß, die Nase ein wenig gequetscht, da sie ihm Torrigiano mit der Faust einschlug. Die Augen waren mehr klein als groß, rabenschwarz mit gelblichen und hellblauen sprühenden Punkten untermischt. Die Augenbrauen hatten wenig Haare, die Lippen waren fein, die untere dicker und ein wenig vorstehend. Das Kinn stimmte gut zu dem übrigen Gesicht. Haupt- und Barthaare waren schwarz, mit vielen grauen untermischt, der Bart nicht sehr lang, gabelartig geteilt und nicht sehr dick.

Michelangelo wurde mit ehrenvollen Exequien unter Zuströmen der ganzen Kunstgenossenschaft, aller seiner Freunde und der Florentiner Gemeinde im Angesicht von ganz Rom in einer Gruft in Santi Apostoli beigesetzt, da Seine Heiligkeit die Absicht hatte, ihm in Sankt Peter in Rom ein besonderes Denkmal und Grabmal zu errichten.

Sein Neffe Lionardo kam erst an, als alles schon vorüber war, obwohl er mit der Post reiste. Als Herzog Cosimo von dem, was sich begeben, erfuhr, beschloß er, da er Michelangelo zu Lebzeiten nicht für sich gewinnen und ehren konnte, die Leiche nach Florenz bringen zu lassen, um ihm im Tode mit aller Pracht die höchsten Ehren zu erweisen. Wie ein Kaufmannsgut in einen Ballen verpackt schaffte man ihn heimlich fort, damit in Rom nicht Lärm gemacht und man vielleicht verhindert werde, ihn von dort weg nach Florenz zu bringen. Die plötzliche und fast unerwartete Ankunft der Leiche Michelangelos gestattete nicht sofortige Veranstaltungen; man trug den Sarg, sobald er nach Florenz kam (das war eines Sonnabends), auf Verlangen der Abgeordneten nach dem Heim der Gesellschaft der Himmelfahrt Mariä unter dem Hauptaltar und den Treppen hinter San Pietro Maggiore, ohne irgend etwas damit vorzunehmen. Tags darauf versammelten sich alle Maler, Bildhauer und Baumeister in aller Stille bei Sankt Peter, wohin sie nichts als eine ganz mit Gold verzierte und durchnähte Samtdecke brachten, um sie über die Bahre und den Sarg zu breiten, auf dem ein Kruzifix lag. Nachts um zwölf Uhr ungefähr umstanden alle dicht die Leiche. Die ältesten und vorzüglichsten Meister ergriffen plötzlich eine Menge Fackeln, die ihnen zugereicht wurden, und die jüngeren hoben die Bahre so schnell, empor, daß sich glücklich pries, wer herzutreten und die Schulter herunterschieben konnte, um des Ruhmes willen, in kommenden Zeiten sagen zu können, sie hätten die Gebeine des größten Meisters getragen, der je ihrem Beruf angehört habe. Diese Versammlung bei Sankt Peter veranlaßte, wie dies zu geschehen pflegt, daß viele Personen stehenblieben, um so mehr, da sich jetzt die Nachricht verbreitete, die Leiche Michelangelos sei angelangt und werde nach Santa Croce gebracht werden, obwohl alle Sorgfalt angewendet war, damit die Sache nicht bekannt werde und nicht eine Menge herbeilocke, die unausweichlich eine gewisse Unruhe und Verwirrung stiften mußte. Denn man wünschte, das Wenige, was jetzt geschehe, möge mit mehr Stille als Pomp vor sich gehen und alles übrige für eine passendere und bequemere Zeit aufgespart bleiben. Und doch geschah von beidem das Gegenteil. Denn was die Menge anbelangt, so füllte sich, als die Neuigkeit von Mund zu Mund ging, die Kirche augenblicklich in solchem Maße, daß zuletzt der Sarg nur mit großer Mühe von dort nach der Sakristei getragen werden konnte, wo man ihn von der Umhüllung frei machen und nach der dafür bestimmten Gruft bringen wollte. Was nun die Ehren anbelangt, so ist zwar nicht zu leugnen, daß es prächtig und köstlich ist, bei feierlichen Leichenbegängnissen eine Menge Geistlicher, viele Wachskerzen und viele verhüllte und in Trauer gekleidete Personen zu sehen. Anderseits war es aber auch etwas Großes, als die trefflichen Männer, die jetzt hochberühmt sind und es in Zukunft noch mehr sein werden, sich mit so liebevoller Dienstbeflissenheit und Zuneigung unvorbereitet um jene Leiche scharten.

Die Zahl der Künstler, die sich alle einfanden, ist zu jeder Zeit in Florenz sehr groß gewesen, weil die Künste dort stets in einer Weise geblüht haben, daß ich glaube, man kann ohne Beleidigung anderer Städte sagen, Florenz sei ihre eigentliche Wiege und Heimat, gleich wie Athen es einst für die Wissenschaften gewesen ist. Außer den Künstlern aber folgten der Leiche so viele Bürger und so viele Leute von den Straßen, durch die sie getragen wurde, als nur Raum fanden. Ja, was mehr ist, man hörte von jedermann die Verdienste Michelangelos feiern und sagen: wahre Kunst übe eine solche Macht, daß sie, wenn man bereits alle Hoffnung auf Ruhm und Gewinn durch einen Künstler habe aufgeben müssen, dennoch um ihrer Natur und Vorzüge willen geliebt und geehrt werde.

Durch alle diese Umstände hatten jene Ehrenbezeigungen mehr Leben und mehr Wert, als Prunk und Gold und Teppiche ihm hätten verleihen können. Nachdem die Leiche unter so schönem Gefolge nach Santa Croce gebracht war, feierten die Mönche die bei Verstorbenen üblichen Zeremonien, und man trug sie durch die herbeigeströmte Volksmenge hindurch nicht ohne Schwierigkeit nach der Sakristei. Der Prorektor, der sich seines Amtes wegen dort befand, beschloß, den Sarg öffnen zu lassen, überzeugt, dies werde vielen sehr lieb sein und außerdem, wie er später zugab, von dem Wunsch getrieben, den Anblick desjenigen wenigstens im Tode zu haben, den er lebend nie oder doch in so früher Jugend gesehen hatte, daß ihm keine Erinnerung daran geblieben war. Es geschah, und während er und wir alle, die wir anwesend waren, einen verwesten Körper erwarteten – denn er war schon fünfundzwanzig Tage tot und hatte zweiundzwanzig Tage im Sarge gelegen –, fanden wir ihn in allen Teilen wohlerhalten und so ganz frei von jedem üblen Geruch, daß wir fast glaubten, er liege in einem sanften und ruhigen Schlaf. Seine Züge waren genau wie zu Lebzeiten, mit der Ausnahme, daß sein Gesicht ein wenig Leichenfarbe hatte, und an keinem Glied war eine Beschädigung oder Unsauberkeit zu sehen. Fühlte man Kopf und Wangen an, so glaubte man, er sei erst vor wenigen Stunden gestorben.

Nachdem das Gedränge des Volkes vorüber war, wurde Anordnung getroffen, ihn durch die Tür, die nach dem Kreuzgang des Kapitels führt, in eine Gruft der Kirche neben dem Altar der Cavalcanti zu bringen. Es hatte sich jedoch unterdessen das Gerücht von dieser Begebenheit in der Stadt verbreitet, und es strömte eine solche Menge junger Leute herbei, um die Leiche zu sehen, daß man das Grab nur mit Mühe schließen konnte. Ja, wäre es Tag gewesen, so hätte man es, um die Menge zu befriedigen, viele Stunden offenlassen müssen.

Am folgenden Morgen, während Maler und Bildhauer zu den kommenden Ehrenbezeigungen Anstalten trafen, beeilten sich viele schöne Geister, an denen

Florenz stets reich war, Verse in Latein und in der Volkssprache an das Grab zu heften. Dies geschah lange Zeit, obwohl die Zahl der damals gedruckten Gedichte im Vergleich zu den später verfaßten gering war.

Die Kirche war von den Mitgliedern der Akademie in reichster Weise mit plastischen Arbeiten und Gemälden, alle auf den großen Toten bezüglich und für diesen Tag hergestellt, geschmückt worden. Als sie mit Kerzen erleuchtet und von einer unendlichen Volksmenge erfüllt war, trat der Zug ein. Voraus der Prorektor der Akademie, dann, begleitet von dem Hauptmann und den Hellebardieren des Herzogs, die Konsuln und Akademiker, kurz alle Maler und Bildhauer der Stadt Florenz. Sie nahmen zwischen dem Katafalk und dem Hauptaltar Platz, wo sie von einer sehr großen Zahl hoher Personen und Edelleute erwartet wurden, die alle ihrem Rang entsprechend bequem nebeneinander saßen. Dann begann eine höchst feierliche Totenmesse mit Musik und jeder Art Gepränge. Nach ihrer Beendigung stieg Signor Varchi auf die Kanzel, um ein Amt zu vollziehen, das er zuletzt für die Durchlauchtige Herzogin von Ferrara, Tochter des Herzogs Cosimo, und seitdem nicht wieder ausgeübt hatte. Von dort herab verkündete er mit der ihm ganz eigenen Gewähltheit der Rede und wohltönender Stimme das Lob, die Verdienste, das Leben und die Werke des göttlichen Michelangelo Buonarroti.

Da nicht die ganze Stadt an einem einzigen Tage die Ausschmückung der Kirche in Augenschein nehmen konnte, blieb sie, dem Wunsche des Herzogs entsprechend, viele Wochen unverändert zur Befriedigung der Einheimischen und der Fremden, die aus der Umgebung kamen, um sie zu sehen.

Zum Schluß will ich nicht unterlassen noch zu berichten, daß der Herzog nach den obengenannten Ehrenbezeigungen anordnete, Michelangelo an einer Ehrenstelle ein Grabmal in Santa Croce zu errichten, da er schon zu Lebzeiten bestimmt hatte, einst in jener Kirche beigesetzt zu werden, denn dort befand sich die Gruft seiner Ahnen.

Der Herzog schenkte Lionardo, dem Neffen Michelangelos, den zu dem Grabmal nötigen weißen und bunten Marmor. Es wurde nach einer Zeichnung Giorgio Vasaris, zugleich mit einer Büste Michelangelos, dem vortrefflichen Bildhauer Battista Lorenzi in Auftrag gegeben. Dazu gehören drei Statuen: die Malerei, die Bildhauerei und die Baukunst. Drei Florentiner Bildhauer wurden mit ihrer Ausführung betraut: der genannte Battista, Giovanni dell'Opera und

Valerio Cioli. Die Kosten – mit Ausnahme des Marmors, den er vom Herzog empfangen hatte – trug Lionardo Buonarroti.

Tizian von Cadore

Geboren 1477 zu Piere di Cadore, gestorben am 27. August 1576 zu Venedig

Tizian wurde im Jahre 1477 zu Cadore, einem kleinen Kastell an der Piave, fünf Meilen von der Klause der Alpen, geboren. Er stammte aus der Familie der Vecelli, einem der vornehmsten Häuser der Gegend. Im zehnten Jahre kam er, ausgerüstet mit glänzendem Geist und Geschick, nach Venedig zu seinem Oheim, einem angesehenen Bürger. Dieser erkannte des Knaben Lust zur Malerei und gab ihn bei Gian Bellino, einem damals in der Kunst sehr berühmten Meister, in die Lehre. Unter seiner Aufsicht übte sich Tizian im Zeichnen und lieferte bald den Beweis, daß die Natur ihn mit allen Gaben des Geistes und Verstandes ausgerüstet habe, deren die Kunst der Malerei bedarf. Gian Bellino und die anderen Maler jenes Landes, denen das Studium der Antike fehlte, pflegten alles, was sie darstellten, fast ausschließlich nach dem Leben zu zeichnen, doch in trockener, harter, steifer Manier, und auch Tizian erlernte zunächst jene Weise. Als aber um das Jahr 1507 Giorgione da Castelfranco nach Venedig kam, begann er, da ihn das bezeichnete Verfahren nicht befriedigte, seine Werke mit mehr Rundung und Weichheit in schönerer Manier auszuführen, ohne jedoch das Studium von Leben und Natur zu vernachlässigen. Ja, er suchte sie so gut als möglich in Farben nachzuahmen, durch kalte und warme Tinten zu schattieren, wie man es in der Wirklichkeit sieht, ohne eine Zeichnung zu machen, weil er der festen Überzeugung war, das richtige und beste Verfahren sei, wenn man nur mit Farben arbeite, ohne weitere Zeichenstudien auf dem Papier vorzunehmen. Dabei vergaß er, daß niemand seine Kompositionen wohl verteilen und ordnen kann, ohne sie erst in verschiedener Weise auf ein Blatt zu entwerfen, um zu sehen, wie alles zusammenstimmt.

Als Tizian die Art Giorgiones kennenlernte, suchte er sich von der des Gian Bellino frei zu machen, obwohl er sich lange Zeit daran gewöhnt hatte, und näherte sich der ersten. Er ahmte die Arbeiten Giorgiones in kurzer Zeit so gut nach, daß seine Bilder bisweilen irrig für Werke jenes Meisters gehalten wurden.

Reifer an Jahren, Übung und Einsicht, führte Tizian eine Menge Bilder in Fresko aus, die man nicht der Reihe nach aufzählen kann, weil sie an verschiedenen Orten verstreut sind. Es genügt, daß viele verständige Leute urteilten, es werde ihm in der Kunst der Malerei Herrliches gelingen, wie es ja dann später auch wirklich geschehen ist.

Im Anfang, als er dem Stil Giorgiones zu folgen begann und erst achtzehn Jahre alt war, malte er das Bildnis eines Edelmannes aus der Familie Barbarigo, seines Freundes, das für sehr schön galt. Denn die Treue der Hautfarbe war eigenartig und natürlich, jedes einzelne Haar war so fein gemalt, daß man sie hätte zählen können, und dasselbe gilt von den Stichen an einer silbernen Atlasjacke auf diesem Bild. Kurz, es war so gut und sorgfältig ausgeführt, daß man es für eine Arbeit Giorgiones gehalten hätte, wenn nicht Tizian seinen Namen auf den dunklen Grund gesetzt haben würde. – Unterdes, als Giorgione die Vorderwand vom Kaufhaus der Deutschen gemalt hatte, übertrug man Tizian auf Verwendung Barbarigos an dieser einige Bilder oberhalb der Merceria.

Im Jahre 1507, als Kaiser Maximilian mit den Venezianern Krieg führte, malte Tizian in der Kirche von San Marziale den Engel Raffael, Tobias und einen Hund, in der Ferne eine Landschaft mit einem Gebüsch, in dem Johannes der Täufer kniet, der betend zum Himmel emporschaut und von einem Glanz aus der Höhe erleuchtet wird,Man glaubt, daß dieses Bild von ihm ausgeführt worden sei, ehe er die Wand beim Kaufhaus der Deutschen begann. Mehrere Edelleute, die nicht wußten, daß Giorgione nicht mehr an jenem Platz arbeitete und daß Tizian, der schon einen Teil seines Werkes aufgedeckt hatte, daselbst beschäftigt sei, begegneten Giorgione und wünschten ihm als Freunde Glück, indem sie sagten, er habe sich bei der Wand nach der Merceria zu besser als bei der über dem Canal grande gezeigt. Darüber empfand Giorgione solchen Verdruß, daß er sich, bis Tizian seine Arbeit ganz vollendet hatte und als deren Maler bekannt war, nicht viel sehen ließ und von da ab nicht mehr wollte, daß dieser ihn besuche oder sein Freund wäre.

Im Jahre 1508 gab Tizian einen Holzschnitt, den Triumph des Glaubens, mit einer unendlichen Menge von Figuren heraus: Adam und Eva, die Patriarchen, Propheten und Sibyllen, die unschuldigen Kindlein, die Märtyrer, die Apostel und Jesus Christus, den die vier Evangelisten und die vier Kirchenlehrer im Triumph tragen, hinter ihm die heiligen Glaubensbekenner. Bei diesem Werk zeigte Tizian Kühnheit, schönen Stil und fortschreitende Geschicklichkeit. Ich entsinne mich, daß Fra Sebastiano del Piombo mir hierüber einstmals sagte, wenn Tizian damals in Rom gewesen wäre, die Arbeiten Michelangelos und Raffaels, die antiken Statuen gesehen und die Zeichenkunst studiert hätte, so würde er das Erstaunlichste geleistet haben.

1514 hatte Herzog Alfonso von Ferrara ein kleines Zimmer herrichten und in einigen Feldern von dem ferraresischen Maler DossoBilder von Äneas, Mars und Venus, in einer Grotte Vulkan mit zwei Schmieden an dem Schmiedefeuer malen lassen. Er wollte weiterhin, daß hier Gemälde von der Hand des Gian Bellino wären. Dieser malte auf einer anderen Wand eine Kufe mit rotem Wein, ringsum einige Bacchanten, Musikanten, Satyrn und andere berauschte Männer und Frauen, unter ihnen einen sehr schönen, ganz nackten Silen, der auf einem Esel reitet, um ihn her Gestalten mit Früchten und Trauben in den Händen. Es ist wirklich ein mit gutem Fleiß ausgeführtes Bild, schön im Kolorit, eins der schönsten, die Gian Bellino je gemalt hat.Aber dieser Künstler hatte seines Alters wegen das Werk nicht ganz vollenden können, und man sandte nach Tizian als dem hervorragendsten seiner Schüler, damit er es beende. Voll Verlangen nach Erwerb und um bekannt zu werden, malte dieser zwei Bilder, die in jenem kleinen Zimmer noch fehlten. Das erste zeigt einen Strom von rotem Wein, umher Sänger und Musikanten, alle, Männer wie Frauen, fast berauscht. Eine schlafende nackte Frau ist so schön, daß sie zu leben scheint. In dem zweiten malte er viele Liebesgötter und schöne Putten in verschiedenen Stellungen, die gleich dem ersten Bilde jenem Fürsten sehr gut gefielen.– Auf einer Schranktür an demselben Ort malte Tizian das wunderbare und herrliche Brustbild von Christus, dem ein böser Jude die Münze des Kaisers zeigt.Diesen Kopf samt den anderen in jenem Zimmerchen ausgeführten Bildern rühmen unsere besten Künstler als die vorzüglichsten, die Tizian je gemalt hat. Wieder in Venedig, malte Tizian auf Leinwand in Öl für den Schwiegervater des Giovanni da Castel Bolognese einen nackten Hirten und ein Landmädchen, das ihm Flöten hinreicht, damit er spiele, mit einer sehr schönen Landschaft.In der Kirche der Minoriten übernahm er dann das Gemälde für den Hochaltar: eine Himmelfahrt der Madonna, unten die zwölf Apostel, die ihr nachblicken, wie sie auffährt.In der Kapelle der Familie aus Ca Pesaro in derselben Kirche stellte er auf einer Tafel die Madonna mit dem Sohn auf dem Arm, Sankt Petrus und Sankt Georg dar. An den Seiten knien die Patrone der Kapelle, nach dem Leben porträtiert.Für die Kirche von San Rocco malte er nach Beendigung dieser Arbeiten einen Christus mit dem Kreuz auf der Schulter und einem Strick um den Hals, an dem er von einem Juden gezogen wird.Diese Gestalt, die viele für eine Arbeit Giorgiones hielten, wird heutigen Tages in Venedig sehr heilig gehalten und hat mehr Skudi als Opfergabe empfangen, als Tizian und Giorgione während ihres ganzen Lebens zusammen verdienen konnten.

Bembo, dessen Bildnis Tizian schon früher gemalt hatte,war damals Sekretär von Papst Leo X. und berief ihn zu sich, damit er Rom, Raffael und andere kennenlerne. Tizian verschob jedoch die Sache von heute auf morgen, bis endlich Leo und im Jahre 1520 auch Raffael starb und er nicht hinkam. Er malte für die Kirche Santa Maria Maggiore einen Sankt Johannes in der Wüste, um ihn einige Felsen, ihm zur Seite einen Engel, der wie lebend erscheint, in der Ferne ein kleines Stück Landschaft mit einigen sehr zierlichen Bäumen am Ufer eines Flusses.

Vor der Plünderung Roms war Pietro Aretino, ein sehr berühmter Schriftsteller unserer Zeit, nach Venedig gekommen und mit Tizian und Sansovino nahe befreundet worden. Dies verschaffte Tizian viel Ehre und Gewinn, denn er wurde überall dadurch bekannt, soweit die Feder jenes Mannes reichte, besonders bei bedeutenden Fürsten.

Unterdes malte er die Tafel für den Petrus-Martyr-Altar in der Kirche von San Giovanni e Paolo. Er stellte darauf in einem Wald von mächtigen Bäumen jenen heiligen Märtyrer überlebensgroß dar. Zur Erde gestürzt, wird er von einem Soldaten wild bedroht, der ihn am Kopf dermaßen verwundet hat, daß er halbtot scheint und man in seinem Angesicht die Todesschauer erkennt. Es ist das reichste, gefeiertste, größte, bestersonnene und bestausgeführte von allen Werken, die Tizian bis zu diesem Augenblick vollendet hat.Für einen Edelmann aus dem Hause Contarini malte er ein Bild, einen überaus schönen Christus, der mit Kleophas und Lucas zu Tisch sitzt.Fast gleichzeitig malte er für die Scuola di Santa Maria della Carità die Madonna, die die Stufen des Tempels hinansteigt, eine Darstellung mit Köpfen jeder Art, nach dem Leben gezeichnet.

Als Kaiser Karl V. 1530 in Bologna war, wurde Tizian durch Vermittlung des Pietro Aretino von dem Kardinal Hyppolit von Medici in jene Stadt berufen und fertigte ein schönes Bild von Seiner Majestät ganz im Waffenschmuck. Es gefiel dem Kaiser so gut, daß er ihm tausend Skudi zahlen ließ; die Hälfte davon mußte er jedoch dem lombardischen Bildhauer Alfonso geben, der ein kleines Modell gearbeitet hatte, um eine Marmorbüste des Kaisers danach zu fertigen. Nicht lange danach, als Kaiser Karl mit dem Heere aus Ungarn zurückgekehrt war und noch einmal nach Bologna kam, um sich mit Papst Clemens zu besprechen, wollte er wieder von Tizian gemalt sein.Dieser hatte vor seiner Abreise nach Bologna auch den Kardinal Hippolyt von Medici in ungarischer Tracht und zum zweitenmal in einem kleineren Bild ganz in Waffen dargestellt.Gleichzeitig fertigte er das Bildnis des Marchese del Vasto Alfonso Davolosund des Pietro Aretino, der ihn damals bei Federigo Gonzaga, dem Herzog von Mantua, in Dienst und Gunst brachte. Er begleitete diesen Fürsten in seine Staaten und malte sein Bildnis so treu, daß er wie lebend erscheint. In seiner Vaterstadt Cadore befindet sich eine Tafel von Tizians Hand, worin er die Madonna, den Bischof Sankt Tizian und sich selbst kniend abbildete.In dem Jahr, als Paul III. nach Bologna und von da nach Ferrara ging, malte Tizian, der an den Hof kam, das Bildnis des Papstes, ein sehr schönes Werk, und nach diesem ein zweites für den Kardinal Santa Fiore. Beide Bilder wurden ihm vom Papst reichlich bezahlt.Fast gleichzeitig porträtierte er Francesco Maria, den Herzog von Urbino, ein wunderbares Werk, so daß es Pietro Aretino durch ein Sonett feierte.In der Garderobe desselben Herzogs sieht man zwei sehr reizende weibliche Köpfe von der Hand Tiziansund eine jugendliche Venus mit Blumen und einigen sehr zarten, wohlausgeführten Tüchern,obendrein das Brustbild einer heiligen Maria Magdalena mit aufgelösten Haaren, ein seltenes Werk.

Im Jahre 1541 fertigte er das Bildnis von Don Diego von Mendozza, dem damaligen Gesandten Karls V. in Venedig, stehend in ganzer Figur, eine sehr schöne Gestalt. Von da an begann Tizian einige Bildnisse in ganzer Figur zu malen, wie das später mehrfach in Brauch gekommen ist. Er fertigte in derselben Weise das Bildnis des Kardinals von Trient in seiner Jugendund für Francesco Marcoloni das von Messer Pietro Aretino. Es gelang ihm jedoch nicht so gut wie ein früheres, das Messer Pietro selbst dem Herzog Cosimo de' Medici geschenkt hatte.In demselben Jahr hielt sich Vasari dreizehn Monate in Venedig auf, um die Deckenverzierung für Messer Giovanni Cornaro und einiges andere für die Brüderschaft della Calza zu malen, und Sansovino, der den Bau von Santo Spirito leitete, ließ ihn die Zeichnungen zu den drei großen Ölbildern für die Decke fertigen, die er in Farben ausführen sollte. Als Vasari jedoch abgereist war, übertrug man jene drei Bilder dem Tizian, der sie sehr schön malte, indem er mit vieler Einsicht beachtete, die Figuren von unten auf zu verkürzen. Auf dem einen erblickt man Abraham, der Isaak opfert, auf dem anderen David, der dem Goliath den Kopf abschlägt und auf dem dritten Abel, den sein Bruder Kain erschlagen.

Damals fertigte Tizian sein eigenes Bildnis an, um es seinen Kindern als Andenken zu hinterlassen. 1546 wurde er vom Kardinal Farnese nach Rom berufen und fand dort Vasari, der von Neapel zurückgekehrt war, um im Auftrag jenes Herrn den Saal der Cancelleria zu verzieren. Der Kardinal empfahl Tizian an Vasari, und dieser leistete ihm mit großer Freude Gesellschaft und zeigte ihm die Merkwürdigkeiten Roms. Nach einigen Tagen der Ruhe gab man Tizian Wohnung im Belvedere und beauftragte ihn, noch einmal ein Bildnis in ganzer Figur von Papst Paul, eins von Farnese und eins von Herzog Ottavio zu malen, die alle trefflich und sehr zur Zufriedenheit jener Herren von ihm ausgeführt wurden.Auf ihr Zureden malte er als Geschenk für Seine Heiligkeit einen Christus in halber Figur, ein Ecce-Homo. Sei es indes, daß die Arbeiten Michelangelos, Raffaels, Polidoros und anderer ihm Schaden brachten oder sonst ein Grund vorlag, es schien den Malern, obwohl an sich gut, doch nicht von gleicher Trefflichkeit wie andere seiner Arbeiten, besonders seine Bildnisse.

Eines Tages, als Michelangelo und Vasari ins Belvedere gingen, um Tizian zu besuchen, sahen sie dort ein damals von ihm gemaltes Bild: eine unbekleidete weibliche Gestalt, eine Danae, in deren Schoß Jupiter als Goldregen niederfällt. Sie rühmten – wie man es macht, wenn der Künstler anwesend ist – sein Werk sehr.Beim Nachhausegehen redeten sie über seine Arbeitsweise, und Buonarroti lobte sie und sagte: Tizians Farbgebung und Stil gefalle ihm sehr gut, es sei nur schade, daß man in Venedig nicht von Anfang an gut zeichnen lerne und daß jene Maler nicht die Möglichkeit eines besseren Studiums hätten. „Wenn diesem Mann“, sagte er weiter, „Kunst und Zeichnung Hilfe leisteten wie die Natur, besonders bei Darstellungen des Lebens, so könnte nicht mehr und Besseres geleistet werden, da sein Geist herrlich und sein Stil reizend und feurig ist.“

Endlich verließ Tizian Rom, wo er von den genannten Herren viele Geschenke, besonders aber für seinen Sohn Pomponio ein Amt mit gutem Einkommen erhalten hatte, und machte sich wieder auf den Weg nach Venedig. In Florenz wunderte er sich nicht weniger als in Rom über die seltenen Kunstwerke jener Stadt. Er besuchte Herzog Cosimo in Poggio a Caiano und erbot sich, sein Bildnis zu fertigen. Seine Exzellenz legte jedoch keinen Wert darauf, vielleicht um den vielen edlen Künstlern seiner Stadt und seines Gebietes nicht Unrecht zu tun.

Nach seiner Rückkehr nach Venedig vollendete Tizian ein Gemälde für den Marchese del Vasto, eine Allokution – so nannten sie es –, die dieser Herr an seine Soldaten hält.Dann malte er ihnen die Bildnisse von Kaiser Karl V., von dem katholischen König und vielen anderen Personen.

Er porträtierte mehrere Male Kaiser Karl V., wurde deshalb endlich an dessen Hof berufen und malte ihn, wie er damals in seinen fast letzten Lebensjahren aussah. Und diesem immer siegreichen Kaiser gefiel die Art Tizians so sehr, daß er von der Zeit an, da er ihn kennenlernte, von keinem anderen Maler porträtiert werden wollte.Sooft er dessen Bild ausführte, erhielt er tausend Goldskudi zum Geschenk, und Seine Majestät ernannte ihn auch zum Ritter mit einem Gehalt von zweihundert Skudi, das auf die Kammer von Neapel angewiesen wurde.

Als er König Philipp von Spanien, den Sohn Karls, gemalt hatte,erhielt er auch von dort zweihundert Skudi laufendes Gehalt. Rechnet man zu diesen vierhundert die dreihundert, die ihm auf das Kaufhaus der Deutschen von den venezianischen Senioren gezahlt wurden, so hatte er, ohne sich zu bemühen, jedes Jahr siebenhundert Skudi feste Einnahmen.

Er malte Ferdinand, den römischen König, den späteren Kaiser und dessen Kinder, Maximilian, den jetzt regierenden Kaiser und dessen Bruder, malte die Königin Maria und im Auftrag von Kaiser Karl den Herzog von Sachsen in der Zeit seiner Gefangenschaft.Doch welche Zeitverschwendung ist dies? Es gab fast keinen Herrn von hohem Rang, weder einen Fürsten noch eine vornehme Dame, deren Bildnisse Tizian nicht malte, der auf diesem Gebiet fürwahr ein überaus trefflicher Maler war.

Tizian malte für die Königin Maria einen Prometheus, der, an den Kaukasus geschmiedet, von dem Adler Jupiters zerfleischt wird, einen Sisyphus in der Hölle, der einen Stein trägt,und Tityus, den der Geier zerreißt. Diese, mit Ausnahme des Prometheus, erhielt ihre Majestät und zugleich einen Tantalus in derselben Größe, das heißt lebensgroß auf Leinwand in Öl gemalt. In einem bewundernswürdigen Bild stellte er Venus und Adonis dar; Venus ist ohnmächtig, und der Jüngling will eben von ihr gehen; ihm folgen einige sehr treu nach der Natur gemalte Hunde.Auf einer gleich großen Tafel malte er Andromeda, die, an den Felsen gekettet, durch Perseus von dem Meerungeheuer erlöst wird.Kein anderes Gemälde kann reizvoller sein als dieses. Ähnliches gilt von einer Diana, die mit ihren Nymphen im Quell badet und Aktäon in einen Hirsch verwandelt.Außerdem malte er eine Europa, die auf dem Stier durchs Meer reitet.Alle diese Bilder aber werden von Seiner katholischen Majestät sehr wert geachtet, da Tizian durch den Reiz der Farben den Figuren fast wirkliches Leben verliehen hat.

Es ist freilich wahr, daß bei alledem seine Arbeitsweise in den letzten Lebensjahren von der seiner Jugend sehr verschieden war. Während er seine ersten Arbeiten mit einer gewissen Feinheit und mit unglaublicher Sorgfalt ausführte, so daß man sie nah wie fern betrachten kann, sind die seines späteren Alters im Fluge grob und fleckig gemalt und dürfen in der Nähe nicht gesehen werden, machen aber von fern eine vollkommene Wirkung. Diese Arbeitsweise war Ursache, daß von vielen, die ihn hierin nachahmen und Übung zeigen wollten, häßliche Malereien angefertigt worden sind. Es kommt dies daher, weil es den Anschein hat, als wären jene Bilder ohne Mühe vollendet. Aber dies ist keineswegs der Fall, und die es glauben, befinden sich im Irrtum. Denn man erkennt, Tizian überarbeitete sie und ging mit den Farben so oft darüber, daß die dabei aufgewendete Sorgfalt sich wohl bemerkbar macht. Eine höchst einsichtsvolle, schöne und staunenswürdige Manier, wodurch die Bilder sehr lebendig erscheinen und mit großer Kunst ausgeführt sind, während ihre Mühen verborgen bleiben.

Für den katholischen König malte er eine heilige Magdalena in halber Figur. Ihre Haare sind aufgelöst und fallen ihr über Schultern, Hals und Brust, während sie Haupt und Blicke unverwandt dem Himmel zukehrt und mit ihren roten Augen Reue, mit ihren Tränen Schmerz über ihre begangenen Sünden kundgibt. Jeder, der dies Bild sieht, fühlt sich dadurch aufs tiefste bewegt – und, was mehr ist, trotz seiner übergroßen Schönheit regt es doch nicht zu frecher Sinnlichkeit, sondern zum Mitleid an.Endlich sandte dieser herrliche Maler dem katholischen König ein Abendmahl Christi mit seinen Jüngern, ein sieben Ellen langes Bild von außergewöhnlicher Schönheit.

Diese und viele andere Werke, die wir nicht anführen, um nicht zu ermüden, hat er bis jetzt gearbeitet, wo er etwa sechsundsiebzig Jahre alt ist. – Tizian war stets gesund und so glücklich, wie nur je ein anderer seinesgleichen gewesen ist. Der Himmel schenkte ihm nur Glück und Segen. In seinem Haus in Venedig sah man alle Fürsten und Gelehrten und bedeutende Personen, die zu seiner Zeit in jene Stadt kamen oder dort lebten. Denn er ist nicht nur trefflich in der Kunst, sondern auch sehr liebenswürdig, vorzüglich in seinen Sitten und seiner Unterhaltungsgabe und versteht es, sich den Personen von Rang angenehm zu machen. Er hatte in Venedig einige Nebenbuhler, doch nur von geringer Bedeutung, so daß er sie leicht übertreffen konnte – in der Kunst sowohl als in der Gabe, sich angesehenen Persönlichkeiten angenehm zu machen. Der Gewinn, den er aus seinen Arbeiten zog, war groß, da sie ihm sehr gut bezahlt wurden. Richtiger wäre es indes gewesen, wenn er in seinen letzten Jahren nur zum Zeitvertreib gemalt hätte, um nicht durch weniger vorzügliche Werke den Ruf besserer Jahre zu schmälern, wo er noch nicht durch Abnahme der Kräfte Unvollkommenes leistete. Als Vasari, der Verfasser dieser Geschichten, 1566 nach Venedig kam, besuchte er Tizian als seinen lieben Freund. Er fand ihn, obwohl hoch an Jahren, die Pinsel in der Hand, mit Malen beschäftigt und hatte große Freude, seine Werke zu sehen und sich mit ihm zu unterhalten.

Tizian, der die Stadt Venedig, ja ganz Italien und andere Teile der Erde durch treffliche Malereien geschmückt hat, verdient, von den Künstlern geliebt und geachtet und in vielen Dingen bewundert und nachgeahmt zu werden, als ein Mann, der Werke ausgeführt hat oder noch ausführt, die eines unendlichen Lobes würdig sind und dauern werden, so lange das Andenken berühmter Menschen bestehen kann. Zwar haben sich viele bei ihm in die Lehre begeben, doch ist jetzt die Zahl derer, die man wirklich seine Schüler nennen kann, nicht groß, denn er hat nicht viel Anweisung gegeben, jeder aber hat mehr oder weniger gelernt, je nachdem er es verstand, die Werke des Meisters zu nutzen.

Die Kunst der Mosaikmalerei, die fast überall in Vergessenheit geraten war, wurde auf Tizians Anregung in Venedig neu belebt. Er sorgte dafür, daß allen, die sich damit beschäftigten, reichlicher Lohn gegeben wurde. Sämtliche Werke dieser Art sind in Venedig nach Zeichnungen Tizians und anderer trefflicher Maler ausgeführt worden. Sie machten Entwürfe und farbige Kartons, um jenen Arbeiten die Vollkommenheit zu geben, wie es bei denen in der Vorhalle von San Marco der Fall ist.